概率统计

（第二版）

赵彦晖　主编

杨金林　史加荣　任学明　孙　燕　编

科学出版社

北　京

内 容 简 介

本书是高等学校非数学专业的概率论与数理统计课程的教材. 全书共11章,内容包括随机事件及其概率,随机变量及其分布,随机向量及其分布,随机变量的函数及其数值模拟,随机变量的数字特征,大数定律与中心极限定理,样本与抽样分布,参数估计,假设检验,回归分析和概率统计的MATLAB命令实现.

本书简明易懂,概念引入自然实用,易于教学. 在讲述随机变量的概率分布以及数理统计的内容时,还尽量采用图、表、公式相结合的方式,既减少篇幅,又易于学生理解和掌握.

本书可作为高等学校本科生(包括理工类和经济类)概率论与数理统计课程的教材或参考书,也可作为应用概率统计的工程技术人员的参考书.

图书在版编目(CIP)数据

概率统计/赵彦晖主编. —2版. —北京:科学出版社,2015.7

ISBN 978-7-03-045135-4

Ⅰ.①概… Ⅱ.①赵… Ⅲ.①概率统计-高等学校-教材 Ⅳ.①O211

中国版本图书馆CIP数据核字(2015)第151676号

责任编辑:张中兴 / 责任校对:张凤琴
责任印制:赵 博 / 封面设计:迷底书装

科学出版社 出版
北京东黄城根北街16号
邮政编码:100717
http://www.sciencep.com

中煤(北京)印务有限公司印刷
科学出版社发行 各地新华书店经销
*
2006年6月第 一 版 开本:720×1000 1/16
2015年7月第 二 版 印张:14 1/4
2025年12月第二十五次印刷 字数:285 000

定价: 39.00元

(如有印装质量问题,我社负责调换)

第二版前言

自第一版发行以来，本书已经被许多院校选作教材，并受到许多教师的肯定，他们认为本书特别适合21世纪理工类本科人才的培养，同时，作者也收到了许多建设性的改进意见. 为此，特对本书作第二版修订.

本次修订是在保持原有教材风格的基础上进行的. 并从以下四个方面进行修订：

(1)加强一些概念的引入描述，使其更容易理解；

(2)修订一些符号的写法，使其更规范；

(3)补充一些习题和例题，使应用性更强；

(4)补充概率统计的MATLAB命令实现，有利于学生建模使用.

书中不妥之处，敬请读者指正.

编 者

2015年6月

第一版前言

本书是依据高等学校工科数学课程教学指导委员会修订的《概率论与数理统计课程教学基本要求》，为适应21世纪工科数学课程改革的需要，在作者2003年出版的《概率论与数理统计》基础上进行修改并增加方差分析和回归分析部分的内容编写而成.

本书具有以下特点.

(1) 概念引入自然直观. 如在建立概率公理化定义时，以频率为先导，由频率的性质自然引入概率的公理化定义，使学生能较早地、自然地接受公理化的概率定义.

在引入条件概率的概念时，本书认为条件概率只不过是概率公理化定义在一定条件下的限制. 因此，本书没有把公式

$$P(B \mid A)=\frac{P(AB)}{P(A)}$$

作为条件概率的定义，而是把它作为定理并附有证明. 同样地，在引入两事件相互独立的概念时，本书先由相对独立概念自然引入事件 A 相对 B 独立的定义

$$P(A \mid B)=P(A \mid \bar{B})$$

然后由相对独立概念自然引入相互独立概念. 并在 A 与 B 相互独立时证明了公式

$$P(AB)=P(A)P(B)$$

的正确性. 避免了把该公式作为相互独立定义的简单作法. 真正为实际计算积事件的概率提供了理论上的保证.

对应于条件概率和事件独立性的概念，在引入条件分布和随机变量的独立性时，采用了类似的处理方法.

这样做，既能使这些概念的引入自然、直观和准确，又能加深学生对这些概念的理解，更易于学生掌握.

(2) 内容组织科学系统. 作为一本面向21世纪的高等学校数学教材，本书特别注重内容组织的科学性和系统性. 概率论之所以能形成一门科学的理论，其核心就在于它的公理化体系. 由于本书把这一核心安排在引入概率概念的开始，使它尽早与学生见面，不但使概率论作为一门数学理论科学化、系统化，而且使学生通过对各种具体概率的反复计算而加深对概率公理化体系的理解. 也正是由于概率公理化定义的较早建立，避免了各种概率定义的重复出现(历史上形成的古典概率定义、几何概率定义和条件概率定义在本书中已不再是定义，而是定理). 实现了所有概率定义的归一化、统一化，减少了学生的理解难度，同时，也优化了课程体系.

(3) 叙述简明易懂,易于教学. 作为高等学校的数学教材,本书回避了概率空间的抽象概念,但这并不影响概率概念的建立和概率理论的系统性,这样处理反而使教师易于教,学生易于学. 另外,在讲述离散型随机变量的分布律时,引入了分布矩阵的概念,使问题的描述更加简练. 在讲述随机变量的概率分布以及数理统计的内容时,本书还尽量采用图、表、公式相结合的方式,既减少了篇幅,又易于学生理解和掌握.

(4) 注意渗透现代数学的概念和术语,以拓宽学生的知识面和视野. 例如,在几何概型的定义中采用了“测度”的提法. 这样讲,不但不增加理解的难度,反而拓宽了几何概型的应用范围,为后来证明条件概率计算公式埋下了伏笔.

在讲述随机变量的密度概念和大数定律等内容时,顺便引入“几乎处处相等”和“依概率收敛”等概念. 这样,不但使问题描述更加准确,而且使学生在几乎不增加什么负担的情况下了解到了更多的现代数学术语.

(5) 结合计算机的发展,适当添加与计算机有关的内容. 作为随机变量函数的应用,本书在第 4 章介绍了随机变量的函数在随机变量数值模拟方面的一些应用,使学生能接触到与计算机有关的一些现代数学内容. 如:

在 4.3 节讲均匀随机数的产生;

在 4.4 节讲任意随机变量的模拟;

在 4.5 节讲概率模型在近似计算中的应用.

当然,这三节的内容均属选讲,用 * 号标出,供读者参考.

(6) 突出工科学校的特点,重视理论和实际的结合,注重学生能力的培养. 本书不但在理论上注重内容编排的系统性,而且在选材和叙述上尽量做到突出工科院校的特点,注意选取那些既具有实际意义、又具有启发性和应用性的例子作为本书的例题与习题,使学生通过本课程的学习能学到更丰富、更有用的数学知识及更强的运用数学工具的能力.

本书篇幅少、内容全,特别适合作为高等学校概率论与数理统计课程的教材和考研用书,也可作为有关工程技术人员的参考书. 本书各章配有精选的习题,数量、难度适中,书后附有习题参考答案.

崔荣泉教授、杨泮池教授详细审阅了全部初稿,并提出了许多宝贵的建设性意见,编者对他们表示衷心的感谢.

本书的编排体系是为了适应 21 世纪工科数学课程改革需要而做的一种尝试. 由于编者水平有限,书中不妥之处在所难免,恳请读者批评指正.

编　者

2006 年 8 月

目　　录

第 1 章 随机事件及其概率

自然界和社会上发生的现象是多种多样的. 有一类现象,在一定条件下必然发生,例如,向上抛一石子必然下落;水在标准大气压下加热到 100℃就沸腾. 这类现象称为**确定性现象**. 自然界和社会上还存在着另一类现象,例如,远距离射击较小的目标,可能击中,也可能击不中,每一次射击的结果是随机(偶然)的;自动车床加工出来的机械零件,可能是合格品,也可能是废品. 这类在一定条件下,可以重复试验或观察,且能预先确定所有可能的结果(所有可能的结果是明确可知的,并且不止一个),但每次试验的结果不能预知,而大量重复试验的结果却能呈现出某种规律性的现象,称为**随机现象**. 与之相应的试验称为**随机试验**,简称为**试验**.

概率论是研究和揭示随机现象统计规律性的一门数学学科.

1.1 样本空间与随机事件

1.1.1 样本空间与随机事件

在科学研究和工程技术中,遇到的随机现象是各种各样的,与之相应的随机试验也是多种多样的. 例如,

E_1: 将一枚硬币抛掷两次,观察正、反面出现的情况;

E_2: 将一枚硬币抛掷两次,观察正面出现的次数;

E_3: 在东西南北四面同样受敌时,同时选择两个方向突围;

E_4: 抛一颗骰子,观察出现的点数;

E_5: 记录某放射性物质在一分钟内放射的粒子数;

E_6: 在一批灯泡中任意抽取一个,测试它的寿命 x;

E_7: 考察一个汽车通过十字路口时遇红灯的停留时间 t;

E_8: 考察用同一把尺子测量不同物体长度时的舍入误差 r.

对于随机试验,尽管在每次试验前不能预知试验的结果,但试验的所有可能结果组成的集合是已知的. 随机试验 E 的所有不同时出现的可能结果 ω 组成的集合称为 E 的**样本空间**,记为 Ω. 而构成样本空间 Ω 的元素 ω 称为**样本点**.

例如,与试验 $E_1,E_2,\cdots,E_8$ 对应的样本空间分别为:

$\Omega_1=\{$正正,正反,反正,反反$\}$;

$\Omega_2=\{0,1,2\}$;

$\Omega_3=\{$东西,东南,东北,西南,西北,南北$\}$;

$\Omega_4=\{1,2,3,4,5,6\}$；

$\Omega_5=\{0,1,2,\cdots\}$；

$\Omega_6=\{x|x\geqslant 0\}$；

$\Omega_7=\{t|0\leqslant t\leqslant T\}$，其中 T 为最大等待时间；

$\Omega_8=\{r|-h<r\leqslant h\}$，其中 $h>0$ 为误差限.

实际上，在进行随机试验时，人们常常关心的是满足某种条件的那些样本点所组成的集合. 例如，若规定某种灯泡的寿命(单位:h)小于 500 为次品，则在E_6 中我们关心灯泡的寿命是否小于 500. 满足这一条件的样本点组成 Ω_6 的一个子集

$$A=\{x|0\leqslant x<500\}$$

称子集 A 为 E_6 的一个随机事件. 显然，当且仅当子集 A 中的一个样本点出现时，表明有次品发生.

一般地，称随机试验 E 的样本空间 Ω 的子集 A 为 E 的**随机事件**，简称**事件**. 在每次试验中，当且仅当子集 A 中的一个样本点出现时，称**事件 A 发生**. 特别地，由一个样本点 ω 组成的单点集$\{\omega\}$称为**基本事件**.

例如，在试验 E_1 中 $A_1=\{$正正，正反$\}$就表示"第一次出现正面"，而 $A_2=\{$正正，反反$\}$则表示"两次出现同一面" 的事件. 同样地，试验 E_1 有四个基本事件：$\{$正正$\}$，$\{$正反$\}$，$\{$反正$\}$和$\{$反反$\}$；而试验 E_5 则有无穷多个基本事件：

$$\{0\}, \{1\}, \{2\}, \cdots$$

样本空间 Ω 包含所有的样本点，它是 Ω 自身的子集，在每次试验中它总是发生的，称为**必然事件**. 空集$\varnothing$不包含任何样本点，它也作为样本空间 Ω 的子集，在每次试验中都不发生，称为**不可能事件**.

需要注意：样本空间的元素是由试验的目的和内容确定的. 例如，在 E_1 和 E_2 中同是将一枚硬币连抛两次，但由于试验的目的不同，其样本空间 Ω_1 和 Ω_2 也不一样，再如下例.

例 1.1.1 设试验为从装有三个白球(记为 1,2,3 号)与两个黑球(记为 4,5 号)的袋中任取两个球.

(a) 如果观察取出的两个球的颜色，则样本空间是由 3 个样本点构成的集合：

$$\Omega_a=\{\text{两个白球，两个黑球，一白一黑}\}$$

(b) 如果观察取出的两个球的号码，则样本空间是由 10 个样本点构成的集合：

$$\Omega_b=\{\omega_{12},\omega_{13},\omega_{14},\omega_{15},\omega_{23},\omega_{24},\omega_{25},\omega_{34},\omega_{35},\omega_{45}\}$$

其中 ω_{ij} 是 Ω_b 的样本点，表示"取出的是第 i 号球和第 j 号球".

1.1.2 事件间的关系与运算

事件是一个集合，因而事件间的关系与运算自然按照集合论中集合之间的关

系与运算来处理. 下面给出这些关系与运算在概率论中的提法,并根据“事件发生”的含义,给出它们在概率论中的含义.

设试验 E 的样本空间为 Ω,而 $A,B,A_k(k=1,2,\cdots)$ 均是 E 的事件,则有:

1° 若事件 $A\subset B$,则称事件 B **包含**事件 A 或称事件 A 是事件 B 的**子事件**. 这指的是事件 A 发生必导致事件 B 发生.

若 $A\subset B$ 且 $B\subset A$,即 $A=B$,则称事件 A 与 B **相等或等价**.

2° 事件 $A\cup B=\{x\mid x\in A$ 或 $x\in B\}$ 称为事件 A 与 B 的**和事件**. 当且仅当 A 与 B 中至少有一个发生时, 事件 $A\cup B$ 发生.

类似地,我们称 $\bigcup\limits_{k=1}^{n}A_k$(即 $A_1\cup A_2\cup\cdots\cup A_n$)为 n 个事件 $A_1,A_2,\cdots,A_n$ 的和事件;而称 $\bigcup\limits_{k=1}^{\infty}A_k$ 为可列个[①]事件 $A_1,A_2,\cdots$ 的和事件.

3° 事件 $A\cap B=\{x\mid x\in A$ 且 $x\in B\}$ 称为事件 A 与 B 的**积事件**. 当且仅当 A 与 B 同时发生时,事件 $A\cap B$ 发生. $A\cap B$ 也记作 AB.

类似地,我们称 $\bigcap\limits_{k=1}^{n}A_k$(即 $A_1\cap A_2\cap\cdots\cap A_n$)为 n 个事件 $A_1,A_2,\cdots,A_n$ 的积事件;而称 $\bigcap\limits_{k=1}^{\infty}A_k$ 为可列个事件 $A_1,A_2,\cdots$ 的积事件.

4° 事件 $A-B=\{x\mid x\in A$ 但 $x\notin B\}$ 称为事件 A 与 B 的**差事件**. 当且仅当 A 发生而 B 不发生时,事件 $A-B$ 发生.

5° 若 $A\cap B=\varnothing$,则称事件 A 与 B 是**互不相容的**或**互斥的**. 这指的是事件 A 与 B 不能同时发生.

由样本空间的定义可知:基本事件是两两互不相容的.

对互不相容的事件 A 与 B,可把和事件 $A\cup B$ 记作 $A+B$,称为事件 A 与 B 的**直和**. 对两两互不相容的事件列 $A_1,A_2,\cdots,A_n$,可把和事件 $A_1\cup A_2\cup\cdots\cup A_n$ 记作 $A_1+A_2+\cdots+A_n$. 对两两互不相容的事件列 $A_1,A_2,\cdots$,可把和事件 $\bigcup\limits_{k=1}^{\infty}A_k$ 记作 $\sum\limits_{k=1}^{\infty}A_k$.

6° 若 $A\cup B=\Omega$ 且 $A\cap B=\varnothing$,则称事件 A 与 B 互为**逆事件**或互为**对立事件**,这指的是对每次试验而言,事件 A 与 B 中必有且只有一个发生. A 的对立事件记作 $\overline{A}$,显然 $\overline{A}=\Omega-A$.

为了便于读者掌握事件间的关系与运算, 将它们直观地绘制于图 1.1中. 在

---

① 如果某集合的元素可按一定的顺序排成一个数列:$x_1,x_2,\cdots$,则称该集合为**可列集**或**可数集**,而称该集合中元素的个数为**可列个**.

图 1.1 中正方形表示样本空间 Ω，圆 A 与圆 B 分别表示事件 A 与事件 B，则阴影部分所表示的事件分别为：

(a) $A\cup B$:事件 A 与 B 的和事件；

(b) $A\cap B$:事件 A 与 B 的积事件；

(c) $A-B$:事件 A 与 B 的差事件；

(d) $A+B$:事件 A 与 B 的直和；

(e) $AB=\varnothing$:事件 A 与 B 互不相容；

(f) $\overline{A}$:事件 A 的对立事件.

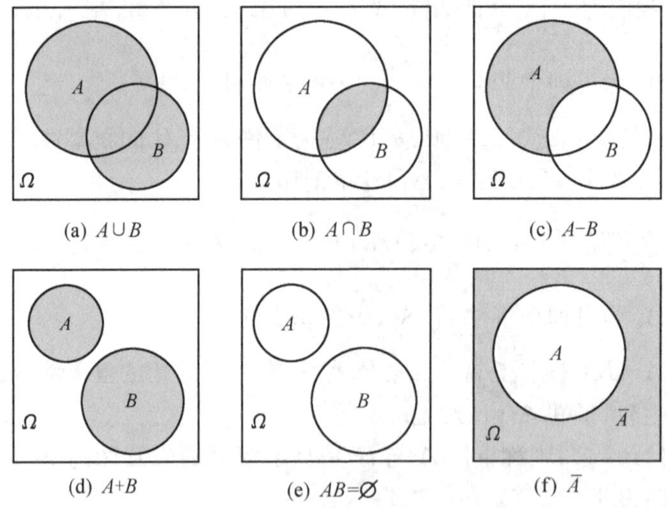

图 1.1　事件关系的文氏图

例 1.1.2　设 A_1 和 A_2 分别表示在例 1.1.1(b)中“1 号球出现” 和 “2 号球出现”的事件,则有

$$A_1=\{\omega_{12},\omega_{13},\omega_{14},\omega_{15}\}$$

$$A_2=\{\omega_{12},\omega_{23},\omega_{24},\omega_{25}\}$$

$$A_1\cup A_2=\{\omega_{12},\omega_{13},\omega_{14},\omega_{15},\omega_{23},\omega_{24},\omega_{25}\}$$

$$A_1\cap A_2=\{\omega_{12}\}$$

$$A_1-A_2=\{\omega_{13},\omega_{14},\omega_{15}\}$$

$$\overline{A_1\cup A_2}=\{\omega_{34},\omega_{35},\omega_{45}\}$$

事件间的运算规律完全等同于集合的运算律,即有以下的事件运算律.

事件运算律　设 Ω 是试验 E 的样本空间,A,B,C 均为试验 E 的事件,则它们满足

(1) 交换律：

$$A \cup B = B \cup A$$
$$A \cap B = B \cap A$$

(2) 结合律：

$$A \cup (B \cup C) = (A \cup B) \cup C$$
$$A \cap (B \cap C) = (A \cap B) \cap C$$

(3) 分配律：

$$A(B \cup C) = AB \cup AC$$
$$A \cup (B \cap C) = (A \cup B) \cap (A \cup C)$$

(4) 对偶律：

$$\overline{A \cup B} = \overline{A} \cap \overline{B}$$
$$\overline{A \cap B} = \overline{A} \cup \overline{B}$$

(5) $\overline{\overline{A}} = A$, $A + \overline{A} = \Omega$, $A\overline{A} = \varnothing$.

例 1.1.3 在图 1.2 所示的电路中，设事件 A,B,C 分别表示继电器接点 a,b,c 闭合，事件 D 表示指示灯 d 亮，试用 A,B,C 表示事件 $D,\overline{D}$, $A-D,D-A$.

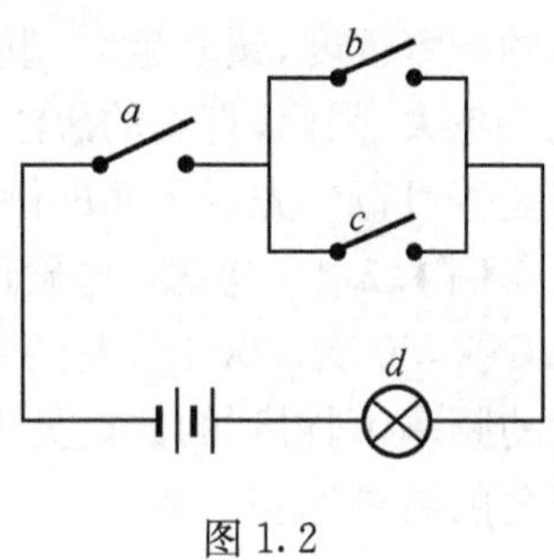

图 1.2

解 由电路是否闭合立刻可知

$$D = A(B \cup C)$$

从而

$$\overline{D} = \overline{A} \cup \overline{B \cup C} = \overline{A} \cup \overline{B}\,\overline{C}$$
$$A - D = A\overline{D} = A(\overline{A} \cup \overline{B}\,\overline{C}) = A\overline{B}\,\overline{C}$$
$$D - A = \overline{A}D = \overline{A}A(B \cup C) = \varnothing$$

1.2 事件的频率与概率

对于一个事件(除必然事件和不可能事件外)，它在一次试验中可能发生，也可能不发生. 我们常常希望知道某些事件在一次试验中发生的可能性究竟有多大. 例如，为了确定河堤的高度，就需要知道河流在该地段每年最大洪水达到某一高度这一事件发生的可能性大小. 当然最好是能定量地描述，亦即找到一个合适的数来表示事件在一次试验中发生的可能性大小. 为此，首先引入频率的概念. 频率描述了事件发生的频繁程度，进而引出表征事件在一次试验中发生的可能性大小的数——概率.

1.2.1 事件的频率

定义 1.2.1 在相同条件下，进行 n 次试验，在 n 次试验中，事件 A 发生的次数 n_A 称为事件 A 发生的**频数**. 比值 $\frac{n_A}{n}$ 称为事件 A 发生的**频率**，记作 $f_n(A)$，亦即

$$f_n(A)=\frac{n_A}{n} \tag{1.1}$$

显然，频率 $f_n(A)$ 满足下述三条基本性质：

1°（非负性） 对于任一随机事件 A，有 $f_n(A)\geqslant 0$；

2°（规范性） 对于必然事件 Ω，有 $f_n(\Omega)=1$；

3°（有限可加性） 对两两互不相容的事件 $A_1,A_2,\cdots,A_k$，有

$$f_n\left(\bigcup_{i=1}^{k} A_i\right)=\sum_{i=1}^{k} f_n(A_i)$$

由于事件 A 发生的频率是它发生的次数与试验总次数之比，其大小表示 A 发生的频繁程度，频率越大，事件 A 发生越频繁，这意味着 A 在一次试验中发生的可能性越大. 因而，直观的想法是用频率来表示 A 在一次试验中发生的可能性大小. 但是否可行？先看下面的例子.

例 1.2.1 考虑“抛硬币”这个试验，考察正面发生的事件 A. 将一枚硬币抛掷 5 次，50 次，500 次，各做 10 遍，用 n_A 表示事件 A 发生的频数，$f_n(A)$ 表示 A 发生的频率，则得到的数据见表 1.1. 这样的试验在历史上也有不少人做过，其中最著名的结果见表 1.2.

表 1.1

试验序号	$n=5$		$n=50$		$n=500$	
	n_A	$f_n(A)$	n_A	$f_n(A)$	n_A	$f_n(A)$
1	2	0.4	22	0.44	251	0.502
2	3	0.6	25	0.50	249	0.498
3	1	0.2	21	0.42	256	0.512
4	5	1.0	25	0.50	253	0.506
5	1	0.2	24	0.48	251	0.502
6	2	0.4	21	0.42	246	0.492
7	4	0.8	18	0.36	244	0.488
8	2	0.4	24	0.48	258	0.516
9	3	0.6	27	0.54	262	0.524
10	3	0.6	31	0.62	247	0.494

表 1.2

试验者	n	n_A	$f_n(A)$
德摩根	2048	1061	0.5181
蒲　丰	4040	2048	0.5069
皮尔逊	12000	6019	0.5016

从表 1.1 和表 1.2 的结果不难看出频率具有下列特性.

随机波动性　当 n 较小时,频率 $f_n(A)$在 0～1 随机波动,其幅度较大.即使对同样的 n 所得的 $f_n(A)$也不尽相同.因此,当 n 较小时用频率来表达事件发生的可能性大小显然是不合适的.

统计规律性　当 n 逐渐增大时,频率 $f_n(A)$呈现出稳定性,逐渐稳定于某个常数(如 0.5).因此,用频率的这个稳定值来表示事件发生的可能性大小是合适的.由于频率的这种稳定性是通过大量统计显示出来的,所以称为**统计规律性**.

事实上,众多试验都表明:随机事件 A 在大量的重复试验中都具有这种客观的统计规律性——**频率的稳定性**.因此,自然把频率的这个稳定值作为随机事件发生的可能性大小的度量,并称为事件 A 的**概率**,记作$P(A)$.概率的这个定义通常称为**概率的统计定义**.由概率的统计定义可知

$$P(A) \approx f_n(A)$$

现在,虽然有了概率的统计定义,但要从频率直接获得概率却是非常困难的,甚至是不可能的.不过,频率的稳定性和频率的基本性质启示我们给出如下的度量随机事件 A 发生的可能性大小的概率定义.

1.2.2　概率的公理化体系

定义 1.2.2　设 Ω 为试验 E 的样本空间,Ω 的子集 A 是随机事件,$P(A)$是实值函数,如果 $P(A)$满足下述三条公理:

公理 1(非负性)　对于任一随机事件 A,有 $P(A) \geqslant 0$;

公理 2(规范性)　对于必然事件 Ω,有 $P(\Omega)=1$;

公理 3(完全可加性)　对两两互不相容的事件 $A_1, A_2, \cdots$,有

$$P\left(\bigcup_{i=1}^{\infty} A_i\right) = \sum_{i=1}^{\infty} P(A_i)$$

则称 $P(A)$为随机事件 A 的**概率**,记作 $P(A)$.

定义 1.2.2 称为**概率的公理化定义**.

第 6 章将证明:当 $n \to \infty$ 时,事件 A 的频率 $f_n(A)$在一定意义下收敛于概率 $P(A)$.基于这一事实,我们有理由将如此定义的概率 $P(A)$用来度量事件 A 在一次试验中发生的可能性大小.

由概率的公理化定义,容易推得以下定理.

定理 1.2.1（概率的基本性质）　满足上述三条公理的概率 $P(A)$具有下列基本性质:

1° 对于不可能事件$\varnothing$,有

$$P(\varnothing)=0$$

2°（有限可加性）　对两两互不相容的事件 $A_1,A_2,\cdots,A_k$,有

$$P\left(\bigcup_{i=1}^{k} A_i\right)=\sum_{i=1}^{k} P(A_i)$$

3° 设 A,B 是任意两个随机事件,有

$$P(B-A)=P(B)-P(AB)$$

特别地,当 $A\subset B$ 时有

$$P(B-A)=P(B)-P(A),\quad P(B)\geqslant P(A)$$

4° 对于任一随机事件 A,有

$$P(\overline{A})=1-P(A),\quad P(A)\leqslant 1$$

证　1° 由必然事件

$$\Omega=\Omega+\varnothing+\varnothing+\cdots$$

及概率的可列可加性,知

$$P(\Omega)=P(\Omega)+P(\varnothing)+P(\varnothing)+\cdots$$

将 $P(\Omega)=1$ 代入上式,得

$$0=P(\varnothing)+P(\varnothing)+\cdots$$

再由概率的非负性可知 $P(\varnothing)=0$.

2° 令 $A_i=\varnothing(i=k+1,k+2,\cdots)$,则

$$\bigcup_{i=1}^{k} A_i=\bigcup_{i=1}^{\infty} A_i$$

且 $A_1,A_2,\cdots$两两互不相容,故由概率的完全可加性及性质 1°,得

$$P\left(\bigcup_{i=1}^{k} A_i\right)=P\left(\bigcup_{i=1}^{\infty} A_i\right)=\sum_{i=1}^{\infty} P(A_i)=\sum_{i=1}^{k} P(A_i)$$

3° 这时 $B=(B-A)\cup(AB)$且$(B-A)$与(AB)互斥,故由性质 2°知

$$P(B)=P(B-A)+P(AB)$$

移项得

$$P(B-A)=P(B)-P(AB)$$

特别地,当 $A\subset B$ 时有 $AB=A$,故这时有

$$P(B-A)=P(B)-P(A)$$

再由 $P(B-A)\geqslant 0$ 知 $P(B)\geqslant P(A)$.

4° 在性质 3°中取 $B=\Omega$(必然事件)即得.

定理 1.2.2（加法定理） 对于任意两个随机事件 A,B 有

$$P(A\cup B)=P(A)+P(B)-P(AB) \qquad \text{（加法公式）}$$

证 由于 $A\cup B=A+(B-A)$ 且 A 与 $(B-A)$ 两两互不相容，故由概率的基本性质 2°和 3°知

$$P(A\cup B)=P(A)+P(B-A)=P(A)+P(B)-P(AB)$$

例 1.2.2 设 A,B 是两个随机事件，已知

$$P(A)=0.6,\quad P(B)=0.5,\quad P(AB)=0.4$$

求 $P(B-A)$，$P(\overline{A})$，$P(A\cup B)$.

解 由概率的基本性质和加法公式即得

$$P(B-A)=P(B)-P(AB)=0.5-0.4=0.1$$
$$P(\overline{A})=1-P(A)=1-0.6=0.4$$
$$P(A\cup B)=P(A)+P(B)-P(AB)=0.6+0.5-0.4=0.7$$

利用数学归纳法我们还能把上述加法公式推广到任意 n 个事件 $A_1,A_2,\cdots,A_n$ 的情形，这时可证得

$$P\left(\bigcup_{i=1}^{n}A_i\right)=\sum_{i=1}^{n}P(A_i)-\sum_{1\leqslant i<j\leqslant n}P(A_iA_j)+\sum_{1\leqslant i<j<k\leqslant n}P(A_iA_jA_k)-\cdots+(-1)^{n-1}P(A_1A_2\cdots A_n) \qquad (1.2)$$

概率的公理化体系的建立使概率论有了严谨而坚实的理论基础，因而在概率论的发展史中起着重要的作用.

1.3 古典概型与几何概型

1.3.1 古典概型

回忆 1.1 节的试验 $E_1\sim E_8$ 及相应的样本空间 $\Omega_1\sim\Omega_8$，不难发现，试验 E_1，E_3，E_4 具有如下两个共同的特性：

1°（有限性） 试验的样本空间 Ω 包含的样本点数（或基本事件个数）是有限的，即存在正整数 n，使

$$\Omega=\{\omega_1,\omega_2,\cdots,\omega_n\}=\bigcup_{i=1}^{n}\{\omega_i\}$$

2°（等可能性） 试验中的每个基本事件 $\{\omega_i\}$ 发生的可能性是相同的，即

$$P(\{\omega_1\})=P(\{\omega_2\})=\cdots=P(\{\omega_n\})$$

具有以上两个特性的试验是大量存在的. 满足上述两个特性的试验称为**等可能试验**. 这种试验在概率论发展初期曾是主要的研究对象，称为**古典概型**. 古典概型的概念具有直观、容易理解的特点，在实践中有着广泛的应用.

对于古典概型，有以下定理.

定理 1.3.1　设 E 是等可能试验，n 是其样本空间 Ω 包含的样本点数（或基本事件个数），A 是 E 的包含有 k 个样本点（或基本事件）的随机事件，则随机事件 A 的概率为

$$P(A)=\frac{k}{n} \tag{1.3}$$

证　由

$$\Omega=\{\omega_1,\omega_2,\cdots,\omega_n\}=\sum_{i=1}^{n}\{\omega_i\}$$

的有限性和概率的有限可加性及等可能性知

$$1=P(\Omega)=P\left(\sum_{i=1}^{n}\{\omega_i\}\right)=\sum_{i=1}^{n}P(\{\omega_i\})=nP(\{\omega_1\})$$

解之，得 $P(\{\omega_1\})=\frac{1}{n}$. 再由等可能性即知

$$P(\{\omega_1\})=P(\{\omega_2\})=\cdots=P(\{\omega_n\})=\frac{1}{n} \tag{1.4}$$

又因事件 A 包含 k 个样本点或 k 个基本事件，即

$$A=\{\omega_{n_1},\omega_{n_2},\cdots,\omega_{n_k}\}=\sum_{i=1}^{k}\{\omega_{n_i}\}\quad(1\leqslant n_1<n_2<\cdots<n_k\leqslant n)$$

故由概率的有限可加性及式(1.4)可知

$$P(A)=P\left(\sum_{i=1}^{k}\{\omega_{n_i}\}\right)=\sum_{i=1}^{k}P(\{\omega_{n_i}\})=\frac{k}{n}$$

公式(1.3)称为**古典概型的概率计算公式**. 但由于历史发展的原因，通常称它为**古典概率定义**. 而结论(1.4)则揭示了在古典概型中基本事件的概率.

从公式(1.3)可以看到，古典概型的概率计算问题最终归结为样本空间与事件所包含的样本点数的计算，而这些样本点数的计算常常需要用到**排列与组合的基本知识**：

(a) 从 n 个不同元素中任取 $m(m\leqslant n)$ 个元素作排列，共有

$$\mathrm{P}_n^m=\frac{n!}{(n-m)!}=n(n-1)\cdots(n-m+1)$$

种不同的**排列**；

(b) 从 n 个不同元素中任取 $m(m\leqslant n)$ 个元素作组合，共有

$$\mathrm{C}_n^m=\frac{\mathrm{P}_n^m}{m!}=\frac{n!}{m!\,(n-m)!}=\frac{n(n-1)\cdots(n-m+1)}{m!}$$

种不同的**组合**.

例 1.3.1　袋内有三个白球与两个黑球，从其中任取两个球，求取出的两个球是白球的概率.

解　参看例 1.1.1. 如果取样本空间为 Ω_a，则 Ω_a 所包含的三个基本事件不是等可能的，因此不属古典概型.

如果取样本空间为 Ω_b，则 Ω_b 所包含的基本事件是等可能的，属古典概型，它共有$C_5^2=10$ 个样本点. 而取出的两个球都是白球共包含 $C_3^2=3$ 个样本点$\{\omega_{12},\omega_{13},\omega_{23}\}$，因此所求概率为

$$p=\frac{C_3^2}{C_5^2}=\frac{3}{10}=0.3$$

例 1.3.2　袋内有 a 个白球与 b 个黑球，现从袋中任意取

$$\alpha+\beta \quad (\alpha\leqslant a;\beta\leqslant b)$$

个球. 求所取球中恰有 α 个白球与 β 个黑球的概率.

解　此例可看成是例 1.3.1 的一般情形，样本点的总数为 $C_{a+b}^{\alpha+\beta}$. 而取出的球中恰有 α 个白球与 β 个黑球的事件共包含 $C_a^\alpha C_b^\beta$ 个样本点. 因此所求概率为

$$p=\frac{C_a^\alpha C_b^\beta}{C_{a+b}^{\alpha+\beta}}$$

例 1.3.3　袋内有 a 个白球与 b 个黑球，每次从袋中任取一个球，取出的球不再放回去，接连取 $k(k\leqslant a+b)$个球，求第 k 次取得的是白球的概率.

解　由于考虑到取球的顺序，这相当于从 $a+b$ 个球中任取 k 个球作排列，每一种取法是一基本事件，其基本事件的总数(即样本空间的元素个数)为

$$P_{a+b}^k=(a+b)(a+b-1)\cdots(a+b-k+1)$$

而第 k 次取得的白球可以是 a 个白球中的任一个，有 a 种取法；其余 $k-1$ 个球可在前 $k-1$ 次中顺次地从 $a+b-1$ 个球中任意取出，有 P_{a+b-1}^{k-1}种取法. 所以第 k 次取得白球共有

$$aP_{a+b-1}^{k-1}=a(a+b-1)(a+b-2)\cdots(a+b-k+1)$$

种. 因此所求概率为

$$p=\frac{aP_{a+b-1}^{k-1}}{P_{a+b}^k}=\frac{a}{a+b}$$

值得注意的是，所求概率与 k 无关. 这表明无论哪一次取得白球，其概率都是一样的，或者说，取得白球的概率与先后次序无关. 这与我们的实际经验是吻合的. 这正是我们通常所说的“抽签原理”。

例 1.3.2 和例 1.3.3 所反映的问题具有代表性，其中的“白球”“黑球”可换为“甲物”“乙物” 或“合格品”“不合格品”等. 为叙述方便，常常把这类问题称为**抽球问题**.

例 1.3.4　从 1,2,…,10 共 10 个数字中任取 7 个(可以重复)，求下列各事件的概率：

A：取出的 7 个数字全不相同；

B：取出的7个数字中不含1与10；

C：取出的7个数字中恰好出现两次10.

解　从10个数字中取7个数的每一种取法构成一基本事件. 由于从10个数字中每次取1个数的取法有10种，所以依次取7个数的取法共有10^7种. 而取出的7个数字全不相同的取法共有

$$10\times9\times8\times7\times6\times5\times4$$

种，所以事件A发生的概率为[①]

$$P(A)=\frac{10\times9\times8\times7\times6\times5\times4}{10^7}=0.0605$$

若取出的7个数字中不含1与10，则取法共有8^7种，所以事件B发生的概率为

$$P(B)=\frac{8^7}{10^7}=0.2097$$

在事件C中，出现10的两次可以是7次中的任意两次，故有C_7^2种选择，其他5个数只能在其他9个数中任意选取，有9^5种取法，故事件C发生的概率为

$$P(C)=\frac{C_7^2\cdot9^5}{10^7}=0.124$$

例1.3.4所反映的问题也具有代表性，我们常常把这类问题称为**随机取数问题**.

例1.3.5　有n个人，每个人都以同样的概率$\frac{1}{N}$ $(n\leqslant N)$被分配在N间房中的每一间，试求下列各事件的概率：

A：某指定n间房中各有1人；

B：恰有n间房，其中各有1人；

C：某指定房间中恰有$m(m\leqslant n)$人.

解　将n个人分配到N间房中的每一种分法构成一基本事件. 由于将每个人分配在N间房中的分法有N种，所以依次将n个人分配在N间房中的分法共有N^n种.

现固定某n间房，则将n个人分配到这n间房中且每间恰有1人的分法有$n!$种，故事件A发生的概率为

$$P(A)=\frac{n!}{N^n}$$

---

① 为了书写方便，该步计算中的约等于“≈”写成了等于“＝”. 在本书以后的具体计算中均采用这个约定.

如果这 n 间房自 N 间中任意选出，那么共有 C_N^n 种选法，因而事件 B 共包含 $C_N^n \cdot n!$ 个样本点，于是事件 B 发生的概率为

$$P(B)=\frac{C_N^n \cdot n!}{N^n}=\frac{N(N-1)\cdots(N-n+1)}{N^n}$$

事件 C 中所说的 m 个人可自 n 个人中任意选出，共有 C_n^m 种选法，其余 $n-m$ 个人可任意分配在其余的 $N-1$ 个房间里，共有 $(N-1)^{n-m}$ 种分法，因而事件 C 共包含 $C_n^m(N-1)^{n-m}$ 个样本点，于是事件 C 发生的概率为

$$P(C)=\frac{C_n^m(N-1)^{n-m}}{N^n}$$

例 1.3.5 所反映的问题同样具有代表性，其中的“人”“房子”可换为“质点”“格子”或“球”“盒子”等，常常把这类问题称为**分房问题**.

例 1.3.6 任取一个两位数，求这个数能被 2 或 3 整除的概率.

解 设事件 A 表示取出的两位数能被 2 整除，B 表示取出的两位数能被 3 整除，则 AB 表示取出的两位数能被 $2\times3=6$ 整除，事件 $A\cup B$ 表示取出的两位数能被 2 或 3 整除. 由于两位数共有 90 个，能被 2 整除的有 45 个，能被 3 整除的有 30 个，而能被 6 整除的有 15 个，故由加法公式知所求概率为

$$P(A\cup B)=P(A)+P(B)-P(AB)=\frac{45}{90}+\frac{30}{90}-\frac{15}{90}=\frac{2}{3}$$

1.3.2 几何概型

上面，从概率的公理化定义出发，获得了古典概型的概率计算公式. 下面，讨论概率论中另一个比较重要、比较特殊的概型——几何概型.

回忆 1.1 节的试验 E_7 与 E_8 及相应的样本空间 Ω_7 与 Ω_8，不难发现，这两个试验的样本点的个数都是无限的，但在几何意义上，它们却有如下两个共同的特性：

1°(按测度的有限性) 试验的样本空间 Ω 是可测的(即可用长度、面积或体积等几何度量函数 $m(\cdot)$ 来度量其“大小”)且样本空间的测度 $m(\Omega)$(即 Ω 的长度、面积或体积等“大小”值)为正实数，即

$$0<m(\Omega)<+\infty$$

2°(按测度等可能性) 试验中同测度的事件发生的可能性是相同的，即对试验的任意两个事件 A,B，若 $m(A)=m(B)$，则

$$P(A)=P(B)$$

具有以上两个特性的试验在现实中也是大量存在的. 满足上述两个特性的试验称为**按测度等可能试验**. 这种试验在概率论发展史上也是主要的研究对象，由于它与试验的几何特征(如长度、面积、体积等)有关，所以人们称它为**几何概型**. 几何

概型的概念也具有直观、容易理解的特点. 因此，在实践中也有着广泛应用.

比较几何概型与古典概型的两个特性及它们的定义，不难看出，这两种概型有着极其相似的特点. 因此，对几何概型，也可以推得完全类似的概率计算公式.

定理 1.3.2　设 E 是按测度等可能试验，$m(\cdot)$是相应的测度函数，则事件 A 的概率为

$$P(A)=\frac{m(A)}{m(\Omega)} \tag{1.5}$$

公式(1.5)称为**几何概型的概率计算公式**(历史上也称为**几何概率定义**). 计算几何概率的关键是：把样本空间 Ω 和事件 A 用图形描述清楚，通过计算相关图形的测度或几何度量(如长度、面积、体积等)来计算事件的概率.

例 1.3.7　甲、乙两人相约在 $0\sim T$ 这段时间内在预定地点会面. 先到的人应等候另一个人，经过时间 $t(t<T)$后离去. 假定两个人各自独立地在这段时间内到达，且每个人在 $0\sim T$ 这段时间内各时刻到达预定地点是等可能的，求甲、乙两人能会面的概率.

解　以 x,y 分别表示甲、乙两人到达的时刻，则

$$0\leqslant x\leqslant T,\quad 0\leqslant y\leqslant T$$

如果我们以 x,y 为坐标建立平面直角坐标系，则试验的样本空间可用正方形 $0\leqslant x\leqslant T$, $0\leqslant y\leqslant T$内的点来表示(图 1.3). 而甲、乙两人能在预定地点会面的充分必要条件是

$$|x-y|\leqslant t$$

即(x,y)落在图 1.3 中的阴影部分. 由假设，这是一几何概型. 故由几何概型的概率计算公式可知，甲、乙两人能会面的概率等于阴影部分的测度(即面积)与正方形的测度(即面积)之比：

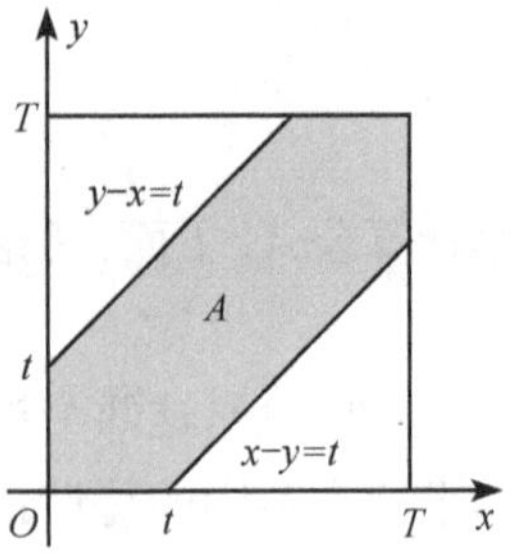

$$p=\frac{T^2-(T-t)^2}{T^2}=1-\left(1-\frac{t}{T}\right)^2$$

图 1.3

1.4　条件概率

1.4.1　条件概率与乘法定理

在实际问题中，常常要考虑在事件 A 已经发生的条件下事件 B 发生的概率，这种概率称为在事件 A 发生的条件下事件 B 发生的**条件概率**，记作 $P(B|A)$.

例 1.4.1 设两台车床加工同一种机械零件共 100 个,见下表.

项 目	合格品数	次品数	合 计
第一台车床加工的零件数	35	5	40
第二台车床加工的零件数	51	9	60
合 计	86	14	100

从这 100 个零件中任取一个,

(1) 求取出的零件是合格品的概率;

(2) 若已知取出的零件是由第一台车床加工的,求它是合格品的概率;

(3) 若已知取出的零件是合格品,求它是由第一台车床加工的概率.

解 设事件 A 表示取出的零件是合格品,B 表示取出的零件是由第一台车床加工的,则利用古典概型的概率计算公式可分别求得概率如下.

(1) 样本空间所含的样本点数(即总零件个数)是 100,事件 A 所含的样本点数(即其中合格品零件个数)是 86,所以取出的零件是合格品的概率为

$$P(A)=\frac{86}{100}=0.86$$

(2) 在已知取出的零件是由第一台车床加工的条件下,可取到的样本空间所含的样本点数(即由第一台车床加工的零件总数)是 40,此时事件 A 所含的样本点数(即其中由第一台车床加工的合格品零件个数)是 35,所以在已知取出的零件是由第一台车床加工的条件下,取出的零件是合格品的概率为

$$P(A|B)=\frac{35}{40}=0.875$$

(3) 在已知取出的零件是合格品的条件下,可取到的样本空间所含的样本点数(即合格品零件总数)是 86,此时事件 B 所含的样本点数(即其中由第一台车床加工的合格品零件个数)是 35,所以在已知取出的零件是合格品的条件下,取出的零件是第一台车床加工的概率为

$$P(B|A)=\frac{35}{86}=0.407$$

如果在例 1.4.1 中再注意到

$$P(A)=0.86,\quad P(B)=0.40,\quad P(AB)=0.35$$

则有

$$P(B|A)=\frac{P(AB)}{P(A)}$$

$$P(A|B)=\frac{P(AB)}{P(B)}$$

事实上,这正是关于条件概率的一般结论.

定理 1.4.1 设在试验 E 中事件 A 的概率 $P(A)>0$,则在事件 A 发生的条件下事件 B 发生的条件概率为①

$$P(B|A)=\frac{P(AB)}{P(A)} \tag{1.6}$$

公式(1.6)称为**条件概率计算公式**.

如果注意到 $P(A)=0$ 时也有 $P(AB)=0$,则立即得到下面的概率乘法定理.

定理 1.4.2(乘法定理) 二事件积的概率等于其中一事件的概率与该事件发生的条件下另一事件发生的条件概率的乘积,即

$$P(AB)=P(A)P(B|A)=P(B)P(A|B) \qquad \text{(乘法公式)}$$

乘法公式可以推广到 n 个随机事件的情形,这时有

$$P(A_1A_2\cdots A_n)=P(A_1)P(A_2|A_1)\cdots P(A_n|A_1A_2\cdots A_{n-1})$$

例 1.4.2 一批零件共 100 个,次品率为 10%,每次从其中任取一个零件,取出的零件不放回,求第三次才取得合格品的概率.

解 设事件 A_i 表示第 i 次取得合格品 $(i=1,2,3)$. 按题意,第三次才取得合格品的概率可由乘法公式求得为

$$\begin{aligned}P(\overline{A}_1\overline{A}_2A_3)&=P(\overline{A}_1)P(\overline{A}_2|\overline{A}_1)P(A_3|\overline{A}_1\overline{A}_2)\\&=\frac{10}{100}\times\frac{9}{99}\times\frac{90}{98}=0.00835\end{aligned}$$

例 1.4.3 在例 1.4.2 中,如果取得一个合格品后,就不再继续取零件,求在三次内取得合格品的概率.

解法一 按题意,"在三次内取得合格品"(设为事件 A)指的是:第一次取得合格品,或第二次才取得合格品,或第三次才取得合格品;所以按例 1.4.2 的记号应有

$$A=A_1+\overline{A}_1A_2+\overline{A}_1\overline{A}_2A_3$$

故由加法公式、乘法公式及例 1.4.2 的结果可得所求概率为

$$\begin{aligned}P(A)&=P(A_1)+P(\overline{A}_1A_2)+P(\overline{A}_1\overline{A}_2A_3)\\&=P(A_1)+P(\overline{A}_1)P(A_2|\overline{A}_1)+P(\overline{A}_1\overline{A}_2A_3)\\&=\frac{90}{100}+\frac{10}{100}\times\frac{90}{99}+0.00835=0.9993\end{aligned}$$

解法二 事件 A 的对立事件就是三次都取得次品,即

$$\overline{A}=\overline{A}_1\overline{A}_2\overline{A}_3$$

---

① 定理 1.4.1 的证明 设在事件 A 发生条件下的试验为 E_A,则 E_A 的样本空间为 A,这时原概率函数 $P(\cdot)$ 正好可看成是试验 E_A 的样本空间 A 上的一种测度. 就此测度而言,试验 E_A 成为一几何概型. 因此,由几何概型的概率计算公式可推知,在事件 A 发生的条件下事件 B 发生的条件概率(即在试验 E_A 中事件 AB 发生的概率)为式(1.6).

故由概率的性质和概率乘法公式知,所求概率为

$$\begin{aligned}P(A)&=1-P(\overline{A})=1-P(\overline{A}_1\overline{A}_2\overline{A}_3)\\&=1-P(\overline{A}_1)P(\overline{A}_2|\overline{A}_1)P(\overline{A}_3|\overline{A}_1\overline{A}_2)\\&=1-\frac{10}{100}\times\frac{9}{99}\times\frac{8}{98}\\&=0.9993\end{aligned}$$

1.4.2 全概率公式与贝叶斯公式

概率最重要的特性之一就是它的可加性. 这启示我们在求比较复杂事件的概率时可考虑将其划分为若干个子事件进行计算,这一想法提示我们建立下面重要的全概率公式. 为此,先引入样本空间的划分定义.

定义 1.4.1 设 Ω 为试验 E 的样本空间, $B_1,B_2,\cdots$ 为 E 的一组两两互不相容的事件且

$$\Omega=B_1+B_2+\cdots$$

则称 $B_1,B_2,\cdots$ 为样本空间 Ω 的一个**划分**.

若 $B_1,B_2,\cdots$ 是样本空间 Ω 的一个划分,那么,对每次试验,事件 $B_1,B_2,\cdots$ 中必有且仅有一个发生. 按此划分有以下定理.

定理 1.4.3 设 Ω 是试验 E 的样本空间, $B_1,B_2,\cdots$ 为 Ω 的一个划分, A 是 E 的任一事件,则

$$P(A)=\sum_{i=1}^{\infty}P(B_i)P(A\mid B_i) \tag{1.7}$$

证 由 $\Omega=B_1+B_2+\cdots$ 知

$$A=A\Omega=AB_1+AB_2+\cdots$$

故由概率的完全可加性和概率乘法公式得

$$P(A)=\sum_{i=1}^{\infty}P(AB_i)=\sum_{i=1}^{\infty}P(B_i)P(A\mid B_i)$$

如果定理 1.4.3 中的 B_i 只有 n 个,公式(1.7)也成立,此时右端只有 n 项相加. 公式(1.7)称为**全概率公式**.

如果进一步假定 $P(A)>0$,则由全概率公式和条件概率计算公式又可推得,对任意的 $i(i=1,2,\cdots)$,都有

$$P(B_i|A)=\frac{P(AB_i)}{P(A)}=\frac{P(B_i)P(A\mid B_i)}{\sum_{j=1}^{\infty}P(B_j)P(A\mid B_j)}$$

于是又证得了下面的定理.

定理 1.4.4 设 Ω 是试验 E 的样本空间, $B_1,B_2,\cdots$ 为 Ω 的一个划分, A 是 E 的任一事件且 $P(A)>0$,则

$$P(B_i|A)=\frac{P(B_i)P(A\mid B_i)}{\sum_{j=1}^{\infty}P(B_j)P(A\mid B_j)},\quad i=1,2,\cdots \tag{1.8}$$

如果 B_i 只有 n 个,公式(1.8)也成立,此时右端分母只有 n 项相加. 公式(1.8)称为**贝叶斯(Bayes)公式**.

例 1.4.4　某工厂生产的产品以 100 个为一批. 在进行抽样检查时,只从每批中抽取 10 个来检查. 如果发现其中有次品,则认为这批产品不合格,不能通过检查. 假定每一批产品中的次品最多不超过 4 个,并且其中恰有 0, 1, 2, 3, 4 个次品的概率分别为0.1,0.2,0.4,0.2,0.1,求每批产品能通过检查的概率.

解　设 B_i 表示一批产品中恰有 i 个次品($i=0,1,2,3,4$). 而事件 A 表示这批产品能通过检查,即抽样检查的 10 个产品都是合格产品,则有

$$P(B_0)=0.1,\quad P(A|B_0)=1$$

$$P(B_1)=0.2,\quad P(A|B_1)=\frac{C_{99}^{10}}{C_{100}^{10}}=0.9$$

$$P(B_2)=0.4,\quad P(A|B_2)=\frac{C_{98}^{10}}{C_{100}^{10}}=0.809$$

$$P(B_3)=0.2,\quad P(A|B_3)=\frac{C_{97}^{10}}{C_{100}^{10}}=0.727$$

$$P(B_4)=0.1,\quad P(A|B_4)=\frac{C_{96}^{10}}{C_{100}^{10}}=0.652$$

所以,按全概率公式即得所求的概率为

$$P(A)=\sum_{i=0}^{4}P(B_i)P(A\mid B_i)=0.8142$$

例 1.4.5　在例 1.4.4 中,求检查通过(即事件 A 发生)的每批产品中恰有 i 个次品的概率($i=0,1,2,3,4$).

解　按条件概率计算公式即得所求概率分别为

$$P(B_0|A)=\frac{P(B_0)P(A|B_0)}{P(A)}=\frac{0.1\times1}{0.8142}=0.123$$

$$P(B_1|A)=\frac{P(B_1)P(A|B_1)}{P(A)}=\frac{0.2\times0.9}{0.8142}=0.221$$

$$P(B_2|A)=\frac{P(B_2)P(A|B_2)}{P(A)}=\frac{0.4\times0.809}{0.8142}=0.397$$

$$P(B_3|A)=\frac{P(B_3)P(A|B_3)}{P(A)}=\frac{0.2\times0.727}{0.8142}=0.179$$

$$P(B_4|A)=\frac{P(B_4)P(A|B_4)}{P(A)}=\frac{0.1\times0.652}{0.8142}=0.080$$

当然也可按贝叶斯公式计算上述概率,如

$$P(B_0|A)=\frac{P(B_0)P(A\mid B_0)}{\sum_{i=0}^{4}P(B_i)P(A\mid B_i)}=\frac{0.1\times 1}{0.8142}=0.123$$

如果在例 1.4.4 中,进行一次试验,若 A 发生了(即检查通过了),则由例 1.4.5 知这批产品中恰有 i 个次品的概率也发生如下表的变化.

一批产品中的次品数	0	1	2	3	4
检查以前的经验概率	0.100	0.200	0.400	0.200	0.100
检查通过的条件概率	0.123	0.221	0.397	0.179	0.080
概率增加量	0.023	0.021	−0.003	−0.021	−0.020

这种变化表明:在产品通过检查后,应当按照试验后(即 A 发生)的条件概率重新认识这批产品.从表中不难看出,在检查通过的各批产品中,次品数较少的概率要比事先估计的大,而次品数较多的概率要比事先估计的小,也就是说,这批产品的实际质量要优于事先对这批产品的估计.这也正是这批产品能够顺利通过检查的原因.通常把试验前的经验概率,即在全概率公式中所用的概率 $P(B_i)$,称为**先验概率**.而把试验后重新计算出的概率,即由贝叶斯公式计算出来的条件概率 $P(B_i|A)$,称为**后验概率**.有了后验概率,对产品的质量情况就有了进一步的了解.

例 1.4.6 临床诊断记录表明,利用某种试验检查癌症具有如下的效果:对癌症患者进行试验的结果呈阳性反应者占 95%.对非癌症患者进行试验的结果呈阴性反应者占 96%.现在用这种试验对某市居民进行癌症普查,假如该市的癌症患者数约占居民总数的 0.4%,求:

(1) 试验结果呈阳性反应者确实患有癌症的概率;

(2) 试验结果呈阴性反应者确实未患癌症的概率.

解 设事件 A 表示试验结果呈阳性反应,事件 B 表示被检查者患有癌症,则按题意有

$$P(B)=0.004,\quad P(A|B)=0.95,\quad P(\bar{A}|\bar{B})=0.96$$

由此可知

$$P(\bar{B})=0.996,\quad P(\bar{A}|B)=0.05,\quad P(A|\bar{B})=0.04$$

于是,按贝叶斯公式得

$$(1)\ P(B|A)=\frac{P(B)P(A|B)}{P(B)P(A|B)+P(\bar{B})P(A|\bar{B})}$$

$$=\frac{0.004\times 0.95}{0.004\times 0.95+0.996\times 0.04}=0.0871$$

这表明试验结果呈阳性反应者确实患有癌症的可能性并不大,还需通过进一

步检查才能确诊,否则,将会得出错误的诊断.

(2) $$P(\bar{B}|\bar{A})=\frac{P(\bar{B})P(\bar{A}|\bar{B})}{P(B)P(\bar{A}|B)+P(\bar{B})P(\bar{A}|\bar{B})}=\frac{0.996\times0.96}{0.004\times0.05+0.996\times0.96}=0.9998$$

这表明试验结果呈阴性反应者未患癌症的可能性极大,因此,这可作为排除呈阴性反应者患癌症的重要依据之一.

1.5　随机事件的独立性

在一般情况下,随机事件 B 的发生对于事件 A 的发生是有影响的. 如果随机事件 B 发生与否并不影响 A 的发生,即

$$P(A|B)=P(A|\bar{B}) \tag{1.9}$$

则称**事件 A 相对 B 独立**,此时**事件 A 相对 $\bar{B}$ 也独立**. 如果事件 A 相对 B 独立,事件 B 相对 A 也独立,则称它们是**相互独立**的.

关于事件的独立性,有下列重要性质.

性质　设 A 与 B 是两随机事件,那么

1° 如果事件 A 相对 B 独立,则事件 $\bar{A}$ 相对 B 也独立,并且

$$P(A|B)=P(A),\quad P(AB)=P(A)P(B)$$

2° 如果 A 相对 B 独立且 $0<P(A)<1$,则 A 与 B 相互独立.

3°(相互独立事件的乘法定理)　如果事件 A 与 B 相互独立,则 $\bar{A}$ 与 B,A 与 $\bar{B}$ 以及 $\bar{A}$ 与 $\bar{B}$ 也相互独立,并且有乘法公式

$$P(AB)=P(A)P(B),\quad P(\bar{A}B)=P(\bar{A})P(B)$$
$$P(A\bar{B})=P(A)P(\bar{B}),\quad P(\bar{A}\bar{B})=P(\bar{A})P(\bar{B})$$

证　1° 首先,由条件概率与相对独立的定义知

$$P(\bar{A}|B)=1-P(A|B)=1-P(A|\bar{B})=P(\bar{A}|\bar{B})$$

故 $\bar{A}$ 相对 B 独立. 其次,再由全概率公式知

$$\begin{aligned}P(A)&=P(B)P(A|B)+P(\bar{B})P(A|\bar{B})\\&=P(B)P(A|B)+P(\bar{B})P(A|B)\\&=P(A|B)\end{aligned}$$

亦即 $P(A|B)=P(A)$, 从而又有

$$P(AB)=P(B)P(A|B)=P(B)P(A)=P(A)P(B)$$

2° 这时由条件概率公式及 1°知

$$P(B|\bar{A})=\frac{P(B\bar{A})}{P(\bar{A})}=\frac{P(B)-P(AB)}{P(\bar{A})}$$

$$=\frac{P(B)-P(A)P(B)}{P(\overline{A})}=\frac{P(B)P(\overline{A})}{P(\overline{A})}$$

$$=\frac{P(A)P(B)}{P(A)}=\frac{P(AB)}{P(A)}=P(B|A)$$

亦即,事件 B 相对 A 也独立,从而 A 与 B 相互独立.

3° 由 1°知 $\overline{A}$ 相对 B 独立,由相对独立的定义知,B 相对 $\overline{A}$ 独立,故 $\overline{A}$ 与 B 相互独立. 同理可知 A 与 $\overline{B}$,$\overline{A}$ 与 $\overline{B}$ 也相互独立. 最后再由 1°的最后一个等式知 3°中的四个乘法公式均为真.

性质 2°表明:在 $0<P(A)<1, 0<P(B)<1$ 的条件下

A 相对 B 独立$\Leftrightarrow$$B$ 相对 A 独立$\Leftrightarrow$$A$ 与 B 相互独立

如果注意到性质 2°的证明过程中只用到了条件

$$P(AB)=P(A)P(B)$$

则有以下定理.

定理 1.5.1 设 $0<P(A)<1, 0<P(B)<1$,则 A 与 B 相互独立的充要条件是

$$P(AB)=P(A)P(B) \tag{1.10}$$

正因为有定理 1.5.1,所以在许多教科书中都把式(1.10)作为事件 A 与 B 相互独立的定义.

例 1.5.1 设袋中有四个球,其中一个红球、一个白球、一个黑球,还有一个画着红、白、黑三种颜色的球. 现从袋中任取一球,并设 A,B,C 分别表示取出的球上画有红、白、黑各色的事件,则按古典概型的概率计算公式容易算得

$$P(A|B)=P(A|\overline{B})=P(A|C)=P(A|\overline{C})=P(A)=0.5$$

$$P(B|C)=P(B|\overline{C})=P(B|A)=P(B|\overline{A})=P(B)=0.5$$

$$P(C|A)=P(C|\overline{A})=P(C|B)=P(C|\overline{B})=P(C)=0.5$$

这说明事件 A,B,C 是两两相互独立的. 于是由相互独立事件的乘法公式可求得

$$P(AB)=P(A)P(B)=0.5\times 0.5=0.25$$

$$P(BC)=P(B)P(C)=0.5\times 0.5=0.25$$

$$P(CA)=P(C)P(A)=0.5\times 0.5=0.25$$

需要注意的是,事件 A,B,C 两两相互独立不能推出下面的结论:

$$P(ABC)=P(A)P(B)P(C) \tag{1.11}$$

事实上,例 1.5.1 就是式(1.11)的一个反例,这时按古典概型的概率计算公式有

$$P(ABC)=\frac{1}{4}\neq\frac{1}{8}=P(A)P(B)P(C)$$

那在什么条件下式(1.11)才成立呢? 这就需要把相互独立的概念推广到更多个事件上去.

定义:n 个事件 $A_1,A_2,\cdots,A_n$ 称为是**相互独立**的,如果这些事件中的任一事件$A_i(i=1,2,\cdots,n)$相对其他任意几个事件的积是独立的,即

$$P(A_i|A_{n_1}A_{n_2}\cdots A_{n_k})=P(A_i|\overline{A_{n_1}A_{n_2}\cdots A_{n_k}}) \tag{1.12}$$

其中 $A_{n_1},A_{n_2},\cdots,A_{n_k}$ 是 $A_1,A_2,\cdots,A_n$ 中除 A_i 外任意 $k(1\leqslant k<n)$个不同的事件.

如对例 1.5.1 来说,就有

$$P(A|BC)=\frac{1}{1}\neq P(A|\overline{BC})=\frac{1}{3}$$

所以,事件 A,B,C 虽然两两相互独立,但这三个事件作为一个事件组则不是相互独立的.

更一般地,如果可列个事件 $A_1,A_2,\cdots$中任意 n 个事件是相互独立的,则称这可列个事件 $A_1,A_2,\cdots$是**相互独立**的.

容易证明:当 n 个事件$A_1,A_2,\cdots,A_n$(或可列个事件$A_1,A_2,\cdots$)相互独立时,如果把其中任意几个换成其对立事件,则所得的新事件组仍相互独立;如果取其中任意 k 个事件,则这 k 个事件也相互独立,并且两两相互独立.

有了 n 个事件相互独立的概念,便不难推得:式(1.11)成立的充分条件是事件 A,B,C 相互独立.事实上,由 n 个事件的乘法公式与 n 个事件相互独立的定义立即可得下面更一般的**有限个相互独立事件的乘法定理**.

定理 1.5.2　有限个相互独立事件的积的概率等于这些事件概率的积,即若事件 $A_1,A_2,\cdots,A_n$ 相互独立,则有乘法公式

$$P(A_1A_2\cdots A_n)=P(A_1)P(A_2)\cdots P(A_n)$$

在实际应用中,对于事件的独立性,往往只需根据定义式(1.9)或(1.12)的实际意义就可断定.

例 1.5.2　一批产品共有 N 个,其中有 M 个是次品.从这批产品中任意抽取一个检查,记录其等级后,仍放回去.如此连续抽查 n 次(这种抽样方式称为**放回抽样或重复抽样**),求 n 次都取得合格品的概率.

解　以 A_i 表示第 $i(i=1,2,\cdots,n)$次抽查时取得合格品,则

$$P(A_i)=\frac{N-M}{N}\quad(i=1,2,\cdots,n)$$

又因事件 $A_1,A_2,\cdots,A_n$ 是相互独立的,故由相互独立事件的乘法公式知所求概率为

$$P(A_1A_2\cdots A_n)=P(A_1)P(A_2)\cdots P(A_n)=\left(\frac{N-M}{N}\right)^n$$

例 1.5.3　加工某一零件共需经过三道工序.设第一、二、三道工序的次品率分别是 2%,3%,5%.假定各道工序是互不影响的,问加工出来的零件的次品率是

多少?

解　以 A_i 表示第 $i(i=1,2,3)$ 道工序出现次品，则因各道工序互不影响，所以事件 A_1,A_2,A_3 相互独立，从而事件 $\overline{A}_1,\overline{A}_2,\overline{A}_3$ 也相互独立. 故加工出来的零件是次品(设为事件 A)的概率(即所求次品率)为

$$
\begin{aligned}
P(A)&=P(A_1\cup A_2\cup A_3)=1-P\,\overline{(A_1\cup A_2\cup A_3)}\\
&=1-P(\overline{A}_1\overline{A}_2\overline{A}_3)=1-P(\overline{A}_1)P(\overline{A}_2)P(\overline{A}_3)\\
&=1-\left(1-\frac{2}{100}\right)\left(1-\frac{3}{100}\right)\left(1-\frac{5}{100}\right)\\
&=0.0969
\end{aligned}
$$

习　题　1

1.1　任意抛掷一颗骰子，观察出现的点数，点数为 i 的样本点记作 ω_i. 用 A 表示事件“出现的点数为偶数”，B 表示“出现的点数不能被 3 整除”，则：

(1) 试验的样本空间为 $\Omega=$____________________;

(2) 作为样本点的集合，$A=$____________________;

(3) 作为样本点的集合，$B=$____________________.

1.2　设 A,B 为事件，则下列各事件所表示的意义为：

(1) $\overline{A}\cup\overline{B}$ 表示____________________;

(2) $\overline{A}B$ 表示____________________;

(3) $\overline{A}\,\overline{B}$ 表示____________________;

(4) $\overline{A}A$ 表示____________________.

1.3　设 A,B,C 表示三个事件，试将下列事件用 A,B,C 表示，并填入相应的括弧中：

(1) A,B,C 都发生；　(　　　　)

(2) A,B,C 都不发生；　(　　　　)

(3) A,B,C 不都发生；　(　　　　)

(4) A,B,C 中至少有一个发生；　(　　　　)

(5) A,B,C 中至少有两个发生；　(　　　　)

(6) A,B,C 中恰好有一个发生；　(　　　　)

(7) A,B,C 中最多有一个发生；　(　　　　)

(8) A 发生而 B,C 都不发生；　(　　　　)

(9) A 不发生但 B,C 中至少有一个发生.　(　　　　)

1.4　判断下列命题的正确性：

(1) $A\cup B=A\overline{B}\cup B$;　(　　)

(2) 若 $A\subset B$，则 $A=AB$;　(　　)

(3) $\overline{A}B=A\cup B$;　(　　)

(4) 若 $AB=\varnothing$ 且 $C\subset A$，则 $BC=\varnothing$;　(　　)

(5) $\overline{A \cup B}C = \overline{A}\,\overline{B}\,\overline{C}$；（　　）

(6) 若 $A \subset B$，则 $\overline{B} \subset A$；（　　）

(7) $(AB)(A\overline{B}) = \varnothing$；（　　）

(8) 若 $B \subset A$，则 $A = A \cup B$.（　　）

1.5　化简下列各式：

(1) $A \cup B - A$；

(2) $(A \cup B)(A \cup \overline{B})$；

(3) $(A \cup B)(B \cup C)$；

(4) $(A \cup B)(A \cup \overline{B})(\overline{A} \cup B)$.

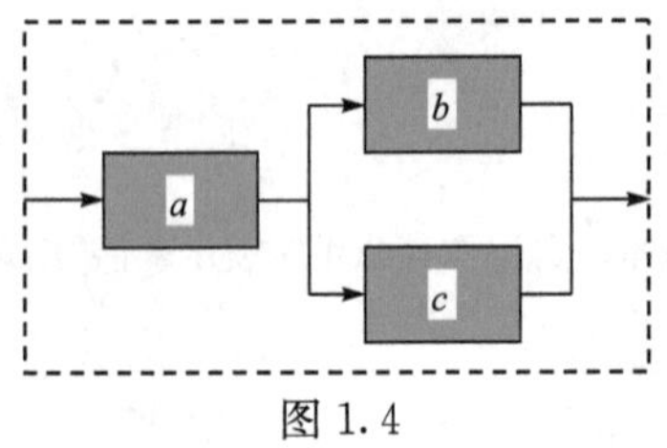

图 1.4

1.6　某工厂生产流水线的设置如图 1.4 所示，设事件 A,B,C 分别表示设备 a,b,c 正常工作，事件 D 表示整个流水线正常工作，则随机事件 A,B,C 和随机事件 D 的关系为 $D=$__________.

1.7　设 $P(A)>0$，$P(B)>0$，将下列四个数

$$P(A),\quad P(AB),\quad P(A \cup B),\quad P(A)+P(B)$$

按由小到大的顺序排列(用"≤"联系它们).

1.8　设 A,B 是两个随机事件，已知 $A \subset B$ 且 $P(A)=0.3$，$P(B)=0.5$，求 $P(\overline{A}B)$ 及 $P(A-B)$.

1.9　设 A,B 是两个随机事件. 已知

$$P(A)=0.3,\quad P(B)=0.4,\quad P(A \cup B)=0.5$$

求 $P(AB)$，$P(\overline{A}B)$ 及 $P(A-B)$.

1.10　设 A,B,C 是三个随机事件. 已知

$$P(A)=0.25,\quad P(B)=0.25,\quad P(C)=0.25$$
$$P(AB)=0,\quad P(BC)=0,\quad P(AC)=0.125$$

求随机事件 A,B,C 中至少有一个发生的概率.

1.11　设 A,B,C 是三个随机事件. 已知

$$P(A)=P(B)=P(C)=0.5,\quad P(ABC)=0.2$$
$$P(AB)=P(AC)=P(BC)=0.3$$

求事件 A,B,C 全不发生的概率.

1.12　已知 $P(A)=0.6$，$P(B)=0.4$，$AC=\varnothing$，$B \subset C$，求 $P(C)$ 及 $P(C-A)$.

1.13　设 A,B 是两个随机事件. 已知 $P(A)=0.6$，$P(B)=0.7$，问：

(1) 在什么情况下 $P(AB)$ 取得其最大值，最大值是多少？

(2) 在什么情况下 $P(AB)$ 取得其最小值，最小值是多少？

1.14　在一批 N 件产品中有 M 件次品，从中任取 n 件，求取出的 n 件产品中：

(1) 恰有 m 件次品的概率；

(2) 有次品的概率.

1.15　在桥牌比赛中，把 52 张牌随机地分给东、南、西、北四家(每家 13 张)，求北家的 13 张牌中恰有 5 张黑桃、4 张红心、3 张方块和 1 张草花的概率.

1.16 从 0,1,2,…,9 等 10 个数字中任取一个,求取得奇数的概率.

1.17 设电话号码由八位数组成,每位数字可以是 0,1,2,…,9 中任意一个,但第一位数字不能为 0. 现随机地抽取一个电话号码,求该电话号码由全不相同的数字组成的概率.

1.18 为了减少比赛场次,把 20 个球队分成两组,每组 10 个队,求最强的两个队被分在不同组的概率.

1.19 某工厂生产的一批产品共 100 个,其中有 5 个次品. 现从中抽取一半来检查,求查出的次品不多于 1 个的概率.

1.20 把 10 本书随机地放在书架上,求其中指定的 3 本书放在一起的概率.

1.21 在 1～100 共 100 个数中任取 1 个,求它能被 2 或 3 或 5 整除的概率.

1.22 将 3 个球随机地投入 4 个盒子中,求:

(1) 3 个球位于 3 个不同盒子中的概率;

(2) 3 个球位于同一个盒子中的概率;

(3) 恰有 2 个球位于同一个盒子中的概率.

1.23 甲、乙两艘轮船驶向一个不能同时停泊两艘轮船的码头停泊,它们都在某一昼夜内到达,并且在该昼夜内任何时刻到达都是等可能的. 如果甲船的停泊时间是 1h,乙船的停泊时间是 2h,求其中任何一艘都不需要等候码头空出的概率.

1.24 把长度为 a 的线段按任意方式折成三段,求它们能构成三角形的概率.

1.25 设一口袋中有 4 个红球和 3 个白球,从中任取 1 个球后不放回去,再从这口袋中任取 1 个球. 求第一次取得白球而第二次取得红球的概率.

1.26 设事件 A,B 和 $A\cup B$ 的概率依次为 0.5,0.7 和 0.9,求条件概率 $P(B|A)$.

1.27 有 10 个袋子,各袋中装球情况分为下列 3 种:

第 1 种共有 2 袋,各装有 2 个白球和 4 个黑球;

第 2 种共有 3 袋,各装有 3 个白球和 3 个黑球;

第 3 种共有 5 袋,各装有 4 个白球和 2 个黑球.

现从 10 个袋子中任取 1 个,从中任取 2 个球,求取出的都是白球的概率.

1.28 两台车床加工同样的零件,第一台出废品的概率是 0.03,第二台出废品的概率是 0.02. 两台车床加工出来的零件放在一起,且已知第一台加工的零件比第二台多 1 倍,现从其中任取 1 件,求取出合格品的概率.

1.29 在习题 1.28 中,如果取出的零件是废品,求它是第二台车床加工的概率.

1.30 发报台分别以概率 0.6 与 0.4 发出信号“·”与“-”. 由于通信系统受到干扰,当发出信号“·”时,收报台分别以概率 0.8 和 0.2 收到信号“·”和“-”;又当发出信号“-”时,收报台分别以概率 0.9 和 0.1 收到信号“-”和“·”. 求:

(1) 当收报台收到信号“·”时,发报台确系发出“·”的概率;

(2) 当收报台收到信号“-”时,发报台确系发出“-”的概率.

1.31 猎人在距离 100m 处射击一动物,击中概率为 0.6;若第一次未击中,则进行第二次射击,但因动物逃跑使距离变为 150m;若第二次又未击中,则进行第三次射击,这时距离变为 200m. 假定击中的概率与距离成反比,求猎人击中动物的概率.

1.32 一个工人照管三台车床,设在一 h 内这三台车床不需要工人照管的概率依次为

0.9,0.8和0.7,求在一h内三台车床中最多有一台需要工人照管的概率.

1.33　甲、乙、丙三人向同一飞机射击,设他们能击中的概率分别是0.4,0.5,0.7. 如果只有一人击中,则飞机被击落的概率是0.2;如果有二人击中,则飞机被击落的概率是0.6;如果三人都击中,则飞机一定被击落. 求飞机被击落的概率.

1.34　如图1.5所示二系统,设构成二系统的每个元件的可靠性都是 $p(0<p<1)$,并且各个元件能否正常工作是相互独立的,求系统(1),(2)的可靠性,并比较它们的大小.

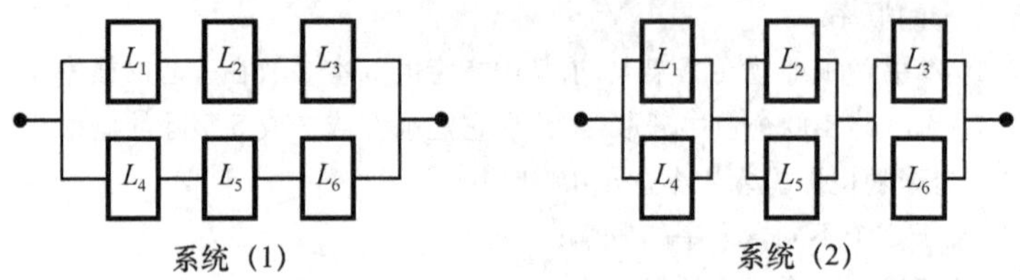

图1.5

第 2 章　随机变量及其分布

当人们引入了数的概念后，就可以使许多事物数量化. 例如，可以用 1 表示一头牛、一只鸡、一粒种子；在引入数的运算后，又可以用数的运算结果去解释许多同类现象. 这样，产生了数学. 所以，数学是能高度抽象、高度统一地解决世界上许多复杂问题的一门科学.

在现代，信息的数量化使计算机走进了寻常百姓家；图像的数量化使电视画面更加清晰；概率的数量化使我们可用数字把握事件发生的可能性大小；函数概念的引入使我们能容易地描述各种量之间的关系.

而在随机试验中，构成样本空间的样本点可能是数也可能不是数，这对全面、深入研究随机试验带来了诸多不便. 为此，有必要将随机试验的结果数量化，引入随机变量的概念. 只有这样，才能应用大家所熟知的函数方法统一地讨论随机试验，从而全面、系统地研究和揭示随机现象的统计规律性.

2.1　随机变量与分布函数

2.1.1　随机变量

在随机试验 E 中，为了将 E 的结果数量化，总可以把样本空间 Ω 中所有样本点 ω 都用一个实值变量(或向量)来表示，记作

$$X=X(\omega),\quad \omega\in\Omega$$

例如，考虑 1.1 节的试验 E_3 与 E_4，即

E_3：在东西南北四面同样受敌时，同时选择两个方向突围；

E_4：抛一颗骰子，观察出现的点数.

它们的样本空间分别为

$$\Omega_3=\{东西,东南,东北,西南,西北,南北\}$$

$$\Omega_4=\{1,2,3,4,5,6\}$$

显然，这两个试验的样本点及样本空间都是不同的. 但如果我们在 E_3 中引进变量 X，对 Ω_3 中的样本点作如下定义：

$$X=1(\text{“东西”}),\quad X=2(\text{“东南”}),\quad X=3(\text{“东北”})$$

$$X=4(\text{“西南”}),\quad X=5(\text{“西北”}),\quad X=6(\text{“南北”})$$

在 E_4 中引进变量 X，并令

$$X=\text{试验中出现的点数}$$

则这两个试验所对应的变量 X 的可能取值及其取同一值的概率都是相同的. 在这个意义上说,它们其实就是同一个变量. 因此,如果把 X 的变化规律讨论清楚了,则试验 E_3 与 E_4 的变化规律也就全都掌握了.

由于随机试验结果的发生是随机的,因此,数量化后,用来表示试验结果的实值变量(或实值向量)也是随机变化的量. 这样的量称为**随机变量**(或**随机向量**). 随机变量(或随机向量)的取值规律通常称为随机变量(或随机向量)的**概率分布**,或简称为**分布**.

随机变量(即**一维随机变量**)通常用 X,Y,Z 或 ξ,η,ζ 等来表示;随机向量(也称为**多维随机变量**) 通常用 (X,Y), (X,Y,Z) 或 $(X_1,X_2,\cdots,X_n)$ 等来表示. 本章只研究一维随机变量及其分布,下章再讨论随机向量的概率分布.

引入随机变量 X 后,就可用随机变量 X 描述事件. 例如,在上述的试验 E_3 中,X 取值 1,写成 $\{X=1\}$,就表示"选择东西两方向突围";同样地,X 取不超过 5 的值,写成 $\{X\leqslant 5\}$,就表示"不同时选择南北两个方向突围". 一般地,对于任意实数集合 S,X 在 S 上取值,写成 $\{X\in S\}$,就表示事件 $\{\omega \mid X(\omega)\in S\}$.

这样,将随机试验的结果数量化后,就可统一地研究许多试验共有的随机变量的概率分布,从而通过对一个随机变量的深入研究而掌握一类试验的统计规律,收到事半功倍的效果.

2.1.2　分布函数

在引入随机变量的概念后,任一事件都可用随机变量 X 表示为 $\{X\in S\}$. 而在实际问题中,S 往往是由若干个诸如 $(a,b]$ 的区间和点 $X=b$ 构成的,同时由于

$$\begin{cases} P\{a<X\leqslant b\}=P\{X\leqslant b\}-P\{X\leqslant a\} \\ P\{X=b\}=\lim\limits_{a\to b^-}P\{a<X\leqslant b\}=P\{X\leqslant b\}-\lim\limits_{a\to b^-}P\{X\leqslant a\} \end{cases} \tag{2.1}$$

所以,只要把形如 $\{X\leqslant x\}$ 上的概率讨论清楚了,随机变量 X 的概率分布情况也就掌握了. 为此,引入以下定义.

定义 2.1.1　设 X 是一个随机变量,x 是任意实数,则称函数

$$F(x)=P\{X\leqslant x\} \tag{2.2}$$

为 X 的**分布函数**.

如果将随机变量 X 看成是数轴上**随机点**的坐标,那么,分布函数 $F(x)$ 在 x 处的函数值就是随机点 X 落在区间 $(-\infty,x]$ 内的概率. 再利用式(2.1)可知,X 落在任一区间 $(a,b]$ 及任一点 $X=b$ 的概率可由分布函数 $F(x)$ 表示为

$$\begin{cases} P\{a<X\leqslant b\}=F(b)-F(a) \\ P\{X=b\}=F(b)-F(b^-) \end{cases} \tag{2.3}$$

如果注意到：当 $x\to-\infty$ 时，事件 $\{X\leqslant x\}$ 趋于不可能事件 $\{X\in\varnothing\}$；当 $x\to+\infty$ 时，事件 $\{X\leqslant x\}$ 趋于必然事件 $\{X<+\infty\}$；当 $t\to x^+$ 时，事件 $\{X\leqslant t\}$ 趋于 $\{X\leqslant x\}$，则不难知道

$$F(-\infty)=\lim_{x\to-\infty}F(x)=\lim_{x\to-\infty}P\{X\leqslant x\}=P\{X\in\varnothing\}=0$$

$$F(+\infty)=\lim_{x\to+\infty}F(x)=\lim_{x\to+\infty}P\{X\leqslant x\}=P\{X<+\infty\}=1$$

$$F(x^+)=\lim_{t\to x^+}F(t)=\lim_{t\to x^+}P\{X\leqslant t\}=P\{X\leqslant x\}=F(x)$$

再注意到对任意的实数 x 都有 $0\leqslant F(x)\leqslant 1$，而且当 $a<b$ 时，$F(a)\leqslant F(b)$，便可得到分布函数的如下性质.

定理 2.1.1 分布函数 $F(x)$ 具有下列性质：

1°(有界性) 对任意的实数 x 都有

$$0\leqslant F(x)\leqslant 1,\quad F(-\infty)=0,\quad F(+\infty)=1$$

2°(单调性) $F(x)$ 是 x 的单调不减函数，即当 $a<b$ 时，

$$F(a)\leqslant F(b)$$

3°(右连续性) $F(x)$ 是右连续的，即对任意的实数 x 都有

$$F(x^+)=F(x)$$

有了分布函数的概念，就可把随机变量 X 的概率分布问题转化为对分布函数 $F(x)$ 的讨论，因为只要知道了 X 的分布函数 $F(x)$，就可知道 X 落在任一区间及任一点的概率. 反过来，满足上述三条性质的 $F(x)$ 也必定是某随机变量 X 的分布函数. 在这个意义上说，分布函数完整地描述了随机变量的概率分布.

例 2.1.1 设 X 的所有可能取值为

$$x_1,\ x_2,\ \cdots,\ x_n\quad (x_1<x_2<\cdots<x_n)$$

并设 X 取所有可能值的概率均为 $\dfrac{1}{n}$，求 X 的分布函数.

解 由分布函数的定义易知(其图形见图 2.1)

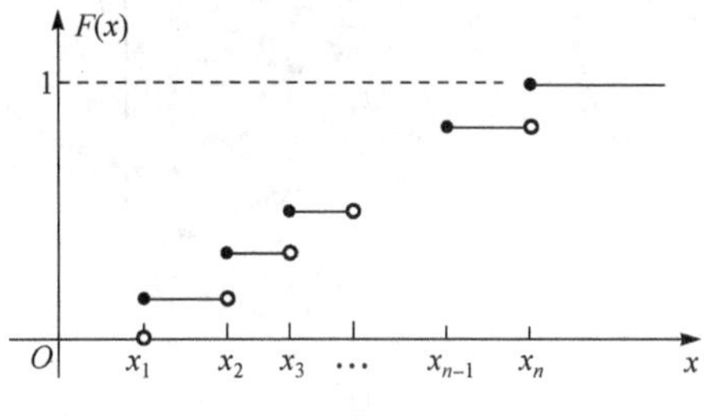

图 2.1

$$F(x)=P\{X\leqslant x\}=\begin{cases}0, & x<x_1\\ \dfrac{k}{n}, & x_k\leqslant x<x_{k+1}\quad (k=1,2,\cdots,n-1)\\ 1, & x\geqslant x_n\end{cases}$$

例 2.1.2 向半径为 R 的圆盘形靶射击,设弹着点落在以靶心 O 为圆心,以 $r(r\leqslant R)$为半径的圆盘内的概率与圆盘的面积成正比,并设每枪都能中靶. 现以 X 表示弹着点与圆心 O 的距离(图 2.2),求随机变量 X 的分布函数.

解 (1) 若 $x<0$,则$\{X\leqslant x\}$是不可能事件,这时

$$F(x)=P\{X\leqslant x\}=0$$

(2) 若 $0\leqslant x\leqslant R$,则由题意,$P\{X\leqslant x\}=k\pi x^2$($k$ 为比例系数),而$\{X\leqslant R\}$是必然事件,所以 $P\{X\leqslant R\}=k\pi R^2=1$,故$k=\dfrac{1}{\pi R^2}$. 这时

$$F(x)=P\{X\leqslant x\}=\frac{x^2}{R^2}$$

(3) 若 $x>R$,则$\{X\leqslant x\}$是必然事件,这时

$$F(x)=P\{X\leqslant x\}=1$$

综上所述,即得 X 的分布函数为

$$F(x)=\begin{cases}0, & x<0\\ \dfrac{x^2}{R^2}, & 0\leqslant x\leqslant R\\ 1, & x>R\end{cases}$$

其图形如图 2.3 所示.

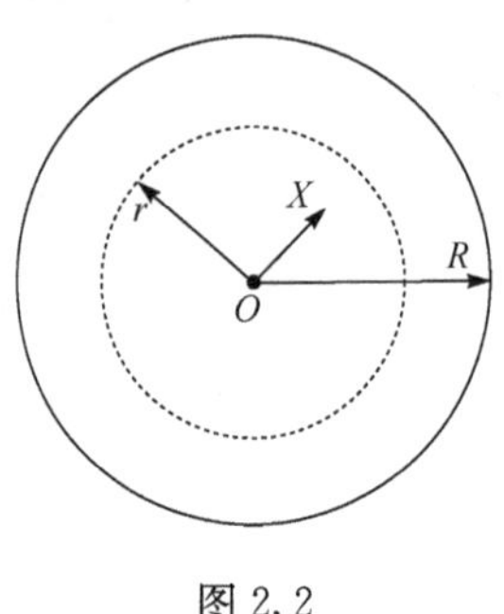

图 2.2

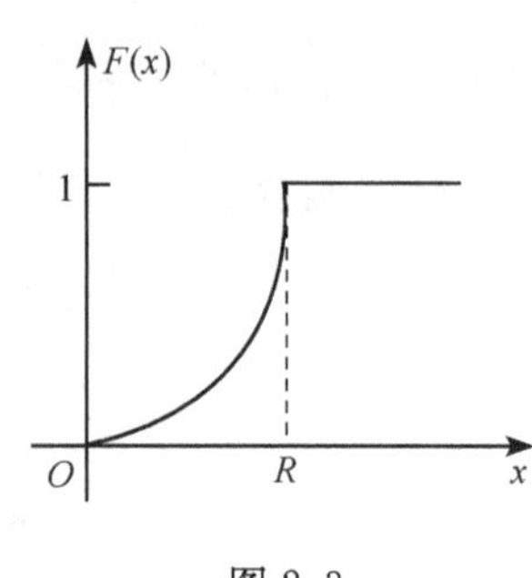

图 2.3

2.2 离散型随机变量的概率分布

离散型随机变量是指只能取有限个或可列个数值的随机变量. 例如,一批产品

中的次品数；电话用户在某一段时间内对电话站的呼唤次数等.

要掌握离散型随机变量 X 的分布规律或概率分布，就必须且只需知道 X 的所有可能取值以及取每一个可能值的概率.

设离散型随机变量 X 的所有可能取值为 $x_1,x_2,\cdots$，而 X 取各个可能值的概率(即概率分布)为

$$P\{X=x_k\}=p_k,\quad k=1,2,\cdots \tag{2.4}$$

则由概率定义知，式(2.4)中的 p_k 满足

$$\begin{cases} p_k\geqslant 0, \quad k=1,2,\cdots \\ \sum\limits_{k=1}^{\infty} p_k = 1 \end{cases} \tag{2.5}$$

反之，满足条件(2.5)的 $p_k(k=1,2,\cdots)$也必反映了某离散型随机变量 X 的概率分布. 通常称式(2.4)所描述的概率分布为离散型随机变量 X 的**分布律**. 分布律可用表格形式写为

X	x_1	x_2	$\cdots$	x_k	$\cdots$
p_k	p_1	p_2	$\cdots$	p_k	$\cdots$

或用**分布矩阵**表示为

$$X\sim\begin{bmatrix} x_1 & x_2 & \cdots & x_k & \cdots \\ p_1 & p_2 & \cdots & p_k & \cdots \end{bmatrix}$$

有了离散型随机变量 X 的分布律(2.4)，我们就能容易地写出随机事件$\{X\in S\}$的概率

$$P\{X\in S\}=\sum_{x_k\in S}P\{X=x_k\}=\sum_{x_k\in S}p_k \tag{2.6}$$

据此，就能容易地写出离散型随机变量 X 的分布函数

$$F(x)=P\{X\leqslant x\}=\sum_{x_k\leqslant x}P\{X=x_k\}=\sum_{x_k\leqslant x}p_k \tag{2.7}$$

反过来，有了离散型随机变量 X 的分布函数 $F(x)$，也能容易地写出其分布律

$$P\{X=x_k\}=F(x_k)-F(x_k^-),\quad k=1,2,\cdots \tag{2.8}$$

通常用分布律(或分布矩阵)表示离散型随机变量的概率分布.

有时为了直观地反映离散型随机变量 X 的概率分布，可用横轴上的点表示随机变量 X 的可能取值 $x_1,x_2,\cdots$，而用对应的纵坐标表示 X 取这些值的概率 $p_1,p_2,\cdots$，这样，就得到了随机变量 X 的**概率分布图**.

例如，当 $x_1<x_2<\cdots<x_k<\cdots$时，$X$ 的概率分布图如图 2.4 所示. 与其相应的分布函数的图形如图 2.5 所示.

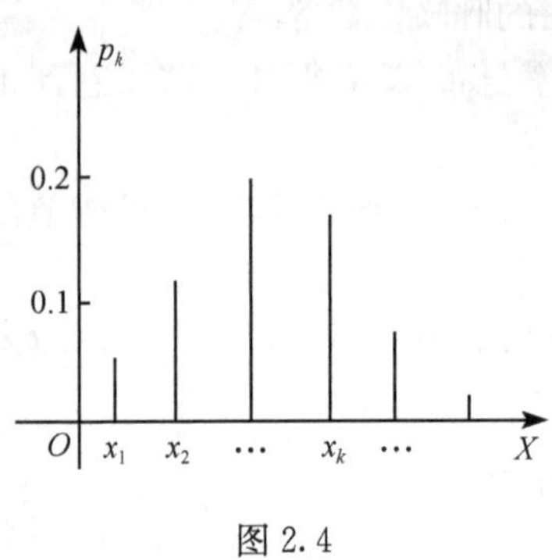

图 2.4

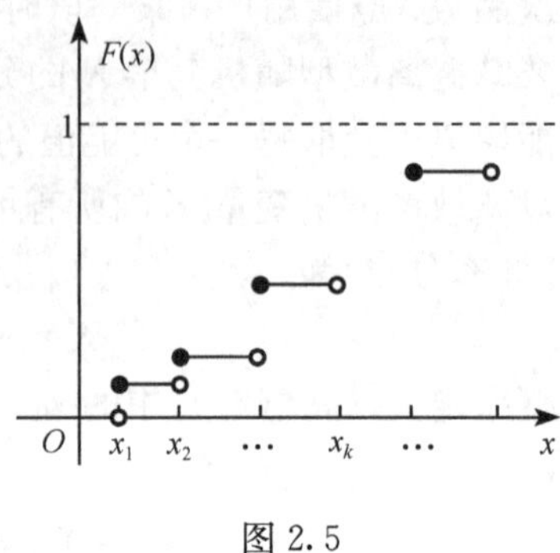

图 2.5

例 2.2.1　袋中有 2 个白球和 3 个黑球，每次从中任取 1 个球，直至取得白球为止. 若每次取出的黑球不再放回去，求取球次数 X 的分布律.

解　因为每次取出的黑球不再放回去，所以 X 的所有可能取值是 1,2,3,4. 故由古典概型的概率计算公式知，所求概率分布为

$$P\{X=1\}=\frac{2}{5}=0.4$$

$$P\{X=2\}=\frac{3}{5}\times\frac{2}{4}=0.3$$

$$P\{X=3\}=\frac{3}{5}\times\frac{2}{4}\times\frac{2}{3}=0.2$$

$$P\{X=4\}=\frac{3}{5}\times\frac{2}{4}\times\frac{1}{3}\times\frac{2}{2}=0.1$$

因此，所求分布律(或分布矩阵)为

$$X\sim\begin{bmatrix}1 & 2 & 3 & 4\\0.4 & 0.3 & 0.2 & 0.1\end{bmatrix}$$

例 2.2.2　若在例 2.2.1 中每次取出的黑球仍放回去，求取球次数 X 的分布律.

解　因为每次取出的黑球仍放回去，所以 X 的所有可能取值是一切正整数. 根据乘法公式可知前 $k-1$ 次均取得黑球，第 k 次取得白球的概率为

$$P\{X=k\}=\left(\frac{2}{5}\right)\left(\frac{3}{5}\right)^{k-1}=0.4\times0.6^{k-1}$$

因此，所求分布律为

$$P\{X=k\}=0.4\times0.6^{k-1},\quad k=1,2,\cdots$$

相应的分布矩阵为

$$X\sim\begin{bmatrix}1 & 2 & \cdots & k & \cdots\\0.4 & 0.4\times0.6 & \cdots & 0.4\times0.6^{k-1} & \cdots\end{bmatrix}$$

由于该随机变量 X 取得它的可能值的概率恰为几何数列(或等比数列),故称这种分布为**几何分布**.

几何分布的一般情形是：随机变量 X 的可能取值是一切正整数,而取得这些值的概率为

$$P\{X=k\}=pq^{k-1}, \quad k=1,2,\cdots$$

其中 $0<p<1, p+q=1$. 几何分布一般记作 $G(p)$,其分布律为

$$X\sim\begin{bmatrix} 1 & 2 & 3 & 4 & \cdots & k & \cdots \\ p & pq^1 & pq^2 & pq^3 & \cdots & pq^{k-1} & \cdots \end{bmatrix}$$

例 2.2.3 设一批产品共有 N 个,其中有 M 个是次品. 从这批产品中任意抽取 n 个,求取出的 n 个产品中次品数 X 的分布律.

解 视次品为白球,正品为黑球,则由例 1.3.2 的结果可知所求分布律为

$$P\{X=k\}=\frac{C_M^k C_{N-M}^{n-k}}{C_N^n}, \quad \max(0,n-N+M)\leqslant k\leqslant\min(n,M)$$

这种分布称为**超几何分布**.

下面介绍三种重要的离散型随机变量的概率分布.

2.2.1 0-1 分布

设随机变量 X 只可能取 a 与 b 两个值(不失一般性,总可以取 $a=0,b=1$),取得这两个值的概率分别为 $(1-p)$ 和 p,则 X 的概率分布为

$$P\{X=0\}=1-p, \quad P\{X=1\}=p$$

或

$$P\{X=k\}=p^k(1-p)^{1-k}, \quad k=0,1$$

其分布矩阵为

$$X\sim\begin{bmatrix} 0 & 1 \\ 1-p & p \end{bmatrix}$$

把这个 X 的分布称为 **0-1 分布或两点分布**.

例如,在抛掷硬币的试验中,设 X 表示一次试验中正面向上的次数,则 X 服从 0-1 分布.

2.2.2 二项分布

将试验 E 重复进行 n 次,若各次试验的结果互不影响,即每次试验结果出现的概率都不依赖于其他各次试验的结果,则称这 n 次试验是**相互独立的**.

设随机试验 E 只有两个可能结果：事件 A 或者发生,或者不发生. 将试验 E 重复独立地进行 n 次,则称这一串重复独立的试验为 **n 重伯努利(Bernoulli)试验**,简称**伯努利试验**. 该试验是一种很重要的概率模型,有着广泛的应用,是研究最多

的概率模型之一.

设 X 表示 n 重伯努利试验中事件 A 发生的次数，p 为一次试验中事件 A 发生的概率，即

$$P(A)=p,\quad P(\overline{A})=q=1-p,\quad 0<p<1$$

则 X 是一个随机变量，下面来求它的概率分布.

显然，X 的所有可能取值为 $0,1,2,\cdots,n$. 由于各次试验是相互独立的，因此事件 A 在指定的 $k(0\leqslant k\leqslant n)$ 次试验中发生，其他 $n-k$ 次试验中不发生(例如，前 k 次试验中发生，而后 $n-k$ 次试验中不发生)的概率为

$$\overbrace{p\cdot p\cdot\cdots\cdot p}^{k}\cdot\overbrace{q\cdot q\cdot\cdots\cdot q}^{n-k}=p^kq^{n-k}$$

由于这种指定的方式共有 C_n^k 种，而且它们是两两互不相容的，故在 n 次试验中，事件 A 恰好发生 k 次的概率为 $C_n^kp^kq^{n-k}$，即

$$P\{X=k\}=C_n^kp^kq^{n-k},\quad k=0,1,2,\cdots,n \tag{2.9}$$

不难验证，式(2.9)就是满足条件(2.5)的分布律. 用矩阵形式表示即为

$$X\sim\begin{bmatrix}0 & 1 & \cdots & k & \cdots & n\\ q^n & C_n^1pq^{n-1} & \cdots & C_n^kp^kq^{n-k} & \cdots & p^n\end{bmatrix}$$

注意到 $C_n^kp^kq^{n-k}$ 刚好是二项式 $(q+p)^n$ 展开中出现 p^k 的一项，故称随机变量 X 是服从参数为 n,p 的**二项分布**，记作 $X\sim B(n,p)$.

当 $n=20,p=0.2$ 时，$B(20,0.2)$ 的概率分布情况如下表：

X	0	1	2	3	4	5
p_k	0.012	0.058	0.137	0.205	0.218	0.175
X	6	7	8	9	10	11～20
p_k	0.109	0.055	0.022	0.007	0.002	<0.001

与此相应的概率分布图如图 2.6 所示.

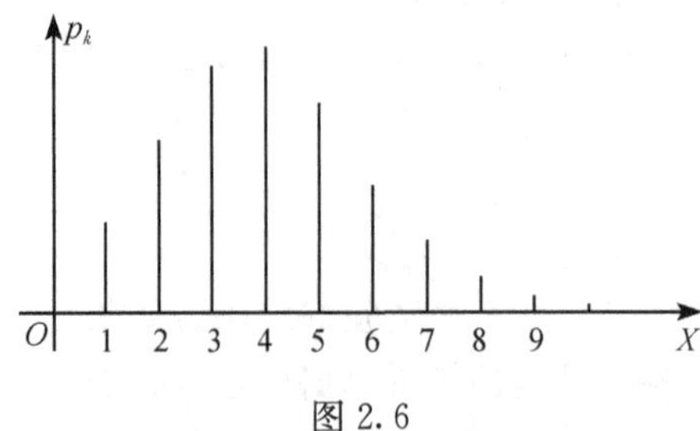

图 2.6

特别地，当 $n=1$ 时二项分布退化为 0-1 分布 $B(1,p)$：

$$P\{X=k\}=p^kq^{1-k},\quad k=0,1$$

例 2.2.4 某批产品中有 20%的次品. 进行重复抽样检查,共取 5 个样品,求其中次品数等于 0,1,2,3,4,5 的概率.

解 将每次抽样检查看成一次试验,设抽出的次品数为 X,则 $X\sim B(5,0.2)$. 故所求概率为

$$P\{X=k\}=C_5^k\times 0.2^k\times 0.8^{5-k},\quad k=0,1,\cdots,5$$

计算即得所求概率(即分布律)为

$$X\sim\begin{bmatrix} 0 & 1 & 2 & 3 & 4 & 5 \\ 0.3277 & 0.4096 & 0.2048 & 0.0512 & 0.0064 & 0.0003 \end{bmatrix}$$

例 2.2.5 一个工人负责维修 20 台同类型的机床,在一段时间内每台机床发生故障需要维修的概率为 0.05. 求:

(1) 在这段时间内有 2~4 台机床需要维修的概率;

(2) 在这段时间内至少有 2 台机床需要维修的概率.

解 将对每台机床的维护看成一次试验,设在这段时间内出现故障的机床数为 X,则由于在这段时间内各台机床是否发生故障显然是相互独立的,因此 $X\sim B(20,0.05)$. 故所求概率为

$$\begin{aligned}(1)\ P\{2\leqslant k\leqslant 4\} &= \sum_{k=2}^{4}P\{X=k\}\\ &= \sum_{k=2}^{4}C_{20}^k\times 0.05^k\times 0.95^{20-k}\\ &=0.2616\end{aligned}$$

$$\begin{aligned}(2)\ P\{k\geqslant 2\} &= 1-(P\{X=0\}+P\{X=1\})\\ &= 1-(0.95^{20}+C_{20}^1\times 0.05^1\times 0.95^{19})\\ &= 0.2642\end{aligned}$$

例 2.2.6 已知每枚地对空导弹击中来犯敌机的概率为 96%,问至少需要发射多少枚导弹才能保证有 99.9%的把握击中敌机?

解 将导弹的每次发射看成一次试验,设共发射 n 次,击中的次数为 X,则 $X\sim B(n,0.96)$. 故在所有 n 次发射中,击中敌机(即至少击中一次)的概率为

$$P\{X>0\}=1-P\{X=0\}=1-0.04^n$$

因此,如果要保证有 99.9%的把握击中敌机,发射地对空导弹的次数 n 就应满足 $P\{X>0\}\geqslant 0.999$,即

$$1-0.04^n\geqslant 0.999$$

或

$$n\geqslant\frac{\ln 0.001}{\ln 0.04}=2.15$$

亦即 $n\geqslant 3$,这说明至少需要发射 3 枚导弹才能满足要求.

2.2.3　泊松分布

从上述几例及二项分布的分布公式(2.9)不难看出：当 n 比较大时，要计算二项分布的概率是非常麻烦的. 不过当 n 很大，p 很小时，有著名的二项分布的泊松(Possion)逼近.

泊松逼近定理　设 X 服从二项分布 $B(n,p)$，则当 n 充分大时有下面的近似等式：

$$P\{X=k\}=C_n^k p^k q^{n-k}\approx\frac{\lambda^k}{k!}e^{-\lambda},\quad k=0,1,2,\cdots,n \tag{2.10}$$

其中 $\lambda=np$.

这个定理不证，但给出二项分布泊松逼近程度的一张对照表(表 2.1).

表 2.1

k	按二项分布直接计算概率 $P\{X=k\}$				按泊松逼近计算
	$n=10$ $p=0.1$	$n=20$ $p=0.05$	$n=40$ $p=0.025$	$n=100$ $p=0.01$	$\lambda=np=1$
0	0.349	0.358	0.363	0.366	0.368
1	0.385	0.377	0.373	0.370	0.368
2	0.194	0.189	0.186	0.185	0.184
3	0.057	0.060	0.060	0.061	0.061
4	0.011	0.013	0.014	0.015	0.015
>4	0.004	0.003	0.004	0.003	0.004

从表 2.1 可以看出，当 n 较大 p 较小时逼近效果是很好的. 公式(2.10)称为二项分布的**泊松逼近公式**.

如果令 $n\to\infty$，并取

$$P\{X=k\}=p_\lambda(k)=\frac{\lambda^k}{k!}e^{-\lambda},\quad k=0,1,2,\cdots \tag{2.11}$$

则容易看出

$$\sum_{k=0}^{\infty}P\{X=k\}=\sum_{k=0}^{\infty}\frac{\lambda^k}{k!}e^{-\lambda}=e^{\lambda}e^{-\lambda}=1$$

这说明以式(2.11)为分布律的 X 已构成一个取全体非负整数的随机变量. 由式(2.11)定义的 X 的分布称为**泊松分布**，并记作 $X\sim P(\lambda)$.

具有泊松分布的随机变量在实际应用中是很多的. 例如，在一个时间间隔内某电话交换台收到的电话呼唤次数，一本书一页中的印刷错误数，某地区在一天内邮递遗失的信件数，某一医院在一天内的急诊病人数，某一地区在一定时间间隔内发生交通事故的次数等都服从泊松分布.可见泊松分布是概率论中一种重要的分布.

泊松逼近定理表明：当 $n\to\infty$ 时，以 n，p 为参数的二项分布 $B(n,p)$ 趋于以 $\lambda=np$ 为参数的泊松分布 $P(\lambda)$.这一事实显示了泊松分布在理论上的重要性.在实际计算中，当 $n\geqslant 20$，$p\leqslant 0.05$ 时用泊松分布 $P(np)$ 作为二项分布 $B(n,p)$ 的逼近效果颇佳，而当 $n\geqslant 100$，$np\leqslant 10$ 时效果更好.为了便于计算，本书附表 2 给出了 λ 及 k 取不同数值时泊松分布 $p_\lambda(k)$ 的取值，可供查用.

例 2.2.7 在例 2.2.5 中,若用式(2.11)的泊松分布 $P(20\times 0.05)$ 近似代替二项分布 $B(20,0.05)$,则所求概率为

(1) $P\{2\leqslant X\leqslant 4\}=\sum\limits_{k=2}^{4}P\{X=k\}=\sum\limits_{k=2}^{4}\dfrac{1^k}{k!}\mathrm{e}^{-1}=0.2606.$

(2) $P\{X\geqslant 2\}=1-(P\{X=0\}+P\{X=1\})$
$=1-(\mathrm{e}^{-1}+\mathrm{e}^{-1})=0.2642.$

比较例 2.2.7 与例 2.2.5 不难看出,例 2.2.7 的计算过程比例 2.2.5 简单得多,但计算结果却相当接近.

2.3 连续型随机变量的概率分布

在实际问题中,经常会遇到这样一类随机变量,这类随机变量的分布函数 $F(x)$ 恰好是某个非负函数 $f(x)$ 在 $(-\infty,x)$ 上的积分,即

$$F(x)=\int_{-\infty}^{x}f(x)\mathrm{d}x \tag{2.12}$$

不难验证,这类随机变量的分布函数 $F(x)$ 在 $(-\infty,+\infty)$ 上是连续的.称这类随机变量为**连续型随机变量**.称其中的 $f(x)$ 为该随机变量的**分布密度**或**概率密度**,简称**密度**.并称相应的分布为**连续型分布**.

可以证明:连续型随机变量的分布函数必定连续.但不要把"连续型的分布函数"与"连续的分布函数"相混淆,前者表示 $F(x)$ 是由式(2.12)构成的,而后者则表示 $F(x)$ 对 x 是连续的.事实上,分布函数连续的随机变量未必是连续型的随机变量.

由于连续型随机变量的分布函数是连续的,所以由分布函数的性质(2.3)即可推得，对任意的 b,都有

$$P\{X=b\}=F(b)-F(b^-)=0 \tag{2.13}$$

亦即,连续型随机变量取任意一点的概率必为零.

在式(2.13)中,虽然有 $P\{X=b\}=0$,但事件 $\{X=b\}$ 并非不可能事件.例如,在例 2.1.2中,$P\{X=0\}=0$,但 $\{X=0\}$ 并非不可能事件.这表明：不可能事件的概率

为 0,但概率为 0 的事件并不一定是不可能事件. 同样地,必然事件的概率为 1,但概率为 1 的事件也未必是必然事件.

关于连续型随机变量,有以下定理.

定理 2.3.1　连续型随机变量的分布密度 $f(x)$ 和分布函数 $F(x)$ 具有下列性质:

1° 分布密度 $f(x)$ 在 $(-\infty,+\infty)$ 上满足

$$f(x)\geqslant 0,\quad \int_{-\infty}^{+\infty}f(x)\mathrm{d}x=1 \tag{2.14}$$

2° 在 $f(x)$ 的连续点处 $F(x)$ 可导,且

$$F'(x)=f(x) \tag{2.15}$$

3° 对任意的实数 $a,b(a<b)$ 都有

$$\begin{aligned}P\{a<X<b\}&=P\{a\leqslant X<b\}=P\{a<X\leqslant b\}\\&=P\{a\leqslant X\leqslant b\}=F(b)-F(a)\\&=\int_a^b f(x)\mathrm{d}x\end{aligned} \tag{2.16}$$

证　1° 由连续型随机变量分布函数的定义式(2.12)与分布函数的性质即知

$$f(x)\geqslant 0,\quad \int_{-\infty}^{+\infty}f(x)\mathrm{d}x=F(+\infty)=1$$

2° 在 $f(x)$ 的连续点处利用积分中值定理,即得

$$\begin{aligned}F'(x)&=\lim_{\Delta x\to 0}\frac{F(x+\Delta x)-F(x)}{\Delta x}\\&=\lim_{\Delta x\to 0}\frac{1}{\Delta x}\int_x^{x+\Delta x}f(x)\mathrm{d}x\\&=\lim_{\Delta x\to 0}\frac{f(x+\theta\Delta x)\Delta x}{\Delta x}=f(x),\quad 0<\theta<1\end{aligned}$$

3° 由公式(2.13)及分布函数的性质(2.3)即知,对任意的实数 $a,b(a<b)$,都有

$$\begin{aligned}P\{a<X<b\}&=P\{a\leqslant X<b\}=P\{a<X\leqslant b\}\\&=P\{a\leqslant X\leqslant b\}=F(b)-F(a)\\&=\int_a^b f(x)\mathrm{d}x\end{aligned}$$

性质 1°与性质 2°表明:介于曲线 $y=f(x)$ 与 x 轴之间的面积等于 1(图 2.7);而与 $f(x)$ 相应的分布函数 $F(x)$ 的图形是一条单调不减的连续曲线(图 2.8). 性质 3°表明:只要知道了连续型随机变量 x 的分布密度,就能算出 X 落在任一区间上的概率. 反过来,满足条件(2.14)的 $f(x)$ 也必定是某连续型随机变量 X 的分布密度. 因此,对连续型随机变量,通常用分布密度来刻画它的概率分布.

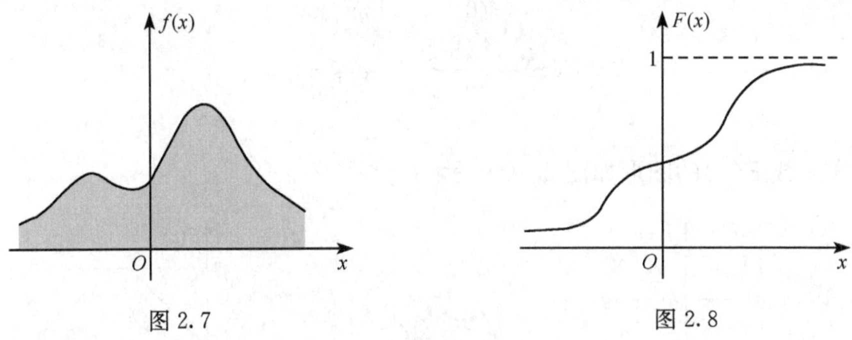

图 2.7 图 2.8

例 2.3.1 在例 2.1.2 中,对 X 的分布函数 $F(x)$ 求导,即得

$$f(x)=F'(x)=\begin{cases}\dfrac{2x}{R^2}, & x\in(0,R)\\ 0, & x\in(-\infty,0]\cup(R,+\infty)\end{cases}$$

如果补充规定 $f(R)=0$(当然也可以规定为其他任何值),则 $f(x)$ 便为定义在 $(-\infty,+\infty)$ 上的非负可积函数,而且 $F(x)$ 可表示为 $f(x)$ 在区间 $(-\infty,x)$ 上的积分. 因此,该例中 X 就是一个连续型随机变量,而其中的 $f(x)$ 为 X 的分布密度,相应的分布为连续型分布.

由例 2.3.1 可知,连续型随机变量的密度函数并不唯一. 但可以证明:同一连续型随机变量的不同密度函数几乎处处相等①. 在这个意义上说,连续型随机变量的"密度函数"是唯一的.

下面介绍三种常用的连续型随机变量的分布.

2.3.1 均匀分布

设随机变量 X 具有分布密度

$$f(x)=\begin{cases}\dfrac{1}{b-a}, & x\in(a,b)\\ 0, & \text{其他}\end{cases} \tag{2.17}$$

其中 $a<b$,开区间 (a,b) 也可换成闭区间 $[a,b]$. 显然式(2.17)是满足式(2.14)的分布密度(其分布密度图如图 2.9 所示). 称由此定义的分布为区间 (a,b) 上的**均匀分布**,记作 $X\sim U(a,b)$.

将 $f(x)$ 积分容易知道,均匀分布的分布函数为

① 几乎处处相等是指除某测度为零的点集外均相等.

$$F(x)=\begin{cases}0, & x<a\\ \dfrac{x-a}{b-a}, & a\leqslant x<b\\ 1, & x\geqslant b\end{cases}$$

其分布函数 $F(x)$的图形如图 2.10 所示.

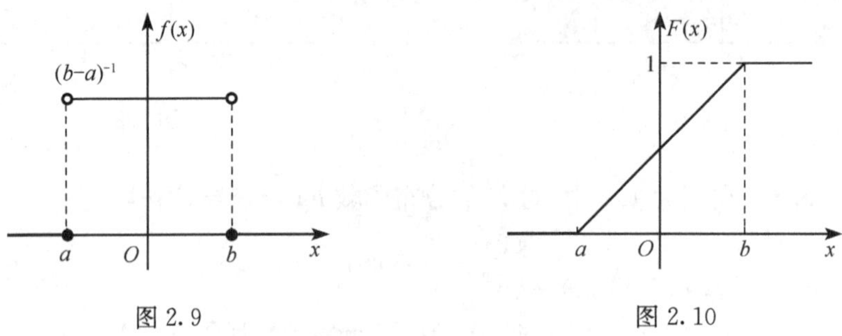

图 2.9　　　　图 2.10

在实际应用中,用同一把尺子测量不同物体长度时产生的舍入误差以及在等间隔发车的公共汽车站乘客候车的时间等都是服从均匀分布的.

例 2.3.2　秒表的最小刻度差为 0.2s. 如果计时的精确度是取最近的刻度值,求使用该秒表计时产生的随机误差 X 的概率分布,并计算误差的绝对值不超过 0.05s 的概率.

解　按题意,随机误差 X 的可能取值范围为$[-0.1,0.1]$,而且 X 在此区间内服从均匀分布. 因此,X 的分布密度为

$$f(x)=\begin{cases}5, & x\in[-0.1,0.1]\\ 0, & \text{其他}\end{cases}$$

由此不难算得误差的绝对值不超过 0.05s 的概率为

$$P\{|X|\leqslant 0.05\}=\int_{-0.05}^{0.05}5\mathrm{d}x=0.5$$

2.3.2　指数分布

设连续型随机变量 X 具有分布密度

$$f(x)=\begin{cases}\lambda \mathrm{e}^{-\lambda x}, & x>0\\ 0, & x\leqslant 0\end{cases}\tag{2.18}$$

其中 $\lambda>0$ 为常数. 不难验证由式(2.18)定义的 $f(x)$的确是满足式(2.14)的分布密度. 称由此定义的 X 的分布是服从参数为 λ 的**指数分布**,记作 $X\sim e(\lambda)$.

由公式(2.12)不难求得,指数分布 $e(\lambda)$的分布函数为

$$F(x)=\begin{cases}1-\mathrm{e}^{-\lambda x}, & x>0\\ 0, & x\leqslant 0\end{cases}$$

指数分布的分布密度 $f(x)$ 与分布函数 $F(x)$ 的图形如图 2.11 和图 2.12所示.

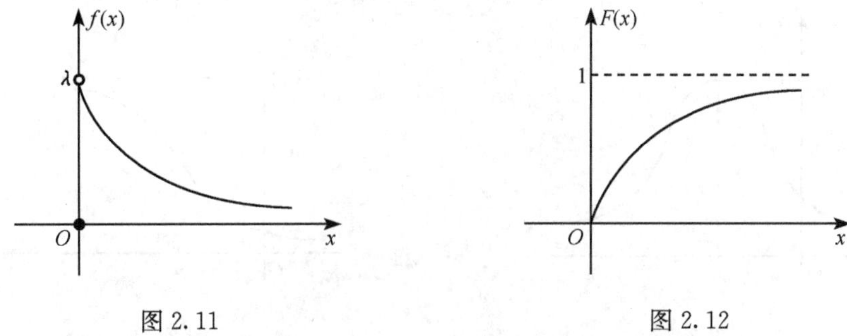

图 2.11　　图 2.12

在实际应用中,电子管的寿命以及顾客要求某种服务(例如,到银行取款,到车站售票处购买车票)需要等待的时间等都是服从指数分布的.

例 2.3.3 设某种电子管寿命 X(单位:h)服从参数为 $\lambda=0.001$ 的指数分布 $e(0.001)$. 求这种电子管能使用 1000h 以上的概率.

解 由题意及式(2.18)知,所求概率为

$$P\{X>1000\}=\int_{1000}^{+\infty}0.001\mathrm{e}^{-0.001x}\mathrm{d}x=\mathrm{e}^{-1}=0.3679$$

2.3.3 正态分布

设连续型随机变量 X 具有分布密度

$$f(x)=\frac{1}{\sqrt{2\pi}\sigma}\mathrm{e}^{-\frac{(x-\mu)^2}{2\sigma^2}},\quad -\infty<x<+\infty \tag{2.19}$$

其中参数 μ 及 $\sigma(\sigma>0)$ 都是常数. 不难验证由式(2.19)给出的 $f(x)$ 的确是满足式(2.14)的密度函数. 称由式(2.19)定义的分布是服从参数为 μ,σ^2 的**正态分布**或**高斯(Gauss)分布**,并记作 $X\sim N(\mu,\sigma^2)$.

按公式(2.12),正态分布的分布函数是

$$F(x)=\frac{1}{\sqrt{2\pi}\sigma}\int_{-\infty}^{x}\mathrm{e}^{-\frac{(x-\mu)^2}{2\sigma^2}}\mathrm{d}x,\quad -\infty<x<+\infty \tag{2.20}$$

其密度 $f(x)$ 与分布函数 $F(x)$ 的图形如图 2.13 和图 2.14 所示.

图中,密度曲线 $y=f(x)$ 是对称于直线 $x=\mu$ 的**钟形曲线**,该曲线在 $x=\mu$ 处达到最大值 $\frac{1}{\sqrt{2\pi}\sigma}$,在 $\left(\mu\pm\sigma,\frac{1}{\sqrt{2\pi\mathrm{e}}\sigma}\right)$ 处有拐点,当 $x\to\pm\infty$ 时,以 x 轴为其渐近线.
其中 μ 为位置参数,如果仅改变参数 μ 的值,则密度曲线沿着 x 轴平移而形状不改变. σ 为形状参数,σ 的大小反映了钟形曲线的"矮胖"或"高瘦". 如果使 μ 的值固定不变,则当参数 σ 的值减小时,曲线的中心部分升高,而两侧则很快地趋近 x 轴;当 σ 很小时,曲线的形状与一个尖塔相似,曲线下面的面积几乎全部集中在以 μ 为中

心的一个不大的区间内. 反之,当 σ 的值增大时,曲线将趋于平坦.

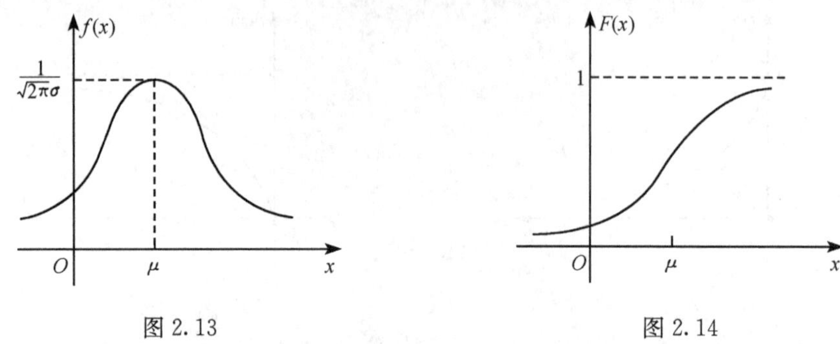

图 2.13　　　　图 2.14

如果在式(2.20)中引入积分变量替换 $\frac{x-\mu}{\sigma}=t$,则有

$$F(x)=\frac{1}{\sqrt{2\pi}\sigma}\int_{-\infty}^{x}\mathrm{e}^{-\frac{(x-\mu)^2}{2\sigma^2}}\mathrm{d}x=\frac{1}{\sqrt{2\pi}}\int_{-\infty}^{\frac{x-\mu}{\sigma}}\mathrm{e}^{-\frac{t^2}{2}}\mathrm{d}t$$

$$=\int_{-\infty}^{\frac{x-\mu}{\sigma}}\varphi(t)\mathrm{d}t=\Phi\left(\frac{x-\mu}{\sigma}\right) \tag{2.21}$$

其中的 $\varphi(x)$ 与 $\Phi(x)$ 分别是 $N(0,1)$ 的分布密度和分布函数

$$\varphi(x)=\frac{1}{\sqrt{2\pi}}\mathrm{e}^{-\frac{x^2}{2}},\quad -\infty<x<+\infty \tag{2.22}$$

$$\Phi(x)=\int_{-\infty}^{x}\varphi(x)\mathrm{d}x=\frac{1}{\sqrt{2\pi}}\int_{-\infty}^{x}\mathrm{e}^{-\frac{x^2}{2}}\mathrm{d}x \tag{2.23}$$

式(2.21)表明:只要知道了 $N(0,1)$ 的分布函数 $\Phi(x)$,就能算得 $N(\mu,\sigma^2)$ 的分布函数 $F(x)$. 所以,正态分布 $N(\mu,\sigma^2)$ 的计算问题最终归结为 $N(0,1)$ 的计算问题. 称 $\mu=0,\sigma=1$ 时的正态分布 $N(0,1)$ 为**标准正态分布**.

标准正态分布 $N(0,1)$ 的分布密度曲线 $y=\varphi(x)$ 关于 y 轴对称(图 2.15),而分布函数曲线 $y=\Phi(x)$ 则关于点 $\left(0,\frac{1}{2}\right)$ 对称(图 2.16).

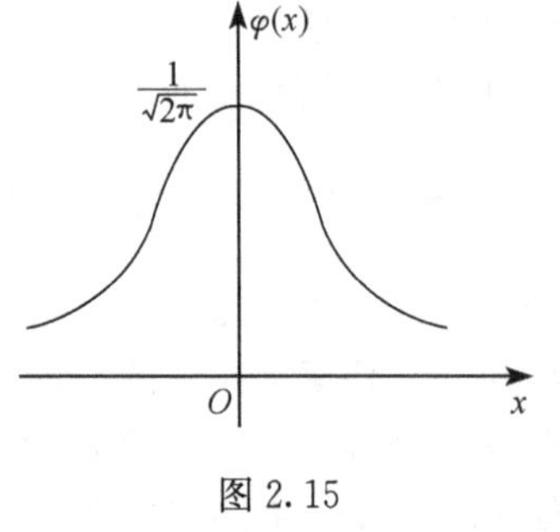

图 2.15

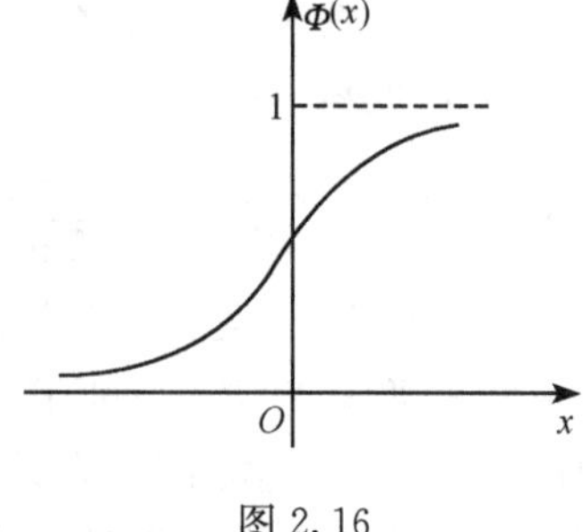

图 2.16

由标准正态分布的上述对称性易知：标准正态分布的分布函数 $\Phi(x)$ 具有性质：

$$\Phi(-x)=1-\Phi(x) \tag{2.24}$$

故标准正态分布函数 $\Phi(x)$ 的计算问题又可归结为 $x\geqslant 0$ 时的 $\Phi(x)$ 的计算. 为此，编制了 $x\geqslant 0$ 时 $\Phi(x)$ 的分布表(见附表 3)，以供查用.

例 2.3.4 设 X 服从 $N(0,1)$，计算

(1) $P\{X<2.35\}$；(2) $P\{X<-1.24\}$；(3) $P\{|X|<1.54\}$.

解 利用公式(2.24)并查附表 3 即得

(1) $P\{X<2.35\}=\Phi(2.35)=0.9906$.

(2) $P\{X<-1.24\}=\Phi(-1.24)=1-\Phi(1.24)$

$=1-0.8925=0.1075$.

(3) $P\{|X|<1.54\}=\Phi(1.54)-\Phi(-1.54)$

$=2\Phi(1.54)-1$

$=2\times 0.9382-1=0.8764$.

例 2.3.5 设 X 服从 $N(1.5,4)$，计算

(1) $P\{|X-1.5|>2\}$；(2) $P\{|X|\leqslant 1\}$.

解 设 X 的分布函数为 $F(x)$，则利用公式(2.21)和公式(2.24)并查附表 3 即得

$$\begin{aligned}(1)\ P\{|X-1.5|>2\}&=P\{X<-0.5\}+P\{X>3.5\}\\&=F(-0.5)+1-F(3.5)\\&=\Phi\left(\frac{-0.5-1.5}{2}\right)+1-\Phi\left(\frac{3.5-1.5}{2}\right)\\&=\Phi(-1)+1-\Phi(1)\\&=2[1-\Phi(1)]\\&=2\times(1-0.8413)=0.3174.\end{aligned}$$

$$\begin{aligned}(2)\ P\{|X|\leqslant 1\}&=P\{X\leqslant 1\}-P\{X<-1\}\\&=F(1)-F(-1)\\&=\Phi\left(\frac{1-1.5}{2}\right)-\Phi\left(\frac{-1-1.5}{2}\right)\\&=\Phi(-0.25)-\Phi(-1.25)\\&=1-\Phi(0.25)-1+\Phi(1.25)\\&=-0.5987+0.8944=0.2957.\end{aligned}$$

在自然现象和社会现象中，大量随机变量都服从或近似服从正态分布. 例如，一个地区的男性成年人的身高，测量某零件长度的误差，海洋波浪的高度，电子管或半导体器件中的热噪声电流或电压等都服从正态分布. 在概率论的理论研究和

实际应用中，正态分布起着特别重要的作用.

习 题 2

2.1 在 1～100 这 100 个数中任取一个，用 X 表示取得的数值，则 X 是一随机变量. 试用 X 表示下列事件：

(1) 取得的数为偶数； ( )

(2) 取得的数为奇数； ( )

(3) 取得的数为两位数. ( )

2.2 已知随机变量 X 的所有可能取值是 0，1，2，3，取这些值的概率依次为 0.1，0.2，0.3，0.4，试写出 X 的分布函数.

2.3 设随机变量 X 的分布函数为

$$F(x)=\begin{cases}0, & x<0\\ \sin x, & 0\leqslant x<1\\ 0.9, & 1\leqslant x<2\\ 1, & x\geqslant 2\end{cases}$$

求 $P\{X\leqslant 1\}$，$P\{X=1\}$，$P\{|X|<2\}$，$P\{|X-1|\geqslant 1\}$.

2.4 在下列函数中，哪些函数是随机变量的分布函数(在括号内填上“是”或“否”，并简要说明理由)？

(1) $F(x)=\begin{cases}\mathrm{e}^{-x}, & x\geqslant 0,\\ 0, & x<0;\end{cases}$ ( )

(2) $F(x)=\dfrac{1}{2}+\dfrac{1}{\pi}\arctan x$； ( )

(3) $F(x)=\dfrac{1+\operatorname{sgn}(x)}{2}$. ( )

2.5 含 10 个次品的某批产品共 100 个，求任意取出的 5 个产品中次品数的概率分布.

2.6 一批零件中有 9 个正品和 3 个次品. 安装机器时从这批零件中任取 1 个使用. 如果取出的次品不再放回去，求在取出正品前已取出的次品数 X 的分布律.

2.7 对某一目标进行射击，直至击中时为止. 如果每次射击的命中率为 p，求射击次数的概率分布.

2.8 进行 8 次独立射击，设每次击中目标的概率为0.3，问击中几次的可能性最大？并求相应的概率.

2.9 已知一本书中一页的印刷错误的个数 X 服从泊松分布 $P(0.2)$，试计算 X 的概率分布(近似到小数点后 4 位)，并求一页上印刷错误不多于 1 个的概率.

2.10 电话站为 300 个用户服务. 设在 1h 内每一用户使用电话的概率为 0.01，求在 1h 内有 4 个用户使用电话的概率(先用二项分布计算，再用泊松分布近似计算，并求两次计算的相对误差).

2.11 设公共汽车站每隔 5min 有一辆汽车通过，乘客在任一时刻到达汽车站都是等可能的，求乘客的候车时间不超过 3min 的概率.

2.12 (柯西分布)设连续型随机变量 X 的分布函数为

$$F(x)=A+B\arctan x,\quad -\infty<x<+\infty$$

求:(1) 系数 A,B;

(2) X 落在区间$(-1,1)$内的概率;

(3) X 的分布密度 $f(x)$.

2.13 (拉普拉斯分布)设随机变量 X 的分布密度为

$$f(x)=A\mathrm{e}^{-|x|},\quad -\infty<x<+\infty$$

求:(1) 系数 A;(2) X 的分布函数.

2.14 设随机变量 X 服从指数分布 $e(\lambda)$,证明:对任意非负实数 s 及 t,有

$$P\{X>s+t\mid X>s\}=P\{X>t\}$$

这个性质称为指数分布的**无记忆性**.

2.15 设随机变量 X 服从正态分布 $N(1,4)$,试利用正态分布函数与标准正态分布函数的关系计算下列事件的概率:

(1) $P\{X<2.2\}$;(2) $P\{|X-1|\leqslant 1\}$;(3) $P\{|X|>4.56\}$.

2.16 设 X 服从参数为 μ,σ 的正态分布 $N(\mu,\sigma^2)$,求 X 落在区间$(\mu-k\sigma,\mu+k\sigma)$内的概率$(k=1,2,3,\cdots)$.

第3章　随机向量及其分布

为了把随机试验的结果数量化,在2.1节引进了随机向量(即多维随机变量)的概念.所谓n**维随机向量**(或n**维随机变量**)指的就是由n个随机变量组成的向量$(X_1,X_2,\cdots,X_n)$.

为了方便,本章将重点讨论二维随机变量.除特别声明外,对二维随机变量讨论的结果都可推广到$n(n>2)$维随机变量.

3.1　二维随机变量的概率分布

同一维随机变量一样,为了把某些试验的结果数量化,需要用二维随机变量来描述.例如,在研究某一地区学龄前儿童的身体发育情况(如考察身高X和体重Y)时,对这一地区的儿童进行抽查,考察的结果就要用身高X和体重Y这两个随机变量构成的二维随机变量(X,Y)来表示.又如,炮弹弹着点的位置也需要由它们的横坐标X和纵坐标Y构成的二维随机变量(X,Y)来表示.

二维随机变量(X,Y)的性质不仅与X和Y有关,而且依赖于这两个随机变量的相互关系.因此,逐个地研究X和Y的性质是不够的,还需将(X,Y)作为一个整体进行研究.为此,引入二维随机变量的分布函数.

3.1.1　二维随机变量的分布函数

定义3.1.1　设(X,Y)是二维随机变量,对于任意实数x,y,称二元函数

$$F(x,y)=P\{X\leqslant x,Y\leqslant y\} \tag{3.1}$$

为二维随机变量(X,Y)的**分布函数**,或随机变量X和Y的**联合分布函数**.

如果将二维随机变量(X,Y)看成是平面上**随机点**的坐标,那么,分布函数$F(x,y)$在(x,y)处的函数值就是随机点(X,Y)落在以(x,y)为顶点而位于该点左下方的无穷矩形域(如图3.1的阴影部分)内的概率.同一维随机变量的讨论一样,借助于图3.2,我们还可以算出,对于任意的$x_1,y_1,x_2,y_2(x_1<x_2,y_1<y_2)$,随机点$(X,Y)$落在矩形域

$$\{x_1<X\leqslant x_2,y_1<Y\leqslant y_2\}$$

及点(x_2,y_2)的概率分别为

$$\begin{aligned}&P\{x_1<X\leqslant x_2,y_1<Y\leqslant y_2\}\\&=F(x_2,y_2)-F(x_1,y_2)-F(x_2,y_1)+F(x_1,y_1)\end{aligned} \tag{3.2}$$

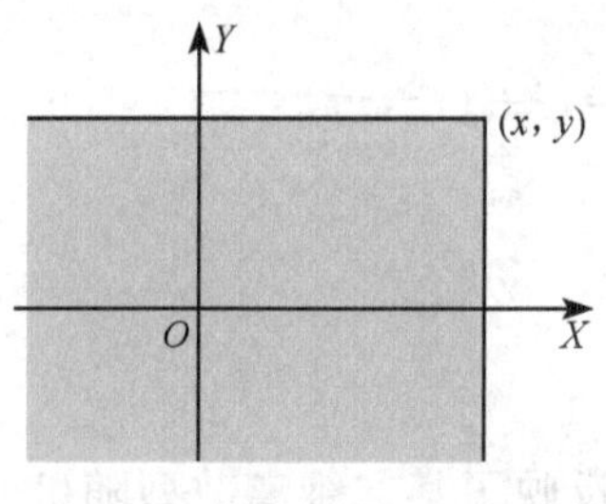

图 3.1

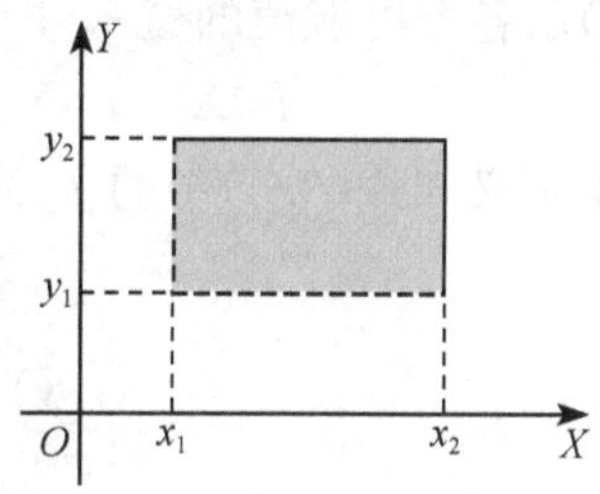

图 3.2

和

$$P\{X=x_2,Y=y_2\}=F(x_2,y_2)-F(x_2^-,y_2)-F(x_2,y_2^-)+F(x_2^-,y_2^-) \quad (3.3)$$

依照上述解释及概率的定义,容易推得以下定理.

定理 3.1.1 分布函数 $F(x,y)$ 具有下列性质:

1°(有界性) 对任意的实数 x,y,都有

$$0\leqslant F(x,y)\leqslant 1,\quad F(+\infty,+\infty)=1$$
$$F(-\infty,y)=F(x,-\infty)=F(-\infty,-\infty)=0$$

2°(单调性) $F(x,y)$ 是 x 和 y 的单调不减函数,即对任意的实数 x,y,都有

$$F(x_1,y)\leqslant F(x_2,y),\quad x_1<x_2$$
$$F(x,y_1)\leqslant F(x,y_2),\quad y_1<y_2$$

3°(右连续性) $F(x,y)$ 关于 x 和 y 都是右连续的,即对任意的实数 x,y,都有

$$F(x^+,y)=F(x,y)$$
$$F(x,y^+)=F(x,y)$$

4°(非负性) 对任意的实数 $x_1,x_2,y_1,y_2(x_1<x_2,y_1<y_2)$,有

$$F(x_2,y_2)-F(x_1,y_2)-F(x_2,y_1)+F(x_1,y_2)\geqslant 0$$

有了二维随机变量的分布函数的概念,我们又可把二维随机变量 (X,Y) 的概率分布问题转化为对分布函数 $F(x,y)$ 的讨论,因为只要知道了二维随机变量 (X,Y) 的分布函数 $F(x,y)$,就可知道 (X,Y) 落在任一矩形域及任一点的概率. 反过来,满足上述四条性质的 $F(x,y)$ 也必定是某二维随机变量 (X,Y) 的分布函数. 因此,在这个意义上说,分布函数 $F(x,y)$ 完整地描述了二维随机变量的概率分布.

下面讨论最常用的两种特殊类型的二维随机变量的分布.

3.1.2 二维离散型随机变量及其分布

二维离散型随机变量是指只能取有限个或可列个随机点的二维随机变量.

设二维离散型随机变量 (X,Y) 的所有可能取值为

$$(x_i,y_j)\quad (i,j=1,2,\cdots)$$

而(X,Y)取各个可能值的概率(即概率分布)为

$$P\{X=x_i,Y=y_j\}=p_{ij}\quad(i,j=1,2,\cdots)\tag{3.4}$$

则由概率定义知式(3.4)中的 p_{ij} 满足

$$\begin{cases}p_{ij}\geqslant 0\quad(i,j=1,2,\cdots)\\ \sum_{i=1}^{\infty}\sum_{j=1}^{\infty}p_{ij}=1\end{cases}\tag{3.5}$$

反之,满足条件(3.5)的 $p_{ij}(i,j=1,2,\cdots)$必定反映了某二维离散型随机变量(X,Y)的概率分布. 通常称式(3.4)所描述的分布为离散型随机变量(X,Y)的**分布律**,或随机变量 X 和 Y 的**联合分布律**. 分布律也可用表格形式表示,见表 3.1.

表 3.1

X \ Y	y_1	y_2	$\cdots$	y_j	$\cdots$
x_1	p_{11}	p_{12}	$\cdots$	p_{1j}	$\cdots$
x_2	p_{21}	p_{22}	$\cdots$	p_{2j}	$\cdots$
$\vdots$	$\vdots$	$\vdots$		$\vdots$	
x_i	p_{i1}	p_{i2}	$\cdots$	p_{ij}	$\cdots$
$\vdots$	$\vdots$	$\vdots$		$\vdots$	

有了二维离散型随机变量(X,Y)的分布律(3.4),我们就能容易地写出随机事件$\{(X,Y)\in G\}$的概率

$$P\{(X,Y)\in G\}=\sum_{(x_i,y_j)\in G}P\{X=x_i,Y=y_j\}=\sum_{(x_i,y_j)\in G}p_{ij}$$

据此,就能写出二维离散型随机变量(X,Y)的分布函数

$$F(x,y)=\sum_{x_i\leqslant x,y_j\leqslant y}P\{X=x_i,Y=y_j\}=\sum_{x_i\leqslant x,y_j\leqslant y}p_{ij}\tag{3.6}$$

反之,有了二维离散型随机变量(X,Y)的分布函数 $F(x,y)$,也能容易地写出它的分布律:

$$\begin{aligned}P\{X=x_i,Y=y_j\}=p_{ij}=&F(x_i,y_j)-F(x_i^-,y_j)-F(x_i,y_j^-)\\&+F(x_i^-,y_j^-)\quad(i,j=1,2,\cdots)\end{aligned}$$

通常用分布律表示二维离散型随机变量的概率分布.

例 3.1.1　设随机变量 X 在 1,2,3,4 中等可能地取值,另一个随机变量 Y 在 $1\sim X$ 中等可能地取一整数值,求(X,Y)的分布律.

解　由乘法公式容易求得(X,Y)的分布律为

$$\begin{aligned}P\{X=i,Y=j\}&=P\{X=i\}P\{Y=j\mid X=i\}\\&=\frac{1}{4}\cdot\frac{1}{i}\quad(1\leqslant j\leqslant i\leqslant 4)\end{aligned}$$

用表格形式表示即为表 3.2.

表 3.2

X \ Y	1	2	3	4
1	$\frac{1}{4}$	0	0	0
2	$\frac{1}{8}$	$\frac{1}{8}$	0	0
3	$\frac{1}{12}$	$\frac{1}{12}$	$\frac{1}{12}$	0
4	$\frac{1}{16}$	$\frac{1}{16}$	$\frac{1}{16}$	$\frac{1}{16}$

3.1.3 二维连续型随机变量及其分布

与一维连续型随机变量类似,对于二维随机变量(X,Y)的分布函数 $F(x,y)$,如果存在非负函数 $f(x,y)$使对任意的 x,y 有

$$F(x,y)=\int_{-\infty}^{x}\int_{-\infty}^{y}f(x,y)\mathrm{d}x\mathrm{d}y \tag{3.7}$$

则称(X,Y)是**二维连续型随机变量**,其中 $f(x,y)$称为二维随机变量(X,Y)的**分布密度或概率密度**,简称**密度**. 也可称 $f(x,y)$为随机变量 X 和 Y 的**联合分布密度**. 同时称相应的分布为**连续型分布**.

同样地,二维连续型随机变量也有与一维连续型随机变量相应的性质.

定理 3.1.2 二维连续型随机变量(X,Y)的分布密度 $f(x,y)$和分布函数 $F(x,y)$具有下列性质:

1° 在整个二维平面上,$f(x,y)$满足

$$\begin{cases}f(x,y)\geqslant 0 \quad (|x|<+\infty,|y|<+\infty)\\ \int_{-\infty}^{+\infty}\int_{-\infty}^{+\infty}f(x,y)\mathrm{d}x\mathrm{d}y=1\end{cases} \tag{3.8}$$

2° 在整个二维平面上,$F(x,y)$连续. 在 $F(x,y)$已知时,可通过求二阶混合偏导$\frac{\partial^2 F}{\partial x\partial y}$(在它的连续点处)获得密度函数:

$$f(x,y)=\frac{\partial^2 F}{\partial x\partial y} \tag{3.9}$$

3° 对任意的平面区域 G,有

$$P\{(X,Y)\in G\}=\iint_G f(x,y)\mathrm{d}x\mathrm{d}y \tag{3.10}$$

定理 3.1.2 表明,在几何上 $z=f(x,y)$表示空间的一张曲面,介于该曲面与

xOy 平面之间的空间区域的体积等于1;而与 $f(x,y)$ 相应的分布函数 $F(x,y)$ 的图形是一张介于平面 $z=0$ 与 $z=1$ 之间随 x(或 y)单调不减的连续曲面. 同时,只要知道了二维连续型随机变量(X,Y)的分布密度,就能算出(X,Y)落在任一平面区域内的概率. 反过来,满足条件(3.8)的 $f(x,y)$ 也必定是某二维连续型随机变量(X,Y)的分布密度. 因此,对二维连续型随机变量,通常用分布密度刻画它的概率分布.

例 3.1.2 设二维随机变量(X,Y)具有分布密度

$$f(x,y)=\begin{cases}Ae^{-(2x+y)}, & x>0,y>0\\ 0, & \text{其他}\end{cases}$$

求系数 A 与(X,Y)的分布函数 $F(x,y)$ 以及概率 $P\{Y\leqslant X\}$.

解 由

$$1=\int_{-\infty}^{+\infty}\int_{-\infty}^{+\infty}f(x,y)\mathrm{d}x\mathrm{d}y=\int_{0}^{+\infty}\int_{0}^{+\infty}Ae^{-(2x+y)}\mathrm{d}x\mathrm{d}y=\frac{A}{2}$$

知 $A=2$,故(X,Y)的分布密度为

$$f(x,y)=\begin{cases}2e^{-(2x+y)}, & x>0,y>0\\ 0, & \text{其他}\end{cases}$$

对 $f(x,y)$ 积分即知(X,Y)的分布函数为

$$\begin{aligned}F(x,y)&=\int_{-\infty}^{x}\int_{-\infty}^{y}f(x,y)\mathrm{d}x\mathrm{d}y\\&=\begin{cases}\int_0^x 2e^{-2x}\mathrm{d}x\int_0^y e^{-y}\mathrm{d}y, & x>0,y>0\\ 0, & \text{其他}\end{cases}\\&=\begin{cases}(1-e^{-2x})(1-e^{-y}), & x>0,y>0\\ 0, & \text{其他}\end{cases}\end{aligned}$$

概率 $P\{Y\leqslant X\}$ 为

$$\begin{aligned}P\{Y\leqslant X\}&=\iint\limits_{0<y\leqslant x}2e^{-(2x+y)}\mathrm{d}x\mathrm{d}y\\&=\int_0^{+\infty}2e^{-2x}\mathrm{d}x\int_0^x e^{-y}\mathrm{d}y\\&=\int_0^{+\infty}2e^{-2x}(1-e^{-x})\mathrm{d}x\\&=\frac{1}{3}\end{aligned}$$

例 3.1.3 设平面区域 D 的面积 $A>0$,(X,Y)在 D 上取值且在 D 上分布均匀(即密度为常数),则称(X,Y)在 D 上服从**均匀分布**,显然在 D 上均匀分布的二维随机变量(X,Y)的分布密度为

$$f(x,y)=\begin{cases}\dfrac{1}{A}, & (x,y)\in D\\ 0, & 其他\end{cases}$$

3.2 边缘分布

二维随机变量(X,Y)作为一个整体，具有分布函数$F(x,y)$. 而作为(X,Y)的分量，X和Y都是随机变量，各自也应有分布函数. 将它们分别记为$F_X(x)$和$F_Y(y)$，依次称为二维随机变量(X,Y)关于X和Y的**边缘分布函数**. 边缘分布函数可以由分布函数$F(x,y)$确定如下：

$$\begin{aligned}F_X(x)&=P\{X\leqslant x,Y<+\infty\}=F(x,+\infty)\\ F_Y(y)&=P\{X<+\infty,Y\leqslant y\}=F(+\infty,y)\end{aligned}\tag{3.11}$$

对于二维离散型随机变量(X,Y)，其边缘分布函数可由X与Y的联合分布律

$$p_{ij}\quad(i,j=1,2,\cdots)$$

确定如下：

$$\begin{cases}F_X(x)=P\{X\leqslant x,Y<+\infty\}=\displaystyle\sum_{x_i\leqslant x}\sum_{j=1}^{\infty}p_{ij}\\ F_Y(y)=P\{X<+\infty,Y\leqslant y\}=\displaystyle\sum_{y_j\leqslant y}\sum_{i=1}^{\infty}p_{ij}\end{cases}\tag{3.12}$$

而边缘分布律也可由联合分布律$p_{ij}(i,j=1,2,\cdots)$确定为

$$\begin{cases}P\{X=x_i\}=\displaystyle\sum_{j=1}^{\infty}p_{ij}, & i=1,2,\cdots\\ P\{Y=y_j\}=\displaystyle\sum_{i=1}^{\infty}p_{ij}, & j=1,2,\cdots\end{cases}\tag{3.13}$$

由此可知：二维离散型随机变量(X,Y)的两个分量都是离散型随机变量. 这两个随机变量的分布律(3.13)分别称为(X,Y)关于X和Y的**边缘分布律**，并分别记作$p_{i\cdot}$和$p_{\cdot j}$，即

$$\begin{cases}p_{i\cdot}=P\{X=x_i\}=\displaystyle\sum_{j=1}^{\infty}p_{ij}, & i=1,2,\cdots\\ p_{\cdot j}=P\{Y=y_j\}=\displaystyle\sum_{i=1}^{\infty}p_{ij}, & j=1,2,\cdots\end{cases}\tag{3.14}$$

例 3.2.1 求例 3.1.1 中定义的(X,Y)的边缘分布律.

解 按式(3.14)，在分布表 3.2 中，将X与Y的联合分布律按行、列分别相加，得所求边缘分布律(表 3.3)为

$$p_{1\cdot}=\frac{1}{4},\quad p_{2\cdot}=\frac{1}{4},\quad p_{3\cdot}=\frac{1}{4},\quad p_{4\cdot}=\frac{1}{4}$$

$$p_{\cdot 1}=\frac{25}{48},\quad p_{\cdot 2}=\frac{13}{48},\quad p_{\cdot 3}=\frac{7}{48},\quad p_{\cdot 4}=\frac{3}{48}$$

表 3.3

X \ Y	1	2	3	4	$p_{i\cdot}$
1	$\frac{1}{4}$	0	0	0	$\frac{1}{4}$
2	$\frac{1}{8}$	$\frac{1}{8}$	0	0	$\frac{1}{4}$
3	$\frac{1}{12}$	$\frac{1}{12}$	$\frac{1}{12}$	0	$\frac{1}{4}$
4	$\frac{1}{16}$	$\frac{1}{16}$	$\frac{1}{16}$	$\frac{1}{16}$	$\frac{1}{4}$
$p_{\cdot j}$	$\frac{25}{48}$	$\frac{13}{48}$	$\frac{7}{48}$	$\frac{3}{48}$	1

正如表 3.3 所示，为了书写方便，常常将边缘分布律写在联合分布律表格的边缘上，这就是“边缘分布律”这个名词的来源.

对于二维连续型随机变量(X,Y),其边缘分布函数可由 X 与 Y 的联合分布密度 $f(x,y)$确定如下：

$$\begin{cases} F_X(x)=P\{X\leqslant x,Y<+\infty\}=\int_{-\infty}^{x}\left[\int_{-\infty}^{+\infty}f(x,y)\mathrm{d}y\right]\mathrm{d}x \\ F_Y(y)=P\{X<+\infty,Y\leqslant y\}=\int_{-\infty}^{y}\left[\int_{-\infty}^{+\infty}f(x,y)\mathrm{d}x\right]\mathrm{d}y \end{cases} \tag{3.15}$$

由此可知,二维连续型随机变量(X,Y)的两个分量都是一维连续型的随机变量.其分布密度可表示为

$$\begin{cases} f_X(x)=\int_{-\infty}^{+\infty}f(x,y)\mathrm{d}y \\ f_Y(y)=\int_{-\infty}^{+\infty}f(x,y)\mathrm{d}x \end{cases} \tag{3.16}$$

由式(3.16)给出的两个随机变量的分布密度 $f_X(x)$和 $f_Y(y)$分别称为二维连续型随机变量(X,Y)关于 X 和 Y 的**边缘分布密度**或**边缘概率密度**.

例 3.2.2 求例 3.1.2 中的二维随机变量(X,Y)关于 X 和 Y 的边缘分布密度.

解 在例 3.1.2 中,将 X 与 Y 的联合分布密度分别按式(3.16)中的两个式子进行积分,即得二维随机变量(X,Y)关于 X 和 Y 的边缘分布密度：

$$f_X(x)=\int_{-\infty}^{+\infty}f(x,y)\mathrm{d}y=\begin{cases}\int_{0}^{+\infty}2\mathrm{e}^{-(2x+y)}\mathrm{d}y=2\mathrm{e}^{-2x}, & x>0 \\ 0, & x\leqslant 0\end{cases}$$

和

$$f_Y(y)=\int_{-\infty}^{+\infty}f(x,y)\mathrm{d}x=\begin{cases}\int_0^{+\infty}2\mathrm{e}^{-(2x+y)}\mathrm{d}x=\mathrm{e}^{-y}, & y>0\\ 0, & y\leqslant 0\end{cases}$$

例 3.2.3 设二维随机变量(X,Y)的概率密度为

$$f(x,y)=\frac{1}{2\pi\sigma_1\sigma_2\sqrt{1-\rho^2}}\exp\left\{\frac{-1}{2(1-\rho^2)}\left[\frac{(x-\mu_1)^2}{\sigma_1^2}-2\rho\frac{(x-\mu_1)(y-\mu_2)}{\sigma_1\sigma_2}+\frac{(y-\mu_2)^2}{\sigma_2^2}\right]\right\},\quad(|x|<+\infty,|y|<+\infty)\tag{3.17}$$

其中$\mu_1,\mu_2,\sigma_1,\sigma_2,\rho$都是常数，且$\sigma_1>0,\sigma_2>0,|\rho|<1$. 称此$(X,Y)$是服从参数为$\mu_1,\mu_2,\sigma_1,\sigma_2,\rho$的**二维正态分布**. 试求此二维正态随机变量$(X,Y)$的边缘分布密度.

解 将分布密度代入式(3.16)的第一式并作积分变量替换

$$\frac{1}{\sqrt{1-\rho^2}}\left(\frac{y-\mu_2}{\sigma_2}-\rho\frac{x-\mu_1}{\sigma_1}\right)=t$$

则有

$$\begin{aligned}f_X(x)&=\int_{-\infty}^{+\infty}f(x,y)\mathrm{d}y\\&=\int_{-\infty}^{+\infty}\frac{1}{2\pi\sigma_1\sigma_2\sqrt{1-\rho^2}}\exp\left\{\frac{-1}{2(1-\rho^2)}\left[\frac{(x-\mu_1)^2}{\sigma_1^2}-2\rho\frac{(x-\mu_1)(y-\mu_2)}{\sigma_1\sigma_2}+\frac{(y-\mu_2)^2}{\sigma_2^2}\right]\right\}\mathrm{d}y\\&=\frac{1}{\sqrt{2\pi}\sigma_1}\mathrm{e}^{-\frac{(x-\mu_1)^2}{2\sigma_1^2}}\cdot\frac{1}{\sqrt{2\pi}}\int_{-\infty}^{+\infty}\mathrm{e}^{-\frac{t^2}{2}}\mathrm{d}t\\&=\frac{1}{\sqrt{2\pi}\sigma_1}\mathrm{e}^{-\frac{(x-\mu_1)^2}{2\sigma_1^2}}\quad(|x|<+\infty)\end{aligned}\tag{3.18}$$

同理有

$$f_Y(y)=\frac{1}{\sqrt{2\pi}\sigma_2}\mathrm{e}^{-\frac{(y-\mu_2)^2}{2\sigma_2^2}}\quad(|y|<+\infty)\tag{3.19}$$

此例表明，二维正态分布的两个边缘分布都是一维正态分布，并且都不依赖于参数ρ. 因此，二维正态分布不能由它的两个边缘分布所唯一确定. 甚至，即使两个边缘分布都是正态分布，原二维分布也未必是正态分布(其反例见习题 3.8).

3.3 条件分布

对于二维随机变量(X,Y),还可以考虑在其中一个随机变量取得(可能的)固定值的条件下,另一随机变量的概率分布.这样得到的 X 或 Y 的概率分布称为**条件概率分布**,简称**条件分布**.

首先讨论二维离散型随机变量(X,Y)的条件分布.设 X 和 Y 的联合分布律为

$$P\{X=x_i,Y=y_j\}=p_{ij}\quad(i,j=1,2,\cdots)$$

对应于 X 和 Y 的两个边缘分布律为

$$P\{X=x_i\}=p_{i\cdot},\quad P\{Y=y_j\}=p_{\cdot j}\quad(i,j=1,2,\cdots)$$

则由条件概率计算公式可求得:当 $P\{X=x_i\}>0$ 时,(X,Y)在$X=x_i$的条件下 Y 的分布律为

$$P\{Y=y_j\mid X=x_i\}=\frac{P\{X=x_i,Y=y_j\}}{P\{X=x_i\}}=\frac{p_{ij}}{p_{i\cdot}}\quad(j=1,2,\cdots)\tag{3.20}$$

当 $P\{Y=y_j\}>0$ 时,(X,Y)在 $Y=y_j$ 的条件下 X 的分布律为

$$P\{X=x_i\mid Y=y_j\}=\frac{P\{X=x_i,Y=y_j\}}{P\{Y=y_j\}}=\frac{p_{ij}}{p_{\cdot j}}\quad(i=1,2,\cdots)\tag{3.21}$$

公式(3.20)表明:二维离散型随机变量(X,Y)在 $X=x_i$ 的条件下,Y 仍为离散型随机变量.由式(3.20)表示的 Y 的这个分布律称为二维离散型随机变量(X,Y)在 $X=x_i$ 的条件下 Y 的**条件分布律**.同样地,二维离散型随机变量(X,Y)在 $Y=y_j$ 的条件下,X 也为离散型随机变量.由式(3.21)表示的 X 的分布律称为二维离散型随机变量(X,Y)在 $Y=y_j$ 的条件下 X 的**条件分布律**.

例 3.3.1　求例 3.1.1 中的二维随机变量(X,Y)在 $X=3$ 的条件下随机变量 Y 的条件分布律以及(X,Y)在 $Y=3$ 的条件下随机变量 X 的条件分布律.

解　将 X 与 Y 的联合分布律 p_{ij} 及例 3.2.1 的结果

$$P\{X=3\}=p_{3\cdot}=\frac{1}{4},\quad P\{Y=3\}=p_{\cdot 3}=\frac{7}{48}$$

代入式(3.20)即得(X,Y)在 $X=3$ 的条件下 Y 的条件分布律为

y_j	1	2	3	4
$P\{Y=y_j\mid X=3\}$	$\frac{1}{3}$	$\frac{1}{3}$	$\frac{1}{3}$	0

代入式(3.21)即得(X,Y)在 $Y=3$ 的条件下 X 的条件分布律为

x_i	1	2	3	4
$P\{X=x_i\mid Y=3\}$	0	0	$\frac{4}{7}$	$\frac{3}{7}$

对于二维连续型随机变量(X,Y)，设其分布密度为$f(x,y)$，则类似于二维离散型随机变量的条件分布，可以证明：在(X,Y)关于X的边缘分布密度$f_X(x)$大于0的连续点，二维连续型随机变量(X,Y)在$X=x$的条件下，Y也是一维连续型随机变量. 并且在$f(x,y)$的连续点，这个连续型随机变量的分布密度为

$$f_{Y|X}(y|x)=\frac{f(x,y)}{f_X(x)} \tag{3.22}$$

由式(3.22)表示的分布密度$f_{Y|X}(y|x)$称为(X,Y)在$X=x$的条件下Y的**条件分布密度**.

同样地，在(X,Y)关于Y的边缘分布密度$f_Y(y)$大于0的连续点，二维连续型随机变量(X,Y)在$Y=y$的条件下，X也是一维连续型随机变量. 并且在$f(x,y)$的连续点，这个随机变量的分布密度为

$$f_{X|Y}(x|y)=\frac{f(x,y)}{f_Y(y)} \tag{3.23}$$

由式(3.23)表示的分布密度$f_{X|Y}(x|y)$称为(X,Y)在$Y=y$的条件下X的**条件分布密度**.

例 3.3.2 求例3.1.2中二维随机变量(X,Y)在$X=x\ (x>0)$的条件下Y的条件分布密度和$Y=y(y>0)$的条件下X的条件分布密度.

解 由例3.1.2知(X,Y)的分布密度为

$$f(x,y)=\begin{cases}2\mathrm{e}^{-(2x+y)}, & x>0,y>0\\ 0, & \text{其他}\end{cases}$$

而由例3.2.2知(X,Y)的两个边缘分布密度为

$$f_X(x)=\begin{cases}2\mathrm{e}^{-2x}, & x>0\\ 0, & x\leqslant 0\end{cases} \quad 和 \quad f_Y(y)=\begin{cases}\mathrm{e}^{-y}, & y>0\\ 0, & y\leqslant 0\end{cases}$$

代入式(3.22)即得二维随机变量(X,Y)在$X=x(x>0)$的条件下Y的条件分布密度为

$$f_{Y|X}(y|x)=\frac{f(x,y)}{f_X(x)}=\begin{cases}\dfrac{2\mathrm{e}^{-(2x+y)}}{2\mathrm{e}^{-2x}}=\mathrm{e}^{-y}, & y>0\\ 0, & y\leqslant 0\end{cases}$$

代入式(3.23)即得二维随机变量(X,Y)在$Y=y(y>0)$的条件下X的条件分布密度为

$$f_{X|Y}(x|y)=\frac{f(x,y)}{f_Y(y)}=\begin{cases}\dfrac{2\mathrm{e}^{-(2x+y)}}{\mathrm{e}^{-y}}=2\mathrm{e}^{-2x}, & x>0\\ 0, & x\leqslant 0\end{cases}$$

3.4 随机变量的独立性

利用两个事件相互独立的概念,对于二维随机变量(X,Y),我们自然引入以下定义.

定义 3.4.1 设X,Y是两个随机变量,如果对任意二实数集S,T,由$\{X\in S\}$与$\{Y\in T\}$构成的可能事件相互独立,则称这两个随机变量是**相互独立**的,简称是**独立**的.

设$F(x,y)$及$F_X(x)$,$F_Y(y)$分别是随机变量X与Y的联合分布函数和边缘分布函数,则不难证明,关于两个随机变量的相互独立性有如下两个等价定理.

定理 3.4.1 对二维离散型随机变量(X,Y),下面五个命题等价:

(1) X与Y相互独立;

(2) (X,Y)的所有可能的条件分布律与相应的边缘分布律一致,即在(X,Y)的所有可能取值点(x_i,y_j),有

$$\begin{cases} P\{Y=y_j \mid X=x_i\}=P\{Y=y_j\} \\ P\{X=x_i \mid Y=y_j\}=P\{X=x_i\} \end{cases} \quad (i,j=1,2,\cdots)$$

(3) 在(X,Y)的所有可能取值点(x_i,y_j),有

$$P\{X=x_i,Y=y_j\}=P\{X=x_i\}P\{Y=y_j\} \quad (i,j=1,2,\cdots)$$

(4) 对于任意二实数集S,T,有

$$P\{X\in S,Y\in T\}=P\{X\in S\}P\{Y\in T\}$$

(5) 对于任意二实数x,y,有

$$F(x,y)=F_X(x)F_Y(y)$$

定理 3.4.2 对二维连续型随机变量(X,Y),下面五个命题等价:

(1) X与Y相互独立;

(2) (X,Y)的所有可能的条件分布密度与相应的边缘分布密度几乎处处相等,即在X的所有可能取值点x,有

$$f_{Y|X}(y \mid x)=f_Y(y) \qquad \text{(几乎处处相等)}$$

而在Y的所有可能取值点y,有

$$f_{X|Y}(x \mid y)=f_X(x) \qquad \text{(几乎处处相等)}$$

(3) 在整个二维平面区域上,有

$$f(x,y)=f_X(x)f_Y(y) \qquad \text{(几乎处处相等)}$$

(4) 对于任意二实数集S,T,有

$$P\{X\in S,Y\in T\}=P\{X\in S\}P\{Y\in T\}$$

(5) 对于任意二实数x,y,有

$$F(x,y)=F_X(x)F_Y(y)$$

例 3.4.1 在例 3.1.1 中,随机变量 X 与 Y 是否相互独立?

解 由例 3.1.1 和例 3.2.1 知

$$P\{X=1\}\cdot P\{Y=2\}=\frac{1}{4}\cdot\frac{13}{48}\neq 0=P\{X=1,Y=2\}$$

故由等价定理 3.4.1 知 X 与 Y 不是相互独立的.

例 3.4.2 在例 3.1.2 中,随机变量 X 与 Y 是否相互独立?

解 在例 3.1.2 中,曾求出 X 与 Y 的联合分布密度为

$$f(x,y)=\begin{cases}2\mathrm{e}^{-(2x+y)}, & x>0,y>0\\ 0, & \text{其他}\end{cases}$$

在例 3.2.2 中,又求出了两个边缘分布密度为

$$f_X(x)=\begin{cases}2\mathrm{e}^{-2x}, & x>0\\ 0, & x\leqslant 0\end{cases}$$

和

$$f_Y(y)=\begin{cases}\mathrm{e}^{-y}, & y>0\\ 0, & y\leqslant 0\end{cases}$$

显然,对所有的 x,y 都有 $f(x,y)=f_X(x)f_Y(y)$,故由等价定理 3.4.2知 X 与 Y 是相互独立的.

例 3.4.3 讨论例 3.2.3 中二维正态随机变量的独立性.

解 例 3.2.3 中定义的正态随机变量(X,Y)的密度为

$$f(x,y)=\frac{1}{2\pi\sigma_1\sigma_2\sqrt{1-\rho^2}}\exp\left\{\frac{-1}{2(1-\rho^2)}\left[\frac{(x-\mu_1)^2}{\sigma_1^2}-2\rho\frac{(x-\mu_1)(y-\mu_2)}{\sigma_1\sigma_2}+\frac{(y-\mu_2)^2}{\sigma_2^2}\right]\right\}$$

而由式(3.18),式(3.19)知(X,Y)的两个边缘分布密度的乘积是

$$f_X(x)f_Y(y)=\frac{1}{2\pi\sigma_1\sigma_2}\exp\left\{-\frac{1}{2}\left[\frac{(x-\mu_1)^2}{\sigma_1^2}+\frac{(y-\mu_2)^2}{\sigma_2^2}\right]\right\}$$

比较上述两式可知 $f(x,y)=f_X(x)f_Y(y)$的充要条件是$\rho=0$.

亦即我们证得了结论:对于服从参数为$\mu_1,\mu_2,\sigma_1,\sigma_2,\rho$的二维正态随机变量$(X,Y)$,$X$ 和 Y 相互独立的充要条件是$\rho=0$.

对于相互独立的离散型随机变量,利用边缘分布的计算公式(3.14)和相互独立的等价关系(即定理 3.4.1 的(3))或

$$p_{ij}=p_{i\cdot}\cdot p_{\cdot j} \tag{3.24}$$

还能在联合分布与边缘分布的部分数值已知的情况下,容易地求出其他未知的数值.如下例.

例 3.4.4　设随机变量 X 与 Y 相互独立，下表列出了 X 与 Y 的联合分布律和边缘分布律的部分数值，试补充表中的缺失数据.

$X \backslash Y$	y_1	y_2	y_3	$p_{i\cdot}$
x_1		$\frac{1}{8}$		
x_2	$\frac{1}{8}$			
$p_{\cdot j}$	$\frac{1}{6}$			1

解　根据公式

$$\begin{aligned} p_{i\cdot} &= p_{i1}+p_{i2}+p_{i3} \\ p_{\cdot j} &= p_{1j}+p_{2j} \qquad (i=1,2;j=1,2,3) \\ p_{ij} &= p_{i\cdot}\cdot p_{\cdot j} \end{aligned}$$

可依次获得

$$p_{11}=\frac{1}{24},\quad p_{2\cdot}=\frac{3}{4},\quad p_{1\cdot}=\frac{1}{4},\quad p_{13}=\frac{1}{12}$$

$$p_{\cdot 2}=\frac{1}{2},\quad p_{22}=\frac{3}{8},\quad p_{\cdot 3}=\frac{1}{3},\quad p_{23}=\frac{1}{4}$$

同时依次填入表格得完整表如下：

$X \backslash Y$	y_1	y_2	y_3	$p_{i\cdot}$
x_1	$\frac{1}{24}$	$\frac{1}{8}$	$\frac{1}{12}$	$\frac{1}{4}$
x_2	$\frac{1}{8}$	$\frac{3}{8}$	$\frac{1}{4}$	$\frac{3}{4}$
$p_{\cdot j}$	$\frac{1}{6}$	$\frac{1}{2}$	$\frac{1}{3}$	1

关于两个随机变量相互独立的概念和等价定理都可以推广到 n 个随机变量的情形. 例如，n 个随机变量 $X_1,X_2,\cdots,X_n$ 相互独立的充要条件是

$$F(x_1,x_2,\cdots,x_n)=F_{X_1}(x_1)F_{X_2}(x_2)\cdots F_{X_n}(x_n) \tag{3.25}$$

n 个离散型随机变量 $X_1,X_2,\cdots,X_n$ 相互独立的充要条件是

$$P\{X_1=x_1,\cdots,X_n=x_n\}=P\{X_1=x_1\}\cdots P\{X_n=x_n\} \tag{3.26}$$

n 个连续型随机变量 $X_1,X_2,\cdots,X_n$ 相互独立的充要条件是

$$f(x_1,x_2,\cdots,x_n)=f_{X_1}(x_1)f_{X_2}(x_2)\cdots f_{X_n}(x_n) \quad (\text{几乎}) \tag{3.27}$$

习 题 3

3.1 一批产品中有 a 件正品和 b 件次品，从中任取一件产品(取出的产品不放回)，共取两次．设随机变量 X,Y 分别表示第一次与第二次取出的次品数，求(X,Y)的联合分布律及关于 X,Y的边缘分布律．

3.2 把三个球以等概率投入三个盒子中，设随机变量 X 与 Y 分别表示投入第一个与第二个盒子中的球数，求(X,Y)的联合分布律及关于 X,Y 的边缘分布律．

3.3 设(X,Y)在区域 $D=\left\{(x,y)\left|\dfrac{x^2}{a^2}+\dfrac{y^2}{b^2}\leqslant 1\right.\right\}$上服从均匀分布，试写出$(X,Y)$的分布密度．

3.4 设二维随机变量(X,Y)的分布函数为

$$F(x,y)=A\left(B+\arctan\frac{x}{2}\right)\left(C+\arctan\frac{y}{3}\right)$$

求：(1) 常数 A,B,C；

(2) (X,Y)的分布密度；

(3) (X,Y)落在 $D=\{(x,y)\mid x>0,y>0\}$内的概率．

3.5 设二维随机变量(X,Y)的概率分布密度为

$$f(x,y)=\begin{cases}A\mathrm{e}^{-(2x+3y)}, & x>0,y>0\\ 0, & \text{其他}\end{cases}$$

求：(1) 系数 A；

(2) (X,Y)的分布函数 $F(x,y)$；

(3) (X,Y)落在 $D=\{(x,y)\mid x>0,y>0,2x+3y<6\}$内的概率．

3.6 求 3.4 题中二维随机变量(X,Y)的边缘分布函数和边缘分布密度．

3.7 求 3.5 题中二维随机变量(X,Y)的边缘分布密度．

3.8 设二维随机变量(X,Y)的分布密度为

$$f(x,y)=\frac{1}{2\pi}\mathrm{e}^{-\frac{1}{2}(x^2+y^2)}(1+\sin xy)$$

求关于 X 和 Y 的边缘分布密度．

3.9 求 3.1 题中的随机变量 Y 在 $X=0$ 及 $X=1$ 的条件下的条件分布律．

3.10 求 3.2 题中的随机变量 X 在 $Y=0$ 的条件下的条件分布律和随机变量 Y 在 $X=1$ 的条件下的条件分布律．

3.11 设(X,Y)在 $D=\{(x,y)\mid -y<x<1-y,0<y<1\}$上服从均匀分布，求：

(1) (X,Y)的两个边缘分布密度；

(2) 边缘分布密度大于 0 时的条件分布密度．

3.12 3.1 题中的随机变量 X 与 Y 是否相互独立？若将抽样方式改为有放回抽样，X 与 Y 是否相互独立？

3.13 设随机变量 X 与 Y 相互独立，X 在区间(0,2)上服从均匀分布，Y 服从指数分布 $e(2)$，求(X,Y)的分布密度．

3.14 下表列出了相互独立随机变量 X 与 Y 的联合分布律及边缘分布律中的部分数值，试将其余数值填入表中空白处．

X \ Y	1	2	3	4	$p_{i\cdot}$
1	$\frac{1}{9}$				$\frac{1}{3}$
2				$\frac{1}{8}$	
3					$\frac{1}{6}$
$p_{\cdot j}$			$\frac{1}{6}$		

3.15　一电子仪器由两个部件构成，以 X 和 Y 分别表示这两个部件的寿命(单位：kh). 已知 X 和 Y 的联合分布函数为

$$F(x,y)=\begin{cases}1-e^{-0.5x}-e^{-0.5y}+e^{-0.5(x+y)}, & x\geqslant 0, y\geqslant 0\\ 0, & \text{其他}\end{cases}$$

问 X 与 Y 是否相互独立？并求两个部件的寿命都超过 0.1kh 的概率.

第 4 章　随机变量的函数及其数值模拟

在实际问题中，常对某些随机变量的函数更感兴趣. 例如，在一些试验中，所关心的随机变量往往不能由直接测量得到，而是某个能直接测量的随机变量的函数. 例如，能测量长方形的长 a 和宽 b，而关心的却是长方形的面积 $A=ab$，这里随机变量 A 是随机变量 a 和 b 的函数.

本章将讨论如何由一维(或多维)随机变量的分布去求它的函数的分布；同时介绍随机变量函数在随机变量数值模拟方面的一些应用.

4.1　一维随机变量函数的分布

一般地，若 X 是分布已知的随机变量，那么由一元函数 $Y=g(X)$ 定义的 Y 也是一个随机变量. 按定义，Y 的分布函数应为

$$F_Y(y)=P\{Y\leqslant y\}=P\{g(X)\leqslant y\} \tag{4.1}$$

若 X 是离散型的，其分布律为 $P\{X=x_i\}=p_i(i=1,2,\cdots)$，则 Y 也是离散型的，其分布律为

$$P\{Y=y_j\}=P\{g(X)=y_j\}=\sum_{g(x_i)=y_j} p_i \quad (j=1,2,\cdots) \tag{4.2}$$

下面就依据式(4.1)和式(4.2)，讨论如何由已知的随机变量 X 的分布去求它的函数 $Y=g(X)$的分布.

例 4.1.1　设随机变量 X 的分布律为

$$X\sim\begin{bmatrix} -2 & -1 & 0 & 1 & 2 & 3 \\ 0.1 & 0.2 & 0.2 & 0.1 & 0.1 & 0.3 \end{bmatrix}$$

求随机变量函数 $X-1$，$-2X$ 和 X^2 的分布律.

解　由 X 的分布律可列对应表如下：

p_k	0.1	0.2	0.2	0.1	0.1	0.3
X	-2	-1	0	1	2	3
$X-1$	-3	-2	-1	0	1	2
$-2X$	4	2	0	-2	-4	-6
X^2	4	1	0	1	4	9

上表既反映了 $X-1$，$-2X$ 和 X^2 的所有可能取值，又反映了它们取各种可能

值的概率. 例如,

$$P\{X-1=-2\}=P\{X=-1\}=0.2$$

$$P\{X^2=1\}=P\{X=-1\}+P\{X=1\}=0.2+0.1=0.3$$

现在只要将 $X-1,-2X$ 和 X^2 按照它们各自的所有可能取值依一定顺序(如从小到大)重新排列,合并其取相同值的概率即可得到这三个函数的分布律:

$$X-1\sim\begin{bmatrix}-3 & -2 & -1 & 0 & 1 & 2\\ 0.1 & 0.2 & 0.2 & 0.1 & 0.1 & 0.3\end{bmatrix}$$

$$-2X\sim\begin{bmatrix}-6 & -4 & -2 & 0 & 2 & 4\\ 0.3 & 0.1 & 0.1 & 0.2 & 0.2 & 0.1\end{bmatrix}$$

$$X^2\sim\begin{bmatrix}0 & 1 & 4 & 9\\ 0.2 & 0.3 & 0.2 & 0.3\end{bmatrix}$$

例 4.1.2 设随机变量 X 的分布律为

$$P\{X=k\}=\frac{1}{2^k},\quad k=1,2,\cdots$$

求随机变量 $Y=\sin\left(\frac{\pi}{2}X\right)$的分布律.

解 随机变量 $Y=\sin\left(\frac{\pi}{2}X\right)$的可能取值有三个:$-1,0,1$. 取各可能值的概率分别为

$$P\{Y=0\}=\sum_{k=1}^{\infty}P\{X=2k\}=\sum_{k=1}^{\infty}\frac{1}{2^{2k}}=\frac{1}{3}$$

$$P\{Y=-1\}=\sum_{k=1}^{\infty}P\{X=4k-1\}=\sum_{k=1}^{\infty}\frac{1}{2^{4k-1}}=\frac{2}{15}$$

$$P\{Y=1\}=\sum_{k=1}^{\infty}P\{X=4k-3\}=\sum_{k=1}^{\infty}\frac{1}{2^{4k-3}}=\frac{8}{15}$$

于是得到随机变量 Y 的分布律为

$$Y=\sin\left(\frac{\pi}{2}X\right)\sim\begin{bmatrix}-1 & 0 & 1\\ \frac{2}{15} & \frac{1}{3} & \frac{8}{15}\end{bmatrix}$$

例 4.1.3 设随机变量 X 服从 $N(0,1)$,求 $Y=X^2$ 的分布密度.

解 因为 $Y=X^2\geqslant 0$,所以当 $y<0$ 时,$f_Y(y)=0$;当 $y>0$ 时,

$$\begin{aligned}F_Y(y)&=P\{X^2\leqslant y\}=P\{-\sqrt{y}\leqslant X\leqslant\sqrt{y}\}\\&=\int_{-\sqrt{y}}^{\sqrt{y}}\frac{1}{\sqrt{2\pi}}e^{-\frac{x^2}{2}}dx=\int_0^{\sqrt{y}}\frac{2}{\sqrt{2\pi}}e^{-\frac{x^2}{2}}dx\end{aligned}$$

对 $F_Y(y)$ 求导[①]即知此时 $Y=X^2$ 的分布密度为

$$f_Y(y)=\frac{\mathrm{d}}{\mathrm{d}y}F_Y(y)=\frac{1}{\sqrt{2\pi y}}\mathrm{e}^{-\frac{y}{2}}$$

当 $y=0$ 时,作为密度在个别点的值可任意规定. 例如,取 $f_Y(0)=0$.

综上所述,$Y=X^2$ 的分布密度为

$$f_Y(y)=\begin{cases}\dfrac{1}{\sqrt{2\pi y}}\mathrm{e}^{-\frac{y}{2}}, & y>0\\ 0, & y\leqslant 0\end{cases}$$

一般地,在已知 X 的分布密度 $f(x)$ 时,有**求随机变量函数 $Y=g(X)$ 的分布密度的步骤**:

(1) 根据 X 的分布密度 $f(x)$ 计算出 $Y=g(X)$ 的分布函数

$$F_Y(y)=P\{g(X)\leqslant y\}$$

(2) 对 $F_Y(y)$ 求导即得 $Y=g(X)$ 的分布密度

$$f_Y(y)=\frac{\mathrm{d}}{\mathrm{d}y}P\{g(X)\leqslant y\}$$

按上述步骤可证明以下定理.

定理 4.1.1 若 X 服从正态分布 $N(\mu,\sigma^2)$,则 $Y=aX+b$ 服从正态分布 $N(a\mu+b,a^2\sigma^2)$.

证 (以 $a>0$ 为例证明)设 Y 的分布函数为 $F_Y(y)$,则

$$\begin{aligned}F_Y(y)&=P\{aX+b\leqslant y\}=P\left\{X\leqslant\frac{y-b}{a}\right\}\\&=\frac{1}{\sqrt{2\pi}\,\sigma}\int_{-\infty}^{\frac{y-b}{a}}\mathrm{e}^{-\frac{(x-\mu)^2}{2\sigma^2}}\mathrm{d}x\end{aligned}$$

求导即知 Y 的密度函数为

$$f_Y(y)=\frac{\mathrm{d}}{\mathrm{d}y}F_Y(y)=\frac{1}{\sqrt{2\pi}\,a\sigma}\mathrm{e}^{-\frac{[y-(a\mu+b)]^2}{2(a\sigma)^2}},\quad y\in(-\infty,+\infty)$$

亦即 $Y=aX+b$ 服从正态分布 $N(a\mu+b,a^2\sigma^2)$.

在定理 4.1.1 中令 $a=1/\sigma,b=-\mu/\sigma$,则立即可得下面的定理.

定理 4.1.2 若 X 服从正态分布 $N(\mu,\sigma^2)$,则

$$Y=\frac{X-\mu}{\sigma}\sim N(0,1)$$

例 4.1.4 利用定理 4.1.2 计算例 2.3.5 中的概率. 即设 X 服从 $N(1.5,4)$,计算

(1) $P\{|X-1.5|>2\}$;

---

① 可按积分上限函数求导法直接求导.

(2) $P\{|X|\leqslant 1\}$.

解 由定理 4.1.2 知$\frac{X-1.5}{2}\sim N(0,1)$. 再利用分布函数 $\Phi(x)$的对称性及公式 $\Phi(-x)=1-\Phi(x)$并查附表 3 即得

(1) $P\{|X-1.5|>2\}=P\left\{\left|\frac{X-1.5}{2}\right|>1\right\}=2\Phi(-1)$

$$=2[1-\Phi(1)]=2\times(1-0.8413)=0.3174$$

(2) $P\{|X|\leqslant 1\}=P\left\{\frac{-1-1.5}{2}\leqslant\frac{X-1.5}{2}\leqslant\frac{1-1.5}{2}\right\}$

$$=\Phi(-0.25)-\Phi(-1.25)$$
$$=-\Phi(0.25)+\Phi(1.25)$$
$$=-0.5987+0.8944=0.2957$$

按照上述求随机变量函数分布密度的步骤也可以证明以下定理.

定理 4.1.3 设 X 是以 $f(x)$为分布密度的连续型随机变量,其所有可能取值构成区间 I,函数 $y=g(x)$在区间 I 上严格单调可微,$g(I)$为相应的值域,则由函数 $Y=g(X)$定义的 Y 也是一个连续型随机变量且分布密度为

$$f_Y(y)=\begin{cases} f[g^{-1}(y)]\left|\frac{\mathrm{d}}{\mathrm{d}y}g^{-1}(y)\right|, & y\in g(I) \\ 0, & \text{其他} \end{cases}$$

其中 $x=g^{-1}(y)$是 $y=g(x)$的反函数.

例 4.1.5 设随机变量 X 的分布密度为

$$f(x)=\begin{cases} \frac{2}{\pi(1+x^2)}, & x>0 \\ 0, & x\leqslant 0 \end{cases}$$

求 $Y=\ln X$ 的分布密度.

解 显然 $y=\ln x$ 在$(0,+\infty)$上严格单调可微且其反函数为

$$x=g^{-1}(y)=\mathrm{e}^y,\quad y\in(-\infty,+\infty)$$

故由定理 4.1.3 知 $Y=\ln X$ 的分布密度为

$$f_Y(y)=f[g^{-1}(y)]\left|\frac{\mathrm{d}}{\mathrm{d}y}g^{-1}(y)\right|=f(\mathrm{e}^y)\mathrm{e}^y=\frac{2\mathrm{e}^y}{\pi(1+\mathrm{e}^{2y})},\quad y\in(-\infty,+\infty)$$

4.2 二维随机变量函数的分布

设(X,Y)是分布已知的二维随机变量,那么由二元函数

$$Z=g(X,Y)$$

定义的 Z 就是一个一维随机变量. 按定义,随机变量 Z 的分布函数应为

$$F_Z(z)=P\{Z\leqslant z\}=P\{g(X,Y)\leqslant z\} \tag{4.3}$$

若(X,Y)是离散型随机变量,其分布律为

$$P\{X=x_i,Y=y_j\}=p_{ij}\quad (i,j=1,2,\cdots)$$

则 Z 也是离散型随机变量,其分布律为

$$P\{Z=z_k\}=P\{g(X,Y)=Z_k\}=\sum_{g(x_i,y_j)=z_k} p_{ij}\quad (k=1,2,\cdots) \tag{4.4}$$

本节将依据式(4.3)和式(4.4),讨论如何由已知的二维随机变量(X,Y)的分布去求它的函数$Z=g(X,Y)$的分布.

例 4.2.1 设二维离散型随机变量(X,Y)的分布律为

X \ Y	-1	0	1
0	0.1	0.2	0.2
1	0.1	0.1	0.3

求 $X+Y$, $\max(X,Y)$与 $\min(X,Y)$的分布律.

解 由(X,Y)的分布律可列对应表如下：

p_{ij}	0.1	0.2	0.2	0.1	0.1	0.3
(X,Y)	$(0,-1)$	$(0,0)$	$(0,1)$	$(1,-1)$	$(1,0)$	$(1,1)$
$X+Y$	-1	0	1	0	1	2
$\max(X,Y)$	0	0	1	1	1	1
$\min(X,Y)$	-1	0	0	-1	0	1

该表既反映了 $X+Y$, $\max(X,Y)$与 $\min(X,Y)$的所有可能取值,又反映了它们取各种可能值的概率. 例如,

$$P\{X+Y=-1\}=P\{X=0,Y=-1\}=0.1$$

$$\begin{aligned}P\{\max(X,Y)=0\}&=P\{X=0,Y=-1\}+P\{X=0,Y=0\}\\&=0.1+0.2=0.3\end{aligned}$$

将 $X+Y$, $\max(X,Y)$与 $\min(X,Y)$按照它们各自的所有可能取值依一定顺序(如从小到大)重新排列,合并其取相同值的概率即得这三个函数的分布律：

$$X+Y\sim\begin{bmatrix}-1 & 0 & 1 & 2\\ 0.1 & 0.3 & 0.3 & 0.3\end{bmatrix}$$

$$\max(X,Y)\sim\begin{bmatrix}0 & 1\\ 0.3 & 0.7\end{bmatrix}$$

$$\min(X,Y)\sim\begin{bmatrix}-1 & 0 & 1\\ 0.2 & 0.5 & 0.3\end{bmatrix}$$

下面就二维连续型随机变量,讨论两种典型函数的分布.

4.2.1　和的分布

设二维随机变量(X,Y)的分布密度为 $f(x,y)$,下面来求两个随机变量的和 $Z=X+Y$的分布密度.

由假设,二维随机变量(X,Y)的联合分布密度为$f(x,y)$,所以,两个随机变量的和$Z=X+Y$的分布函数为(图 4.1)

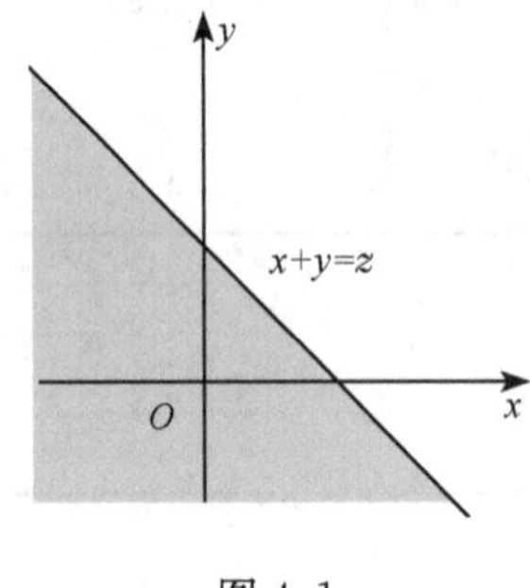

图 4.1

$$\begin{aligned}F_Z(z) &= P\{X+Y\leqslant z\} \\ &= \iint\limits_{x+y\leqslant z} f(x,y)\mathrm{d}x\mathrm{d}y \\ &= \int_{-\infty}^{+\infty}\left[\int_{-\infty}^{z-x} f(x,y)\mathrm{d}y\right]\mathrm{d}x \\ &\xlongequal{y=t-x} \int_{-\infty}^{+\infty}\left[\int_{-\infty}^{z} f(x,t-x)\mathrm{d}t\right]\mathrm{d}x \\ &= \int_{-\infty}^{z}\left[\int_{-\infty}^{+\infty} f(x,t-x)\mathrm{d}x\right]\mathrm{d}t\end{aligned}$$

由此可知 $Z=X+Y$ 的分布密度可写为

$$f_Z(z) = \int_{-\infty}^{+\infty} f(x,z-x)\mathrm{d}x \tag{4.5}$$

由 X,Y 的对称性,$Z=X+Y$ 的分布密度又可写成

$$f_Z(z) = \int_{-\infty}^{+\infty} f(z-y,y)\mathrm{d}y \tag{4.6}$$

特别地,当 X 与 Y 相互独立时,上两式可写成

$$f_Z(z) = \int_{-\infty}^{+\infty} f_X(x)f_Y(z-x)\mathrm{d}x \tag{4.7}$$

$$f_Z(z) = \int_{-\infty}^{+\infty} f_X(z-y)f_Y(y)\mathrm{d}y \tag{4.8}$$

其中 $f_X(x)$与 $f_Y(y)$分别为(X,Y)关于 X 和 Y 的边缘分布密度. 这两个公式称为**卷积公式.**

例 4.2.2　设随机变量 X 与 Y 相互独立,其分布密度分别为

$$f_X(x)=\begin{cases}1, & 0<x<1,\\ 0, & \text{其他},\end{cases}\qquad f_Y(y)=\begin{cases}2y, & 0<y<1\\ 0, & \text{其他}\end{cases}$$

求 $Z=X+Y$ 的分布密度.

解　由式(4.7)知,$Z=X+Y$ 的分布密度为

$$\begin{aligned}f_Z(z)&=\int_{-\infty}^{+\infty} f_X(x)f_Y(z-x)\mathrm{d}x = \int_0^1 f_Y(z-x)\mathrm{d}x \\ &\xlongequal{z-x=t} -\int_z^{z-1} f_Y(t)\mathrm{d}t = \int_{z-1}^{z} f_Y(t)\mathrm{d}t\end{aligned}$$

$$=\begin{cases}\int_0^z 2t\mathrm{d}t, & 0<z\leqslant 1\\ \int_{z-1}^1 2t\mathrm{d}t, & 1<z\leqslant 2\\ 0, & \text{其他}\end{cases}=\begin{cases}z^2, & 0<z\leqslant 1\\ 2z-z^2, & 1<z\leqslant 2\\ 0, & \text{其他}\end{cases}$$

定理 4.2.1 设 $X\sim N(\mu_1,\sigma_1^2)$，$Y\sim N(\mu_2,\sigma_2^2)$且相互独立，则$Z=X+Y$亦服从正态分布，且 $X+Y\sim N(\mu_1+\mu_2,\sigma_1^2+\sigma_2^2)$.

证 由式(4.7)知，$Z=X+Y$ 的分布密度为

$$\begin{aligned}f_Z(z)&=\frac{1}{2\pi\sigma_1\sigma_2}\int_{-\infty}^{+\infty}\exp\left[-\frac{(x-\mu_1)^2}{2\sigma_1^2}-\frac{(z-x-\mu_2)^2}{2\sigma_2^2}\right]\mathrm{d}x\\&=\frac{1}{2\pi\sigma_1\sigma_2}\int_{-\infty}^{+\infty}\exp\left[-\frac{(z-\mu_1-\mu_2)^2}{2(\sigma_1^2+\sigma_2^2)}\right.\\&\qquad\left.-\frac{\sigma_1^2+\sigma_2^2}{2\sigma_1^2\sigma_2^2}\left(x-\frac{z\sigma_1^2-\mu_2\sigma_1^2+\mu_1\sigma_2^2}{\sigma_1^2+\sigma_2^2}\right)^2\right]\mathrm{d}x\end{aligned}$$

在上式作变量替换

$$x-\frac{z\sigma_1^2-\mu_2\sigma_1^2+\mu_1\sigma_2^2}{\sigma_1^2+\sigma_2^2}=\frac{\sigma_1\sigma_2}{\sqrt{\sigma_1^2+\sigma_2^2}}\,t$$

有

$$\begin{aligned}f_Z(z)&=\frac{1}{\sqrt{2\pi}\sqrt{\sigma_1^2+\sigma_2^2}}\mathrm{e}^{-\frac{(z-\mu_1-\mu_2)^2}{2(\sigma_1^2+\sigma_2^2)}}\int_{-\infty}^{+\infty}\frac{1}{\sqrt{2\pi}}\mathrm{e}^{-\frac{t^2}{2}}\mathrm{d}t\\&=\frac{1}{\sqrt{2\pi}\sqrt{\sigma_1^2+\sigma_2^2}}\mathrm{e}^{-\frac{(z-\mu_1-\mu_2)^2}{2(\sigma_1^2+\sigma_2^2)}}\end{aligned}$$

即 $Z=X+Y$ 服从 $N(\mu_1+\mu_2,\sigma_1^2+\sigma_2^2)$.

利用定理 4.2.1 和定理 4.1.1，不难得到更一般的定理.

定理 4.2.2（独立正态分布的线性组合定理） 设随机变量 $X_1,X_2,\cdots,X_n$ 相互独立，且分别服从正态分布 $X_i\sim N(\mu_i,\sigma_i^2)(i=1,2,\cdots,n)$，则它们的线性组合 $C_0+\sum\limits_{i=1}^n C_iX_i$ 亦服从正态分布，且

$$C_0+\sum_{i=1}^n C_iX_i\sim N\left(C_0+\sum_{i=1}^n C_i\mu_i,\ \sum_{i=1}^n C_i^2\sigma_i^2\right)$$

其中 $C_0,C_1,C_2,\cdots,C_n$ 为任意常数.

4.2.2 最大值与最小值的分布

设 X 与 Y 相互独立，其分布函数分别为 $F_X(x)$和 $F_Y(y)$，下面来求 $\max(X,Y)$与 $\min(X,Y)$的分布函数.

由于$\{\max(X,Y)\leqslant z\}=\{X\leqslant z,Y\leqslant z\}$且 X 与 Y 相互独立,所以 $\max(X,Y)$的分布函数为

$$F_{\max}(z)=P\{\max(X,Y)\leqslant z\}=P\{X\leqslant z,Y\leqslant z\}=P\{X\leqslant z\}P\{Y\leqslant z\}$$

即有

$$F_{\max}(z)=F_X(z)F_Y(z)$$

同理 $\min(X,Y)$的分布函数为

$$\begin{aligned}F_{\min}(z)&=P\{\min(X,Y)\leqslant z\}=P\{X\leqslant z \text{ 或 } Y\leqslant z\}\\&=1-P\{X>z,Y>z\}=1-P\{X>z\}P\{Y>z\}\\&=1-(1-P\{X\leqslant z\})(1-P\{Y\leqslant z\})\end{aligned}$$

即有

$$F_{\min}(z)=1-[1-F_X(z)][1-F_Y(z)]$$

以上结果容易推广到 n 个相互独立的随机变量的情形. 设 $X_1,X_2,\cdots,X_n$ 是 n 个相互独立的随机变量,其分布函数分别为 $F_{X_1}(x_1),F_{X_2}(x_2),\cdots,F_{X_n}(x_n)$,则 $\max(X_1,X_2,\cdots,X_n)$与 $\min(X_1,X_2,\cdots,X_n)$的分布函数为

$$F_{\max}(z)=F_{X_1}(z)F_{X_2}(z)\cdots F_{X_n}(z) \tag{4.9}$$

$$F_{\min}(z)=1-[1-F_{X_1}(z)][1-F_{X_2}(z)]\cdots[1-F_{X_n}(z)] \tag{4.10}$$

特别地,当 $X_1,X_2,\cdots,X_n$ 相互独立且具有相同的分布函数 $F(x)$时

$$F_{\max}(z)=[F(z)]^n \tag{4.11}$$

$$F_{\min}(z)=1-[1-F(z)]^n \tag{4.12}$$

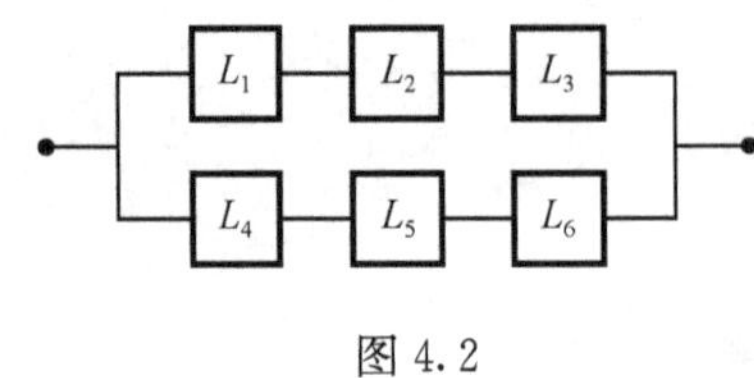

图 4.2

例 4.2.3　某电子仪器由六个相互独立的部件 $L_k(k=1,2,\cdots,6)$组成,其连接方式如图 4.2所示. 设各个部件的使用寿命 X_k 服从相同的指数分布 $e(\lambda)$,求仪器使用寿命 X 的概率分布密度.

解　按题意,各个部件的使用寿命 X_k 均服从指数分布,它们的分布函数均为

$$F(x)=\begin{cases}1-\mathrm{e}^{-\lambda x}, & x>0\\0, & x\leqslant 0\end{cases}$$

由图 4.2 知,当两个串联组都停止工作时,仪器才停止工作；而在每个串联组中若任一部件损坏都将导致该串联组停止工作. 因此,仪器的使用寿命 X 与各个部件的使用寿命 X_k 有如下关系：

$$X=\max(\min(X_1,X_2,X_3),\min(X_4,X_5,X_6))$$

故按公式(4.11),公式(4.12)得仪器的使用寿命 X 的分布函数为

$$F_X(x)=[1-(1-F(x))^3]^2$$

$$=\begin{cases}[1-(1-(1-e^{-\lambda x}))^3]^2, & x>0\\ 0, & x\leqslant 0\end{cases}$$

$$=\begin{cases}(1-e^{-3\lambda x})^2, & x>0\\ 0, & x\leqslant 0\end{cases}$$

求导即得仪器使用寿命 X 的分布密度为

$$f_X(x)=\begin{cases}6\lambda e^{-3\lambda x}(1-e^{-3\lambda x}), & x>0\\ 0, & x\leqslant 0\end{cases}$$

上面,在讨论随机变量的函数分布时,都是先给定了一个函数变换,要求的是经过变换后的随机变量的分布. 4.3 节和 4.4 节要讨论的问题可以在一定意义上看成这里的逆,即要找一个函数变换,希望变换后的随机变量具有事先指定的分布.

*4.3 均匀随机数的产生

4.3.1 构造均匀随机数的意义

给定一严格单调连续的分布函数 $F(x)$,试作一随机变量 X,使它的分布函数恰为事先给定的 $F(x)$. 为便于在计算机上实现,可采用下面的方法构造 X.

取在(0,1)上均匀分布的随机变量 W,显然它的分布函数为

$$\Psi(x)=\begin{cases}0, & x<0\\ x, & 0\leqslant x<1\\ 1, & x\geqslant 1\end{cases}\tag{4.13}$$

由于 $F(x)$是一严格单调连续的分布函数(这时 $F(x)$必单调增加),所以 $F(x)$的逆 $F^{-1}(x)$存在,并且 $F^{-1}(x)$在(0,1)上单调增加. 容易证明 $X=F^{-1}(W)$即为所求的随机变量. 事实上

$$P\{X\leqslant x\}=P\{F^{-1}(W)\leqslant x\}=P\{W\leqslant F(x)\}=\Psi[F(x)]$$

注意到此时 $0<F(x)<1$,故由式(4.13)知

$$P\{X\leqslant x\}=\Psi[F(x)]=F(x)$$

这说明 $F(x)$的确是随机变量 $X=F^{-1}(W)$的分布函数,亦即有下列定理.

定理 4.3.1 设 $F(x)$是一严格单调连续的分布函数,$F^{-1}(x)$为$F(x)$的逆函数,W 是在(0,1)中均匀分布的随机变量,则

$$X=F^{-1}(W)\tag{4.14}$$

就是以 $F(x)$为分布函数的随机变量,即

$$P\{X\leqslant x\}=F(x)\tag{4.15}$$

定理 4.3.1 表明,要构造出以 $F(x)$为分布函数的随机变量,只要会构造出在(0,1)中均匀分布的随机变量就够了. 为方便,以后把在(0,1)中均匀分布的随机变量简称为**均匀随机数**.

显然,要在计算机上快速产生真正意义上的均匀随机数是不可能的,因此,便产生了研究伪随机数的问题.

4.3.2　伪随机数的产生

所谓伪随机数,是指按照一定的计算方法产生的、具有类似于均匀随机数特点的数. 这些数既然是按照确定性的算法产生的,便不可能是真正的均匀随机数. 虽然如此,只要计算方法选择得当,它们便近似地相互独立且近似于均匀分布. 由于这些原因,人们称这些数为**伪随机数**. 当然,为了保证产生的速度,计算方法应当相当简便,以便在计算机上迅速实现.

产生伪随机数的方法很多,这里,我们只介绍一种最常用的产生伪随机数的方法——**余数法**. 令

$$W_n=\frac{x_n}{M},\quad x_n=(\lambda x_{n-1})(\mathrm{mod}M),\quad n=1,2,\cdots \tag{4.16}$$

其中 λ,M 为任意正整数,x_0 为任意正奇数,$(\lambda x_{n-1})(\mathrm{mod}M)$代表取$(\lambda x_{n-1})$相对于 M 的余数. 显然,只要给定了 λ,M 和 x_0,则按照递推公式(4.16),就可以构造出介于 0,1 之间的一串数列$W_n(n=1,2,\cdots)$. 这串数能否通过独立性与均匀性检验,完全依赖于参数的选择. 有一些参数可以使它们通过而大多数则不能,其中能通过检验的就可作为伪随机数列. 至于如何选择,目前主要依靠在计算机上实验. 从一些公开发表的报道知下列参数组较适用:

$$\begin{cases}\lambda=5^{17},\ M=2^{42},\ x_0=1\\ \lambda=5^{13},\ M=2^{36},\ x_0=1\\ \lambda=7,\ M=10^{10},\ x_0=1\end{cases} \tag{4.17}$$

当然,在配有随机数发生器的计算机上也可以采用该设备直接产生均匀随机数.

*4.4　任意随机变量的模拟

本节的目的就是要构造出具有事先给定分布函数 $F(x)$的随机数. 这种随机数称为 $F(x)$-**随机数**;如果 $F(x)$有密度 $f(x)$,那么也称它们为 $f(x)$-**随机数**. 以下会看到,一般地,$F(x)$-随机数都可由均匀随机数经过一些变换得到. 由此可见,均匀随机数是模拟 $F(x)$-随机数的基石. 下面介绍以均匀随机数为基础,构造任意 $F(x)$-随机数的几种方法.

4.4.1　反函数法

从定理 4.3.1 知,若 W 是在(0,1)上的均匀随机数,则对于事先给定的严格单

调连续的分布函数 $F(x)$，

$$X=F^{-1}(W) \tag{4.18}$$

就是以 $F(x)$ 为分布函数的 $F(x)$-随机数. 这种构造随机数的方法称为**反函数法**.

例 4.4.1 已知指数分布 $e(\lambda)$ 的分布函数为

$$F(x)=\begin{cases}1-e^{-\lambda x}, & x>0\\ 0, & x\leqslant 0\end{cases}$$

则由式(4.18)知服从指数分布 $e(\lambda)$ 的随机变量为

$$X=F^{-1}(W)=-\frac{1}{\lambda}\ln(1-W)$$

其中 W 是在(0,1)上的均匀随机数.

注意到 $1-W$ 也是在(0,1)中服从均匀分布的随机数，则

$$X=-\frac{1}{\lambda}\ln W$$

也是服从指数分布 $e(\lambda)$ 的随机数.

反函数法在理论上虽然明确，但常常由于 $F(x)$ 的表达式较复杂而难于求解，因而不得不另觅他法.

4.4.2 离散逼近法

设分布密度 $f(x)$ 集中在 $[a,b]$ 中，将区间 $[a,b]$ 分成 n 份为

$$a=a_0<a_1<a_2<\cdots<a_n=b$$

令

$$w_k=\int_{a_0}^{a_k} f(x)\mathrm{d}x \quad (k=0,1,2,\cdots,n) \tag{4.19}$$

则显然有 $0=w_0\leqslant w_1\leqslant w_2\leqslant\cdots\leqslant w_n=1$. 任取在(0,1)上的均匀随机数 W，定义

$$X=X(W)=a_{k-1}+\frac{a_k-a_{k-1}}{w_k-w_{k-1}}(W-w_{k-1})$$
$$(w_{k-1}\leqslant W<w_k; k=1,2,\cdots,n) \tag{4.20}$$

则

$$P\{a_{k-1}\leqslant X<a_k\}=P\{w_{k-1}\leqslant W<w_k\}$$
$$=w_k-w_{k-1}=\int_{a_{k-1}}^{a_k} f(x)\mathrm{d}x \quad (k=1,2,\cdots,n)$$

亦即，由式(4.20)定义的 X 落入每一小区间的概率都等于密度 $f(x)$ 在该区间的积分，这说明当区间划分得比较细(这时 n 比较大)时，由式(4.20)定义的 X 是近似服从以 $f(x)$ 为密度的随机变量.

若 $f(x)$ 不是集中在有限区间内，则可选取有限区间 $[a,b]$ 使

$$\int_a^b f(x)\mathrm{d}x = 1-\varepsilon$$

其中 ε 是充分小的正数. 然后在$[a,b]$上运用上述方法，这时只会出现较小的误差.

4.4.3　标准正态分布 N(0,1)的模拟

设 $W_1, W_2, \cdots, W_n$ 是 n 个相互独立的均匀随机数，则可以证明(证明见例6.2.1)，当 n 比较大时

$$Z_n = \left(\sum_{k=1}^{n} W_k - \frac{n}{2}\right)\Big/\sqrt{\frac{n}{12}} \tag{4.21}$$

就是一个服从 $N(0,1)$ 的 $\Phi(x)$-随机数.

特别地，取 $n=12$ 时，

$$Z_{12} = \sum_{k=1}^{12} W_k - 6$$

是计算最为方便的服从 $N(0,1)$ 的 $\Phi(x)$-随机数.

4.4.4　离散型随机变量的模拟

设离散型随机变量 X 的分布律为

$$P\{X=x_k\}=p_k,\quad k=1,2,\cdots \tag{4.22}$$

为模拟 X，可任取一均匀随机数 W，定义

$$X=X(W)=\begin{cases} x_1, & W\leqslant p_1 \\ x_k, & \sum_{i=1}^{k-1} p_i < W \leqslant \sum_{i=1}^{k} p_i \quad (k=2,3,\cdots) \end{cases} \tag{4.23}$$

则显然由式(4.23)定义的 X 是以式(4.22)为分布律的随机变量.

例 4.4.2　按定义，二项分布 $B(n,p)$的分布律为

$$p_k = \mathrm{C}_n^k p^k q^{n-k},\quad k=0,1,2,\cdots,n$$

则对任一均匀随机数 W，由

$$X=\begin{cases} 0, & W\leqslant q^n \\ k, & \sum_{i=0}^{k-1} \mathrm{C}_n^i p^i q^{n-i} < W \leqslant \sum_{i=0}^{k} \mathrm{C}_n^i p^i q^{n-i} \quad (k=1,2,\cdots,n) \end{cases}$$

定义的 X 便是服从二项分布 $B(n,p)$的随机变量.

*4.5　概率模型在近似计算中的应用

应用概率模型来作近似计算是二十世纪下半叶才发展起来的一种方法，通常称为**蒙特卡罗(Monte Carlo)方法**. 这种方法的基本思想是：为了计算某些量，先构

造出概率模型(如随机变量等),使概率模型的某一结果恰好与所求量一致.这样,依据所建的概率模型在计算机上作模拟实验从而获得所求量的值.

在4.3节与4.4节给出的随机变量的模拟方法为本节应用概率模型作近似计算提供了实现的基础.本节只就概率模型在定积分计算中的应用作以简单介绍.

设 $f(x)$ 在闭区间 $[a,b]$ 上有界可积,计算下列定积分的值

$$\int_a^b f(x)\mathrm{d}x \tag{4.24}$$

为把此积分化成积分变量和被积函数都在[0,1]上取值的定积分,令

$$g(x)=\frac{f[a+(b-a)x]-m}{M-m}$$

其中 m 和 M 分别为 $f(x)$ 在 $[a,b]$ 上的下界和上界(不失一般性可设 $m<M$).这时 $0\leqslant g(x)\leqslant 1$,定积分(4.24)可化成

$$\begin{aligned}\int_a^b f(x)\mathrm{d}x &\xlongequal{x=a+(b-a)t}(b-a)\int_0^1 f[a+(b-a)t]\mathrm{d}t\\ &=(b-a)m+(b-a)(M-m)\int_0^1 g(x)\mathrm{d}x \end{aligned}\tag{4.25}$$

于是问题转化为求形如

$$\int_0^1 g(x)\mathrm{d}x,\quad 0\leqslant g(x)\leqslant 1 \tag{4.26}$$

的定积分值,即求图4.3中阴影部分的面积.

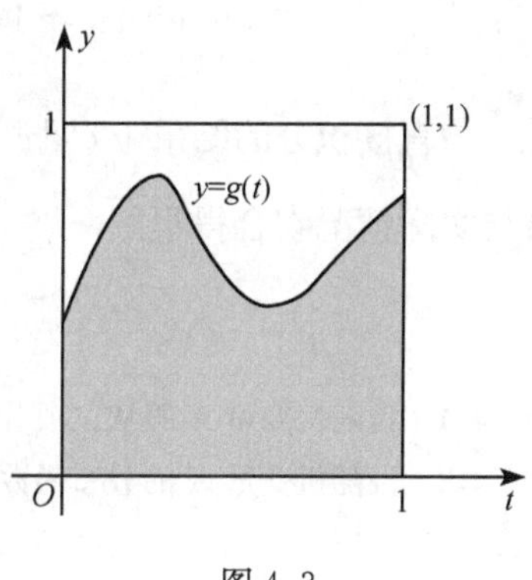

图4.3

为此,考虑向矩形区域 $0\leqslant x\leqslant 1, 0\leqslant y\leqslant 1$ 中均匀地、独立地投掷点

$$(X_k,Y_k)\quad (k=1,2,\cdots)$$

的 n 重伯努利试验.以 A 表示随机点 (X_k,Y_k) 落入图4.3中阴影部分的事件,则事件 A 的概率就等于图中阴影部分的面积,从而也等于定积分(4.26)的值,即

$$\int_0^1 g(x)\mathrm{d}x=P(A)$$

为了计算概率 $P(A)$,可任取在(0,1)上的两均匀随机数列 $X_k(k=1,2,\cdots)$, $Y_k(k=1,2,\cdots)$,并据此定义随机变量函数

$$Z_k=\begin{cases}1, & 0<X_k<1, 0<Y_k<g(X_k)\\ 0, & 其他\end{cases}\quad (k=1,2,\cdots)$$

则

$$\frac{n_{\mathrm{A}}}{n}=\frac{Z_1+Z_2+\cdots+Z_n}{n}$$

表示上述 n 重伯努利掷点试验中事件 A 发生的频率. 于是由频率稳定于概率这一事实(见定理 6.1.2),当 n 充分大时可取频率作为概率的近似值,故有

$$\int_0^1 g(x)\mathrm{d}x = P(A) \approx \frac{n_A}{n} = \frac{1}{n}\sum_{k=1}^{n} Z_k \tag{4.27}$$

这样,只要用计算机产生伪随机数,作上述掷点试验就可获得上述频率,从而得到所求积分. 这种方法称为**掷点试验法**.

例 4.5.1　计算定积分 $\int_0^2 \mathrm{e}^x \mathrm{d}x$ 的值.

解　取 $g(x)=\frac{\mathrm{e}^{2x}}{9}$,则 $0<g(x)<1$,且

$$\int_0^2 \mathrm{e}^x \mathrm{d}x \xlongequal{x=2t} 2\int_0^1 \mathrm{e}^{2t}\mathrm{d}t = 18\int_0^1 g(x)\mathrm{d}x$$

若用掷点试验法,以 $\lambda=5^{17}, M=2^{42}, x_0=1$ 为参数,按递推公式(4.16)构造均匀随机数 $X_k(k=1,2,\cdots)$;以 $\lambda=5^{13}, M=2^{36}, x_0=1$ 为参数构造均匀随机数 Y_k $(k=1,2,\cdots)$,则当取 $n=1000$ 时,可求得频率 $\frac{n_A}{n}=\frac{356}{1000}$. 于是,由式(4.27)得

$$\int_0^2 \mathrm{e}^{2x}\mathrm{d}x = 18\int_0^1 g(x)\mathrm{d}x = 18\times\frac{356}{1000} = 6.408$$

与直接积分的结果 $\int_0^2 \mathrm{e}^x\mathrm{d}x = \mathrm{e}^2 - 1 = 6.389$ 相比,可知掷点试验法模拟的结果与实际情况吻合得很好.

习　题　4

4.1　设随机变量 X 服从二项分布 $B(3,0.4)$,求 X^2,$X(X-2)$ 和 $X(3-X)$ 的分布律.

4.2　设随机变量 X 的分布函数 $F(x)$ 严格单调且连续,求随机变量 $Y=-2\ln F(X)$ 的分布密度.

4.3　在 xOy 平面上过点(0,1)随机地作一直线,求该直线在 x 轴上的截距 X 的概率密度.

4.4　一点随机地落在以原点为中心、以 R 为半径的圆周上,并且对弧长是均匀分布的,求这点的横坐标 X 的概率密度.

4.5　将正态随机变量化为标准正态随机变量,并由此计算 2.15 题中事件的概率.

4.6　设二维离散型随机变量 (X,Y) 的分布律为

X \ Y	-1	1	2
-1	0.25	0.1	0.3
2	0.15	0.15	0.05

求 $X+Y$,$X-Y$,$\max(X,Y)$ 与 $\min(X,Y)$ 的分布律.

4.7 证明:若 X 与 Y 相互独立且分别服从参数为 λ_1 和 λ_2 的泊松分布,则 $X+Y$ 服从参数为 $\lambda_1+\lambda_2$ 的泊松分布.

4.8 设随机变量 X 与 Y 相互独立,X 服从在(0,1)上的均匀分布,Y 服从指数分布 $e(1)$,求 $Z=X+Y$ 的分布密度.

4.9 某电子仪器由六个相互独立的部件 L_1,L_2,L_3,L_4,L_5,L_6 组成,其连接方式如图 4.4 所示. 设各个部件的使用寿命均服从指数分布$e(\lambda)$,求仪器使用寿命 Y 的分布密度.

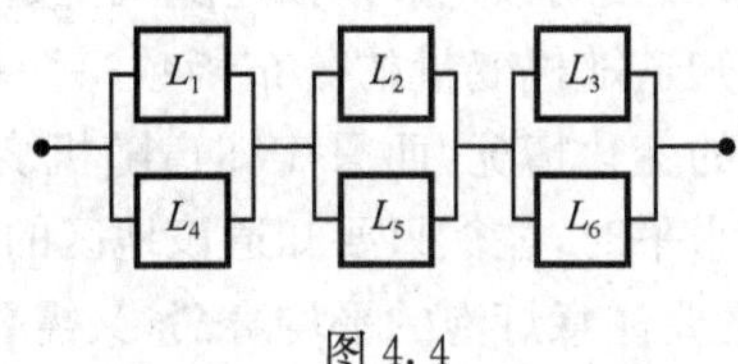

图 4.4

第 5 章　随机变量的数字特征

从前三章已看到，分布函数能够完整地描述随机变量的统计规律性. 但在实际应用中，一方面，常常很难知道随机变量的分布函数；另一方面，在很多情况下，并不需要全面考察随机变量的变化情况，而只需知道随机变量的某些特征. 例如，在评定某一地区粮食产量的水平时，往往只要知道该地区的平均亩产量即可；而在检查一批灯泡的质量时，既需要注意灯泡的平均寿命，又需要注意这批灯泡的稳定性(即相对于平均寿命的偏离程度)，平均寿命较长、偏离程度较小，质量就较好. 可见，与随机变量有关的某些数字虽然不能完整地描述随机变量，但能描述随机变量在某些方面的重要特征. 这些数字特征在理论和实践上都具有重要的意义. 本章将介绍随机变量的几个常用的数字特征.

5.1　数学期望

先看一个例子.

例 5.1.1　在检查一批灯泡的质量时，从中抽取了 10 个灯泡，测得各灯泡的寿命(单位：h)分别为

$$700,\ 750,\ 750,\ 800,\ 800,\ 800,\ 850,\ 850,\ 900,\ 900$$

试求这些灯泡的平均寿命.

解　显然，这些灯泡的平均寿命为

$$\begin{aligned}&\frac{1}{10}\times(700\times1+750\times2+800\times3+850\times2+900\times2)\\&=700\times\frac{1}{10}+750\times\frac{2}{10}+800\times\frac{3}{10}+850\times\frac{2}{10}+900\times\frac{2}{10}=810\end{aligned}$$

从例 5.1.1 可以看出，虽然所取灯泡的寿命分别为 700,750,800,850,900 这 5 个数字，但这些灯泡的平均寿命并不是这 5 个数字的简单平均，而是把它们分别乘以

$$\frac{1}{10},\ \frac{2}{10},\ \frac{3}{10},\ \frac{2}{10},\ \frac{2}{10}$$

这 5 个比值(权重)的加权平均. 而这 5 个比值的意义正是这些灯泡分别取得 700，750,800,850,900 这 5 个数字的频率. 当试验抽取灯泡数较多时，这些频率就趋于相应的概率. 因此，对于一般的随机变量，自然引入下面的定义.

定义 5.1.1 对于离散型随机变量 X,设其分布律为

$$P\{X=x_k\}=p_k,\quad k=1,2,\cdots$$

如果级数 $\sum_{k=1}^{\infty}x_kp_k$ 绝对收敛[①],则称该级数的和为 X 的**数学期望**,记为 $E(X)$,简写成 EX,即

$$EX=\sum_{k=1}^{\infty}x_kp_k \tag{5.1}$$

对于连续型随机变量 X,设其分布密度为 $f(x)$,如果积分 $\int_{-\infty}^{+\infty}xf(x)\mathrm{d}x$ 绝对收敛,则称该积分的值为 X 的**数学期望**,记为 $E(X)$,简写成 EX,即

$$EX=\int_{-\infty}^{+\infty}xf(x)\mathrm{d}x \tag{5.2}$$

数学期望简称**期望**,又称**均值**,它反映了随机变量的平均取值.

例 5.1.2 甲、乙两人进行打靶,所得分数分别记为 X,Y. 设它们的分布律分别为

$$X\sim\begin{bmatrix}0 & 1 & 2\\0.1 & 0.6 & 0.3\end{bmatrix},\quad Y\sim\begin{bmatrix}0 & 1 & 2\\0.4 & 0.2 & 0.4\end{bmatrix}$$

试评定甲、乙两人成绩的好坏.

解 计算 X 与 Y 的均值(即数学期望). 由式(5.1)得

$$EX=0\times0.1+1\times0.6+2\times0.3=1.2$$

$$EY=0\times0.4+1\times0.2+2\times0.4=1.0$$

这意味着如果甲、乙两人进行很多次的射击,那么甲所得分数的平均值就接近于 1.2 分,而乙则接近于 1.0 分. 可见乙的成绩不如甲.

例 5.1.3 求泊松分布 $X\sim P(\lambda)$的数学期望 EX.

解 泊松分布 $P(\lambda)$的分布律为

$$P\{X=k\}=p_\lambda(k)=\frac{\lambda^k}{k!}\mathrm{e}^{-\lambda},\quad k=0,1,2,\cdots$$

故由式(5.1)得

$$EX=\sum_{k=0}^{\infty}k\cdot\frac{\lambda^k}{k!}\mathrm{e}^{-\lambda}=\lambda\mathrm{e}^{-\lambda}\sum_{k=1}^{\infty}\frac{\lambda^{k-1}}{(k-1)!}=\lambda\mathrm{e}^{-\lambda}\cdot\mathrm{e}^{\lambda}=\lambda$$

这表明泊松分布的参数 λ 实际上就是它的数学期望或均值.

例 5.1.4 求正态分布 $X\sim N(\mu,\sigma^2)$的数学期望 EX.

解 正态分布 $N(\mu,\sigma^2)$的分布密度为

① 当级数绝对收敛时级数的和与其各项的排列次序无关.

$$f(x)=\frac{1}{\sqrt{2\pi}\sigma}e^{-\frac{(x-\mu)^2}{2\sigma^2}}, \quad -\infty<x<+\infty$$

将上式代入式(5.2)并作变量替换$\frac{x-\mu}{\sigma}=t$,得

$$\begin{aligned}EX &=\frac{1}{\sqrt{2\pi}\sigma}\int_{-\infty}^{+\infty}xe^{-\frac{(x-\mu)^2}{2\sigma^2}}dx=\frac{1}{\sqrt{2\pi}}\int_{-\infty}^{+\infty}(\mu+\sigma t)e^{-\frac{t^2}{2}}dt\\ &=\mu\cdot\frac{1}{\sqrt{2\pi}}\int_{-\infty}^{+\infty}e^{-\frac{t^2}{2}}dt+\frac{\sigma}{\sqrt{2\pi}}\int_{-\infty}^{+\infty}te^{-\frac{t^2}{2}}dt\\ &=\mu+0=\mu\end{aligned}$$

这表明正态分布 $N(\mu,\sigma^2)$的参数 μ 实际上就是它的数学期望或均值.

关于随机变量函数的数学期望,可以证明如下结论.

定理 5.1.1　设 $Y=g(X)$是随机变量 X 的函数(g 是连续函数),那么

(1) 若 X 的分布律为

$$P\{X=x_k\}=p_k \quad (k=1,2,\cdots)$$

则函数$Y=g(X)$的数学期望(当下式中级数绝对收敛时)为

$$EY=E[g(X)]=\sum_{k=1}^{\infty}g(x_k)p_k \tag{5.3}$$

(2) 若 X 的分布密度为 $f(x)$,则 $Y=g(X)$的数学期望(当下式中积分绝对收敛时)为

$$EY=E[g(X)]=\int_{-\infty}^{+\infty}g(x)f(x)dx \tag{5.4}$$

定理 5.1.1 的重要意义在于:当求 $E[g(X)]$时,不必知道 $g(X)$的分布而只需知道 X 的分布就可以了. 定理 5.1.1 还可以推广到多维随机变量函数的情形. 例如,对二维随机变量就有下面的定理.

定理 5.1.2　设 $Z=g(X,Y)$是二维随机变量(X,Y)的函数(g 是连续函数),那么

(1) 若(X,Y)的分布律为

$$P\{X=x_i,Y=y_j\}=p_{ij} \quad (i,j=1,2,\cdots)$$

则 $Z=g(X,Y)$的数学期望(当下式中级数绝对收敛时)为

$$EZ=E[g(X,Y)]=\sum_{i=1}^{\infty}\sum_{j=1}^{\infty}g(x_i,y_j)p_{ij} \tag{5.5}$$

(2) 若(X,Y)的分布密度为 $f(x,y)$,则 $Z=g(X,Y)$的数学期望(当下式中积分绝对收敛时)为

$$EZ=E[g(X,Y)]=\int_{-\infty}^{+\infty}\int_{-\infty}^{+\infty}g(x,y)f(x,y)dxdy \tag{5.6}$$

同样地,定理 5.1.2 的重要意义在于:当求 $E[g(X,Y)]$时,不必知道 $g(X,Y)$

的分布而只需知道(X,Y)的分布就可以了.

例 5.1.5 设二维随机变量(X,Y)的分布密度为

$$f(x,y)=\begin{cases}x+y, & 0<x<1,0<y<1\\ 0, & \text{其他}\end{cases}$$

试求 XY 的数学期望.

解 由式(5.6)得

$$E(XY)=\int_{-\infty}^{+\infty}\int_{-\infty}^{+\infty}xyf(x,y)\mathrm{d}x\mathrm{d}y=\int_0^1\mathrm{d}x\int_0^1 xy(x+y)\mathrm{d}y=\frac{1}{3}$$

例 5.1.6 按季节出售的某种应时商品,每售出 1kg 获利润 u. 如到季末尚有剩余商品,则每千克净亏损 v. 设某商店在季度内这种商品的销售量 X(单位:kg)在区间(a,b)上服从均匀分布,为使商店所获得利润的数学期望最大,问商店应进多少货?

解 以 z 表示进货量(单位:kg),易知应取 $a<z<b$,进货 z 所得利润记为 Y,则

$$Y=g_z(X)=\begin{cases}uz-(u+v)(z-X), & a<X\leqslant z\\ uz, & z<X<b\end{cases}$$

是随机变量. 由题意 X 的分布密度为

$$f(x)=\begin{cases}\dfrac{1}{b-a}, & a<x<b\\ 0, & \text{其他}\end{cases}$$

于是由式(5.4),有

$$\begin{aligned}EY&=E[g_z(X)]=\int_{-\infty}^{+\infty}g_z(x)f(x)\mathrm{d}x\\&=\int_a^z\frac{uz-(u+v)(z-x)}{b-a}\mathrm{d}x+\int_z^b\frac{uz}{b-a}\mathrm{d}x\\&=\frac{uz}{b-a}\int_a^b\mathrm{d}x-\frac{u+v}{b-a}\int_a^z(z-x)\mathrm{d}x\\&=uz-\frac{u+v}{b-a}\frac{(z-a)^2}{2}\end{aligned}$$

为了求得 EY 的最值点,将 EY 对 z 求导数,得

$$\frac{\mathrm{d}(EY)}{\mathrm{d}z}=u-\frac{u+v}{b-a}(z-a)$$

令该导数为零,可得唯一的最值可疑点

$$z=a+\frac{u}{u+v}(b-a)$$

而由问题本身知 EY 的最大值一定存在,故当进货数

$$z=a+\frac{u}{u+v}(b-a)$$

时获得利润的数学期望最大.

现在来证明数学期望的几个重要性质.

数学期望的性质　设下面所遇随机变量的数学期望均存在,那么下面结论成立:

1° 设 C 是常数,则有

$$E(C)=C$$

2° 设 X,Y 是两个随机变量,k_1,k_2 为任意常数,则

$$E(k_1X+k_2Y)=k_1EX+k_2EY$$

3° 设 X,Y 是两个相互独立的随机变量,则有

$$E(XY)=EX\cdot EY$$

证　下面只就连续型情形给出证明.

设二维随机变量的分布密度为 $f(x,y)$,且两个边缘分布密度分别为 $f_X(x)$ 和 $f_Y(y)$,则

1° 由式(5.6),式(3.8),有

$$\begin{aligned}E(C)&=\int_{-\infty}^{+\infty}\int_{-\infty}^{+\infty}Cf(x,y)\mathrm{d}x\mathrm{d}y\\&=C\int_{-\infty}^{+\infty}\int_{-\infty}^{+\infty}f(x,y)\mathrm{d}x\mathrm{d}y=C\end{aligned}$$

2° 由式(5.6),式(3.16),有

$$\begin{aligned}E(k_1X+k_2Y)&=\int_{-\infty}^{+\infty}\int_{-\infty}^{+\infty}(k_1x+k_2y)f(x,y)\mathrm{d}x\mathrm{d}y\\&=k_1\int_{-\infty}^{+\infty}x\left[\int_{-\infty}^{+\infty}f(x,y)\mathrm{d}y\right]\mathrm{d}x\\&\quad+k_2\int_{-\infty}^{+\infty}y\left[\int_{-\infty}^{+\infty}f(x,y)\mathrm{d}x\right]\mathrm{d}y\\&=k_1\int_{-\infty}^{+\infty}xf_X(x)\mathrm{d}x+k_2\int_{-\infty}^{+\infty}yf_Y(y)\mathrm{d}y\\&=k_1EX+k_2EY\end{aligned}$$

3° 若 X 和 Y 相互独立,则由式(5.6)和定理 3.4.2,有

$$\begin{aligned}E(XY)&=\int_{-\infty}^{+\infty}\int_{-\infty}^{+\infty}xyf(x,y)\mathrm{d}x\mathrm{d}y\\&=\int_{-\infty}^{+\infty}xf_X(x)\mathrm{d}x\int_{-\infty}^{+\infty}yf_Y(y)\mathrm{d}y\\&=EX\cdot EY\end{aligned}$$

数学期望的这些性质可以推广到多个随机变量上去.例如,设 $C_0,C_1,C_2,\cdots,C_n$ 均为常数,$X_1,X_2,\cdots,X_n$ 是随机变量,则有

$$E\left(C_0+\sum_{k=1}^{n}C_kX_k\right)=C_0+\sum_{k=1}^{n}C_kEX_k \tag{5.7}$$

若 $X_1,X_2,\cdots,X_n$ 是相互独立的随机变量,则有

$$E(X_1X_2\cdots X_n)=(EX_1)\cdot(EX_2)\cdot\cdots\cdot(EX_n) \tag{5.8}$$

例 5.1.7 设一电路中电流 I(单位:A)与电阻 R(单位:Ω)是两个相互独立的随机变量,其概率分布密度分别为

$$g(i)=\begin{cases}2i, & 0<i<1\\ 0, & 其他\end{cases}$$

与

$$h(r)=\begin{cases}\dfrac{r^2}{9}, & 0<r<3\\ 0, & 其他\end{cases}$$

试求电压 $V=IR$ 的均值.

解 由于电流 I 与电阻 R 相互独立,所以

$$\begin{aligned}EV&=E(IR)=EI\cdot ER\\&=\int_{-\infty}^{+\infty}ig(i)\mathrm{d}i\cdot\int_{-\infty}^{+\infty}rh(r)\mathrm{d}r\\&=\int_0^1 2i^2\mathrm{d}i\cdot\int_0^3\frac{r^3}{9}\mathrm{d}r\\&=\frac{3}{2}(\mathrm{V})\end{aligned}$$

5.2 方 差

还从例 5.1.1 说起,在该例中,10 个抽样的寿命分别为

700, 750, 750, 800, 800, 800, 850, 850, 900, 900

已算得它们的平均寿命(即均值)为 810. 假如还有另一批灯泡,测得其中 10 个抽样的寿命分别为

0, 300, 300, 350, 350, 400, 700, 1900, 1900, 1900

则不难求得这批灯泡的平均寿命也为 810. 虽然两批灯泡的平均寿命相同,但这两批灯泡的质量却存在着明显的差异:第一批灯泡寿命稳定,基本都为700~900h;第二批灯泡寿命很不稳定,虽有少数寿命很长,但大部分寿命很短,甚至有的根本无法使用. 因此,仅由均值判定两批灯泡的质量好坏是不够的. 要评定两批灯泡质量的好坏,还需进一步考察灯泡寿命 X 与均值 $EX=810$ 的偏离程度. 若偏离程度较小,则表示质量比较稳定,从这个意义上说,我们认为质量较好. 由此可见,研究随机变量与其均值的偏离程度是十分必要的. 那么,用怎样的量去度量这个偏离程度

呢？容易看到，$E(|X-EX|)$就能度量随机变量 X 与其均值 EX 的偏离程度. 但由于该式带有绝对值，运算不便，通常用 $E(X-EX)^2$ 来度量随机变量 X 与其均值 EX 的偏离程度. 故引入下面的定义.

定义 5.2.1 设 X 是一个随机变量，若 $E(X-EX)^2$ 存在，则称 $E(X-EX)^2$ 为 X 的**方差**，记为 $D(X)$，简写成 DX，即

$$DX=E(X-EX)^2 \tag{5.9}$$

而称与 X 具有相同量纲的量 $\sqrt{DX}$ 为 X 的**标准差或均方差**.

按定义，随机变量 X 的方差 DX 表达了 X 的取值与其数学期望的偏离程度. DX 越小，则 X 的取值越集中；反之，DX 越大，则 X 的取值越分散，因此，*方差 DX 是衡量 X 取值的分散程度的一个度量*.

由定义知，方差实际上就是随机变量 X 的函数 $(X-EX)^2$ 的数学期望. 于是对离散型随机变量，按公式(5.3)有

$$DX=E(X-EX)^2=\sum_{k=1}^{\infty}(x_k-EX)^2p_k \tag{5.10}$$

其中 $P\{X=x_k\}=p_k(k=1,2,\cdots)$是 X 的分布律.

对于连续型随机变量，按公式(5.4)有

$$DX=E(X-EX)^2=\int_{-\infty}^{+\infty}(x-EX)^2f(x)\mathrm{d}x \tag{5.11}$$

其中 $f(x)$是 X 的分布密度.

由于随机变量 X 的方差是由数学期望定义的，所以方差也有类似于期望的一些性质.

方差的性质 设下面所遇随机变量的数学期望和方差均存在，那么，下面结论成立：

1° 设 X 是随机变量，则 $DX\geqslant 0$，若 $X=C$(常数)，则

$$DX=D(C)=0$$

2° 设 X 是随机变量，则有

$$DX=EX^2-(EX)^2$$

3° 设 X 是一个随机变量，C 是常数，则有

$$D(CX)=C^2DX$$

4° 设 X,Y 是两个随机变量，则有

$$D(X\pm Y)=DX+DY\pm 2E[(X-EX)(Y-EY)]$$

若 X 与 Y 相互独立，则有

$$D(X\pm Y)=DX+DY$$

5° 设 X 是随机变量，则 $DX=0$ 的充要条件是 X 以概率 1 取常数 C，即

$$P\{X=C\}=1$$

显然,这里 $C=EX$.

证 1°的结论显然成立;5°的证明从略;3°的证明由读者自己完成(见习题 5.8).

下面只证 2°和 4°.由方差的定义(5.9)及期望的性质即可推得.

$$2^\circ\ DX=E(X-EX)^2=E[X^2-2X(EX)+(EX)^2]$$
$$=EX^2-2(EX)(EX)+(EX)^2$$
$$=EX^2-(EX)^2$$

$$4^\circ\ D(X\pm Y)=E[X\pm Y-E(X\pm Y)]^2$$
$$=E[(X-EX)^2+(Y-EY)^2\pm 2(X-EX)(Y-EY)]$$
$$=DX+DY\pm 2E[(X-EX)(Y-EY)]$$

特别地,当 X 与 Y 相互独立时,有

$$E[(X-EX)(Y-EY)]=E(X-EX)E(Y-EY)=0$$

所以

$$D(X\pm Y)=DX+DY$$

例 5.2.1 试求泊松分布 $X\sim P(\lambda)$的方差.

解 泊松分布 $P(\lambda)$的分布律为

$$P\{X=k\}=p_\lambda(k)=\frac{\lambda^k}{k!}e^{-\lambda},\quad k=0,1,2,\cdots$$

所以由公式 $e^\lambda=\sum\limits_{k=0}^{\infty}\frac{\lambda^k}{k!}$知

$$EX^2=\sum_{k=0}^{\infty}k^2\cdot\frac{\lambda^k}{k!}e^{-\lambda}=\lambda e^{-\lambda}\sum_{k=1}^{\infty}\frac{[(k-1)+1]\lambda^{k-1}}{(k-1)!}$$
$$=\lambda e^{-\lambda}\left[\lambda\sum_{k=2}^{\infty}\frac{\lambda^{k-2}}{(k-2)!}+\sum_{k=1}^{\infty}\frac{\lambda^{k-1}}{(k-1)!}\right]$$
$$=\lambda e^{-\lambda}(\lambda e^\lambda+e^\lambda)=\lambda^2+\lambda$$

再由方差的性质 1°并结合例 5.1.3 的结果 $EX=\lambda$,即得

$$DX=EX^2-(EX)^2=\lambda^2+\lambda-\lambda^2=\lambda$$

这样通过例 5.2.1 与例 5.1.3,求得泊松分布 $P(\lambda)$的数学期望和方差均为参数 λ.这一结果表明:泊松分布 $P(\lambda)$的数学期望和方差完全决定了泊松分布.

例 5.2.2 求正态分布 $X\sim N(\mu,\sigma^2)$的方差 DX.

解 正态分布 $N(\mu,\sigma^2)$的分布密度为

$$f(x)=\frac{1}{\sqrt{2\pi}\sigma}e^{-\frac{(x-\mu)^2}{2\sigma^2}},\quad -\infty<x<+\infty$$

将上式与例 5.1.4 的结果 $EX=\mu$ 代入式(5.11),并作积分变量替换$\frac{x-u}{\sigma}=t$,

则得

$$
\begin{aligned}
DX &= \frac{1}{\sqrt{2\pi}\sigma}\int_{-\infty}^{+\infty}(x-\mu)^2 e^{-\frac{(x-\mu)^2}{2\sigma^2}}\mathrm{d}x \\
&\xlongequal{\frac{x-\mu}{\sigma}=t} \frac{\sigma^2}{\sqrt{2\pi}}\int_{-\infty}^{+\infty} t^2 e^{-\frac{t^2}{2}}\mathrm{d}t \\
&= \frac{\sigma^2}{\sqrt{2\pi}}\left\{-t e^{-\frac{t^2}{2}}\Big|_{-\infty}^{+\infty} + \int_{-\infty}^{+\infty} e^{-\frac{t^2}{2}}\mathrm{d}t\right\} \\
&= \sigma^2\int_{-\infty}^{+\infty}\frac{1}{\sqrt{2\pi}}e^{-\frac{t^2}{2}}\mathrm{d}t = \sigma^2
\end{aligned}
$$

这样通过例 5.2.2 与例 5.1.4，求得正态分布 $N(\mu,\sigma^2)$ 的数学期望为 μ，方差为 σ^2. 这一结果表明：正态分布 $N(\mu,\sigma^2)$ 的数学期望和方差完全决定了正态分布.

利用同样的方法亦可求得其他几种重要分布的数学期望与方差，其结果参见附表 1. 附表 1 列出了概率论与数理统计中常用的几种概率分布及其数学期望与方差.

5.3　协方差与相关系数

对于二维随机变量 (X,Y)，除了讨论 X 与 Y 的数学期望和方差，还需讨论描述 X 与 Y 之间相互关系的数字特征. 本节讨论有关这方面的内容.

5.3.1　协方差的定义与性质

在 5.2 节方差的性质 4°的证明中，我们已经看到，如果随机变量 X 和 Y 是相互独立的，则必有

$$E[(X-EX)(Y-EY)]=0$$

这意味着当 $E[(X-EX)(Y-EY)]\neq 0$ 时，X 与 Y 不相互独立或存在着一定的关系. 为此，引入下面的定义.

定义 5.3.1　对于二维随机变量 X,Y，若 $E[(X-EX)(Y-EY)]$ 存在，则称 $E[(X-EX)(Y-EY)]$ 为随机变量 X 与 Y 的**协方差**，记为 $\mathrm{Cov}(X,Y)$，即

$$\mathrm{Cov}(X,Y)=E[(X-EX)(Y-EY)] \tag{5.12}$$

若将式(5.12)展开，即有

$$\mathrm{Cov}(X,Y)=E(XY)-(EX)(EY) \tag{5.13}$$

特别地，当 X 与 Y 相互独立时

$$\mathrm{Cov}(X,Y)=0 \tag{5.14}$$

类似于方差的性质，由协方差的定义亦容易推得协方差的性质.

协方差的性质 设 a,b 是常数，则当下面所遇到的数学期望和协方差均存在时，下面结论成立：

1° $\mathrm{Cov}(a,X)=0$；

2° $\mathrm{Cov}(X,X)=DX$；

3° $\mathrm{Cov}(X,Y)=\mathrm{Cov}(Y,X)$；

4° $\mathrm{Cov}(aX,bY)=ab\mathrm{Cov}(X,Y)$；

5° $\mathrm{Cov}(X+Y,Z)=\mathrm{Cov}(X,Z)+\mathrm{Cov}(Y,Z)$.

例 5.3.1 设 X 为一随机变量，其方差为 DX，$Y=a+bX$，其中 a 与 b 均为常数，求 $\mathrm{Cov}(X,Y)$.

解 由协方差的性质即得

$$\mathrm{Cov}(X,Y)=\mathrm{Cov}(a+bX,X)=\mathrm{Cov}(a,X)+b\mathrm{Cov}(X,X)=bDX$$

5.3.2 随机变量的线性逼近与相关系数

在解决实际问题时，常常需要用随机变量的线性函数逼近另一随机变量，这种问题称为随机变量的**线性逼近**. 下面，讨论有关这方面的内容.

设 X 与 Y 是两个随机变量，并设其方差 $DX>0,DY>0$. 考虑以 X 的线性函数$a+bX(b\neq 0)$来近似表示 Y. 为使这种逼近的近似程度好，自然希望这种逼近的误差$|Y-(a+bX)|$越小越好. 或者更方便地，用误差

$$\begin{aligned} r&=E[Y-(a+bX)]^2 \\ &=EY^2+a^2+b^2EX^2+2abEX-2aEY-2bE(XY) \end{aligned}$$

来衡量这种逼近的好坏程度. 显然，r 的值越小，则表示逼近程度越好. 故应取 a,b 使误差 r 的值最小. 为此，将 r 分别对 a,b 求偏导，并令它们等于零，得

$$\begin{cases} \dfrac{\partial r}{\partial a}=2a+2bEX-2EY=0 \\ \dfrac{\partial r}{\partial b}=2bEX^2+2aEX-2E(XY)=0 \end{cases}$$

解之，得唯一的最值可疑点

$$\begin{cases} b=\dfrac{E(XY)-(EX)(EY)}{EX^2-(EX)^2}=\dfrac{\mathrm{Cov}(X,Y)}{DX} \\ a=EY-bEX=EY-\dfrac{\mathrm{Cov}(X,Y)}{DX}EX \end{cases}$$

又由问题本身知 r 的最小值一定存在，故上面所求得的 a,b 必为使 r 取最小值的点，将其代入即得 r 的最小值为

$$\begin{aligned} r_{\min}&=E[Y-(a+bX)]^2 \\ &=E\left[Y-\left(EY-\frac{\mathrm{Cov}(X,Y)}{DX}EX+\frac{\mathrm{Cov}(X,Y)}{DX}X\right)\right]^2 \end{aligned}$$

$$=E\left[(Y-EY)-\frac{\mathrm{Cov}(X,Y)}{DX}(X-EX)\right]^2$$

$$=DY-\frac{[\mathrm{Cov}(X,Y)]^2}{DX}$$

$$=\left\{1-\left[\frac{\mathrm{Cov}(X,Y)}{\sqrt{DX}\sqrt{DY}}\right]^2\right\}DY$$

如果记

$$\rho_{XY}=\frac{\mathrm{Cov}(X,Y)}{\sqrt{DX}\sqrt{DY}} \tag{5.15}$$

则上式可写成

$$r_{\min}=(1-\rho_{XY}^2)DY \tag{5.16}$$

显然式(5.15)定义的 ρ_{XY} 是一个与 b 同号的**无量纲量**，而且由式(5.16)容易证明 ρ_{XY} 具有下述性质.

定理 5.3.1　由式(5.15)定义的 ρ_{XY} 满足不等式

$$|\rho_{XY}|\leqslant 1 \tag{5.17}$$

其中等号成立(即 $\rho_{XY}=\pm 1$)的充要条件是存在常数 $a,b(b\neq 0)$使

$$P\{Y=a+bX\}=1 \tag{5.18}$$

证　首先，由 $r_{\min}$ 与 DY 的非负性及式(5.16)可知 $1-\rho_{XY}^2\geqslant 0$，即

$$|\rho_{XY}|\leqslant 1$$

其次由式(5.16)及误差 r 的定义知

$$\begin{aligned}\rho_{XY}=\pm 1 &\Leftrightarrow r_{\min}=0\\ &\Leftrightarrow \exists a,b,\text{使 } E[Y-(a+bX)]^2=0\\ &\Leftrightarrow \exists a,b,\text{使 } D[Y-(a+bX)]+\{E[Y-(a+bX)]\}^2=0\\ &\Leftrightarrow \exists a,b,\text{使 } D[Y-(a+bX)]=0 \text{ 且 } E[Y-(a+bX)]=0\end{aligned}$$

于是再由方差的性质 5°知上式又等价于

$$\exists a,b,\text{使 } P\{Y-(a+bX)=0\}=1 \text{ 或 } P\{Y=a+bX\}=1$$

即 $|\rho_{XY}|=1$ 的充要条件是存在常数 a,b 使

$$P\{Y=a+bX\}=1$$

定理 5.3.1 及式(5.16)表明：当 $|\rho_{XY}|$ 较大时 $r_{\min}$ 较小，此时 X 与 Y(就线性关系来说)联系较紧密，这时 X 与 Y 线性相关的程度较好. 特别地，当 $\rho_{XY}=\pm 1$ 时，X 与 Y 之间以概率 1 存在着线性关系. 当 $|\rho_{XY}|$ 较小时 $r_{\min}$ 较大，此时 X 与 Y(就线性关系来说)联系不够紧密，这时 X 与 Y 线性相关的程度较差. 特别地，当 $\rho_{XY}=0$ 时 $r_{\min}$ 达到最大，X 与 Y 之间无线性关系可言，这时随机变量 X 与 Y **不相关**. 可见，由式(5.15)定义的无量纲量 ρ_{XY} 刻画了随机变量 X 与 Y 的(线性)相关性，故称之为 X 与 Y 的(线性)**相关系数**.

例 5.3.2 设随机变量 X 和 Y 的方差分别为 4 和 16,相关系数为 -0.5,求协方差 $\mathrm{Cov}(X,Y)$.

解 由相关系数的定义知

$$\mathrm{Cov}(X,Y)=\rho_{XY}\cdot\sqrt{DX}\cdot\sqrt{DY}=-0.5\cdot\sqrt{4}\cdot\sqrt{16}=-4$$

假设随机变量 X 与 Y 的相关系数 ρ_{XY} 存在,则当 X 与 Y 相互独立时,由式(5.14)知 $\mathrm{Cov}(X,Y)=0$,从而 $\rho_{XY}=0$. 亦即,若 X 与 Y 相互独立则它们必定不相关,但反之不然(反例见习题 5.12). 因此,在这里,不要把"不相关"与"相互独立"相混淆,前者是就线性关系说的,而后者则是就一般关系而言的.

不过,从下面的例子可以看到,当 (X,Y) 服从二维正态分布时,X 和 Y 不相关与 X 和 Y 相互独立是等价的.

例 5.3.3 设 (X,Y) 服从参数为 $\mu_1,\mu_2,\sigma_1,\sigma_2,\rho$ 的二维正态分布,求 X 与 Y 的相关系数.

解 由例 3.2.3 知,二维正态分布的密度为

$$f(x,y)=\frac{1}{2\pi\sigma_1\sigma_2\sqrt{1-\rho^2}}\exp\left\{\frac{-1}{2(1-\rho^2)}\left[\frac{(x-\mu_1)^2}{\sigma_1^2}-2\rho\frac{(x-\mu_1)(y-\mu_2)}{\sigma_1\sigma_2}+\frac{(y-\mu_2)^2}{\sigma_2^2}\right]\right\}\quad(|x|<+\infty,|y|<+\infty)$$

而由协方差定义知

$$\begin{aligned}\mathrm{Cov}(X,Y)&=E[(X-EX)(Y-EY)]\\&=\int_{-\infty}^{+\infty}\int_{-\infty}^{+\infty}(x-\mu_1)(y-\mu_2)f(x,y)\mathrm{d}x\mathrm{d}y\end{aligned}$$

把密度函数 $f(x,y)$ 代入并作积分变量替换

$$\frac{1}{\sqrt{1-\rho^2}}\left(\frac{y-\mu_2}{\sigma_2}-\rho\frac{x-\mu_1}{\sigma_1}\right)=t,\quad \frac{x-\mu_1}{\sigma_1}=u$$

注意到这时

$$\frac{-1}{2(1-\rho^2)}\left[\frac{(x-\mu_1)^2}{\sigma_1^2}-2\rho\frac{(x-\mu_1)(y-\mu_2)}{\sigma_1\sigma_2}+\frac{(y-\mu_2)^2}{\sigma_2^2}\right]=-\frac{u^2+t^2}{2}$$

则有

$$\begin{aligned}\mathrm{Cov}(X,Y)&=\frac{\sigma_1\sigma_2}{2\pi}\int_{-\infty}^{+\infty}\int_{-\infty}^{+\infty}(u^2\rho+ut\sqrt{1-\rho^2})\mathrm{e}^{-\frac{u^2+t^2}{2}}\mathrm{d}u\mathrm{d}t\\&=\frac{\rho\sigma_1\sigma_2}{2\pi}\int_{-\infty}^{+\infty}u^2\mathrm{e}^{-\frac{u^2}{2}}\mathrm{d}u\int_{-\infty}^{+\infty}\mathrm{e}^{-\frac{t^2}{2}}\mathrm{d}t\\&=\rho\sigma_1\sigma_2\end{aligned}$$

又由例 3.2.3 知 (X,Y) 的边缘分布密度为

$$f_X(x)=\frac{1}{\sqrt{2\pi}\sigma_1}e^{-\frac{(x-\mu_1)^2}{2\sigma_1^2}} \quad (|x|<+\infty)$$

$$f_Y(y)=\frac{1}{\sqrt{2\pi}\sigma_2}e^{-\frac{(y-\mu_2)^2}{2\sigma_2^2}} \quad (|y|<+\infty)$$

故知

$$DX=\sigma_1^2, \quad DY=\sigma_2^2$$

于是 X 与 Y 的相关系数为

$$\rho_{XY}=\frac{\mathrm{Cov}(X,Y)}{\sqrt{DX}\ \sqrt{DY}}=\rho$$

这就是说，在服从参数为 $\mu_1,\mu_2,\sigma_1,\sigma_2,\rho$ 的二维正态分布中，参数 ρ 就是 X 与 Y 的相关系数，因而二维正态分布可由 X 与 Y 各自的数学期望、方差以及它们的相关系数所完全确定.

在例 3.4.3 中曾得出结论：对服从参数为 $\mu_1,\mu_2,\sigma_1,\sigma_2,\rho$ 的二维正态随机变量 (X,Y)，X 与 Y 相互独立的充要条件是参数 $\rho=0$. 现在知道 $\rho=\rho_{XY}$，故对于二维正态随机变量 (X,Y) 来说，X 与 Y 不相关和 X 与 Y 相互独立是等价的.

5.4 原点矩与中心矩

为了更好地描述随机变量分布的特征，除了数学期望与方差外，有时还要考虑随机变量的各阶矩的概念.

定义 5.4.1 设 X 和 Y 是随机变量，k 为正整数，那么

若 EX^k 存在，则称 EX^k 为 X 的 k **阶原点矩**，简称 k **阶矩**；

若 $E(X-EX)^k$ 存在，则称 $E(X-EX)^k$ 为 X 的 k **阶中心矩**；

若 $E(X^kY^l)$ 存在，则称 $E(X^kY^l)$ 为 X 和 Y 的 $k+l$ **阶混合原点矩**；

若 $E[(X-EX)^k(Y-EY)^l]$ 存在，则称 $E[(X-EX)^k(Y-EY)^l]$ 为 X 与 Y 的 $k+l$ **阶混合中心矩**.

显然，数学期望 EX 是 X 的 1 阶原点矩，方差 DX 是 X 的 2 阶中心矩，协方差 $\mathrm{Cov}(X,Y)$ 是 X 和 Y 的 1+1 阶混合中心矩.

与数学期望的性质类似，有下面的性质.

性质 设 X,Y 是两个相互独立的随机变量，则当下面所遇数学期望都存在时，有

1° $E(X^kY^l)=EX^k\cdot EY^l$

2° $E[(X-EX)^k(Y-EY)^l]=E(X-EX)^k\cdot E(Y-EY)^l$

例 5.4.1 设 X 服从正态分布 $N(\mu,\sigma^2)$，求它的各阶中心矩.

解 由 X 服从正态分布 $N(\mu,\sigma^2)$ 知

$$Y=\frac{X-\mu}{\sigma}\sim N(0,1)$$

所以

$$E(X-EX)^k=E(X-\mu)^k=E(\sigma^k Y^k)=\sigma^k E(Y^k)$$
$$=\frac{\sigma^k}{\sqrt{2\pi}}\int_{-\infty}^{+\infty}y^k \mathrm{e}^{-\frac{y^2}{2}}\mathrm{d}y$$

对上述积分用分部积分法即可求得

$$E(X-EX)^k=\begin{cases}0, & k=1,3,5,\cdots\\ \sigma^k(k-1)!!, & k=2,4,6,\cdots\end{cases}$$

习 题 5

5.1 设 X 服从 $B(3,0.4)$，求 X,X^2 与 $X(X-2)$ 的数学期望及 X 的方差.

5.2 填空题：

(1) 设 $EX=\mu,DX=\sigma^2$，则 $E(3X+2)=$________，$D(3X+2)=$________.

(2) 设 $X\sim U[2,8]$，则 $EX=$______，$DX=$______.

(3) 设 $X\sim B(100,0.4)$，则 $EX=$____，$DX=$______.

(4) 设 $EX=4,DX=5$，则 $EX^2=$____，$D(-2X)=$____.

(5) 设 $X\sim N(2,3)$，则 $EX^2=$_____，$E(-2X)=$____.

(6) 设 C 是常数，则 $E(C+5)=$____，$D(C+5)=$____.

5.3 已知 $EX=3,DX=5$，求 $E(X+2)^2$.

5.4 已知随机变量 X 与 Y 相互独立，且 $DX=8,DY=4$，求 $D(2X-Y)$.

5.5 设 X 与 Y 均服从正态分布 $N(1,2)$ 且 X 与 Y 相互独立，求 $D(XY)$.

5.6 设二维随机变量 (X,Y) 的分布密度为

$$f(x,y)=\begin{cases}\frac{x+y}{8}, & 0<x<2,0<y<2\\ 0, & \text{其他}\end{cases}$$

求 X 的数学期望.

5.7 设 X,Y 相互独立，分布密度分别为

$$f_X(x)=\begin{cases}3x^2, & 0<x<1,\\ 0, & \text{其他},\end{cases}\quad f_Y(y)=\begin{cases}2\mathrm{e}^{-2y}, & y>0\\ 0, & y\leqslant 0\end{cases}$$

求 $E(XY)$.

5.8 设 X 是具有数学期望和方差的连续型随机变量，C 是常数，证明：

$$E(CX)=CEX,\quad D(CX)=C^2DX$$

5.9 判断下列命题的正确性：

(1) 若 $DX=DY=2$ 且 X 与 Y 独立，则 $D(X-Y)=0$； ( )

(2) 若 $DX=DY=30,\rho_{XY}=0.4$，则 $\mathrm{Cov}(X,Y)=12$； ( )

(3) 若 $DX=32, DY=23$，则 $D(X+Y)=55$.　　(　　)

5.10　设随机变量 X 与 Y 相互独立，$X\sim N(0,1)$，$Y\sim N(1,2)$，又 $Z=X+2Y$，求 X 与 Z 的协方差和相关系数.

5.11　已知 $EX=2, EY=4, DX=4, DY=9, \rho_{XY}=-0.5$，求：

(1) 协方差 $\mathrm{Cov}(X,Y)$；

(2) $Z=3X^2-2XY+Y^2-3$ 的数学期望；

(3) $Z=3X-Y+5$ 的方差.

5.12　设二维随机变量 (X,Y) 的分布密度为

$$f(x,y)=\begin{cases}\dfrac{1}{\pi}, & x^2+y^2<1\\ 0, & \text{其他}\end{cases}$$

试证明：(1) X 与 Y 不相关；(2) X 与 Y 不独立.

5.13　设 X 为一随机变量，方差 $DX>0$，$Y=a+bX$，其中 a 与 b 均为非 0 常数，试证明 $\rho_{XY}=\mathrm{sgn}(b)$.

5.14　将一枚硬币重复掷 n 次，以 X 和 Y 分别表示正面向上和反面向上的次数，则 X 和 Y 的相关系数等于(　　).

(A) -1　　(B) 0　　(C) $\dfrac{1}{2}$　　(D) 1

5.15　设随机变量 X 的概率分布密度为

$$f(x)=\frac{1}{2}\mathrm{e}^{-|x|},\quad -\infty<x<+\infty$$

(1) 求 X 的数学期望 EX 和方差 DX；

(2) 求 X 与 $|X|$ 的协方差，并问 X 与 $|X|$ 是否相关？

(3) 问 X 与 $|X|$ 是否相互独立？为什么？

5.16　设 X 服从泊松分布 $P(\lambda)$，求 X 的 3 阶中心矩.

5.17　设 X 服从指数分布 $e(\lambda)$，求 X 的 k 阶原点矩.

第 6 章　大数定律与中心极限定理

前面各章所叙述的理论都是以随机事件的概率为基础的，而随机事件的概率这个概念的形成则是随机事件频率的稳定性抽象的结果. 在实践中，人们不仅看到了随机事件频率的稳定性，而且看到了大量测量值的算术平均值也具有稳定性. 人们还发现，在随机变量的一切可能的分布中，正态分布占有特殊重要的地位，经常遇到的大量随机变量都服从正态分布.

因此，人们自然要问：随机事件频率和大量测量值的算术平均值为什么具有稳定性？为什么正态分布如此广泛地存在？应该如何解释大量随机现象中的这一客观规律性？所有这些事实都应由概率论作出理论上的回答. 只有这样，概率论才可以作为认识客观世界的有效工具.

本章就在理论上给出这些回答. 当然，将要给出的这些理论知识也是学习数理统计的基础.

6.1　大 数 定 律

概率论中用来阐明大量随机现象平均结果的稳定性和事件频率的稳定性的一系列定理统称为**大数定律**. 大数定律揭示了大量随机因素总和作用结果的必然性与个别随机事件发生的偶然性之间的辩证关系.

为了考察大量测量值的算术平均值的稳定性，把每次测量看成一次试验，则每次测量结果

$$X_1,\ X_2,\ \cdots$$

都是随机变化的量，因此都是随机变量，而且这些随机变量是相互独立的①. 设它们分别有数学期望

$$EX_1,\ EX_2,\ \cdots \tag{6.1}$$

且有公共上界的方差. 即存在 $K>0$，使

$$DX_i \leqslant K \quad (i=1,2,\cdots) \tag{6.2}$$

则前 n 次试验结果的算术平均值

$$Y_n=\frac{1}{n}\sum_{i=1}^{n}X_i \tag{6.3}$$

---

① 是指对于任意 $n>1$，随机变量组 $X_1, X_2, \cdots, X_n$ 是相互独立的.

的期望与方差分别为

$$EY_n=\frac{1}{n}\sum_{i=1}^{n}EX_i \tag{6.4}$$

$$DY_n=\frac{1}{n^2}\sum_{i=1}^{n}DX_i\leqslant\frac{K}{n} \tag{6.5}$$

于是,所谓大量测量值的算术平均值具有稳定性即指:随着试验次数 n 的增加,前 n 次试验的算术平均值 Y_n 逐渐稳定(即偏差 DY_n 越来越小)于它的期望值 EY_n. 用概率语言说就是,当 n 充分大时,$|Y_n-EY_n|$ 很小的概率很大. 若用极限语言来刻画,即是如下定理.

定理 6.1.1(切比雪夫大数定律)　设 $X_1,X_2,\cdots$ 相互独立,并且分别有数学期望(6.1)及有公共上界的方差(6.2). 作前 n 个随机变量的算术平均值(6.3),则对于任意的正数 ε,有

$$\lim_{n\to\infty}P\{|Y_n-EY_n|<\varepsilon\}=1 \tag{6.6}$$

或

$$\lim_{n\to\infty}P\left\{\left|\frac{1}{n}\sum_{i=1}^{n}X_i-\frac{1}{n}\sum_{i=1}^{n}EX_i\right|<\varepsilon\right\}=1 \tag{6.7}$$

在证明定理 6.1.1 之前,需先证明一个引理.

引理 6.1.1(切比雪夫不等式)　设随机变量 X 具有数学期望 EX 与方差 DX,则对于任意的正数 ε,有

$$P\{|X-EX|\geqslant\varepsilon\}\leqslant\frac{DX}{\varepsilon^2}$$

证　只就 X 为连续型随机变量的情形来证明. 设 X 的分布密度为 $f(x)$,则有

$$\begin{aligned}P\{|X-EX|\geqslant\varepsilon\}&=\int_{|x-EX|\geqslant\varepsilon}f(x)\mathrm{d}x\\&\leqslant\int_{|x-EX|\geqslant\varepsilon}\frac{|x-EX|^2}{\varepsilon^2}f(x)\mathrm{d}x\\&\leqslant\frac{1}{\varepsilon^2}\int_{-\infty}^{+\infty}(x-EX)^2f(x)\mathrm{d}x\\&=\frac{DX}{\varepsilon^2}\end{aligned}$$

例 6.1.1　设随机变量 X 和 Y 的数学期望分别为 -2 和 2,方差分别为 1 和 4,相关系数为 -0.5,试根据切比雪夫不等式估计概率 $P\{|X+Y|\geqslant 6\}$.

解　记 $Z=X+Y$,则

$$EZ=E(X+Y)=EX+EY=-2+2=0$$

$$DZ=D(X+Y)=DX+DY+2\mathrm{Cov}(X,Y)$$

$$=DX+DY+2\rho_{XY}\cdot\sqrt{DX}\cdot\sqrt{DY}$$
$$=1+4+2\times(-0.5)\times\sqrt{1}\times\sqrt{4}=3$$

故由切比雪夫不等式知

$$P\{|X+Y|\geqslant 6\}=P\{|Z-EZ|\geqslant 6\}\leqslant\frac{DZ}{6^2}=\frac{3}{36}=\frac{1}{12}$$

现在我们来证明定理 6.1.1.

定理 6.1.1 的证明 对由式(6.3)构造的 Y_n 应用切比雪夫不等式,则对于任意给定的正数 ε,由式(6.4),式(6.5)可得

$$P\{|Y_n-EY_n|<\varepsilon\}=1-P\{|Y_n-EY_n|\geqslant\varepsilon\}\geqslant 1-\frac{DY_n}{\varepsilon^2}\geqslant 1-\frac{K}{n\varepsilon^2}$$

在上式中令 $n\to\infty$,并注意到概率不能大于 1,即得

$$\lim_{n\to\infty}P\{|Y_n-EY_n|<\varepsilon\}=1$$

亦即式(6.6),从而式(6.7)成立. 于是定理 6.1.1 得证.

切比雪夫大数定律表明:当 n 充分大时,经过算术平均以后得到的随机变量 Y_n 的取值是稳定的,并且比较紧密地聚集在它的数学期望 EY_n 附近. 或者说,当 $n\to\infty$ 时,在概率意义下,前 n 次测量的算术平均值 Y_n 与它的期望值 EY_n 之差将趋于 0. 这时称随机变量序列 $\{Y_n-EY_n\}_1^\infty$ 依概率收敛于 0.

以下是依概率收敛的一般定义.

定义 6.1.1 设 $Z_1,Z_2,\cdots$ 是随机变量序列,a 是一个常数. 若对于任意的正数 ε,有

$$\lim_{n\to\infty}P\{|Z_n-a|<\varepsilon\}=1$$

则称随机变量序列 $Z_1,Z_2,\cdots$ 依概率收敛于 a,记作

$$Z_n\xrightarrow{P}a\quad(n\to\infty)$$

据此,定理 6.1.1 又可叙述为如下定理.

定理 6.1.1′ 设随机变量 $X_1,X_2,\cdots$ 相互独立且有数学期望(6.1)及有公共上界的方差(6.2),则前 n 次的算术平均值 Y_n 与它的期望值 EY_n 之差将依概率收敛于 0,即

$$Y_n-EY_n\xrightarrow{P}0\quad(n\to\infty)$$

定理 6.1.1 中要求随机变量 $X_1,X_2,\cdots$ 有公共上界的方差. 但在这些随机变量相互独立,服从同一分布的场合,并不需要这一要求,这时可以证明下面的定理.

定理 6.1.2(辛钦大数定律) 设随机变量 $X_1,X_2,\cdots$ 相互独立,服从同一分布,且有数学期望 $EX_i=\mu(i=1,2,\cdots)$,则对于任意的正数 ε,有

$$\lim_{n\to\infty}P\left\{\left|\frac{1}{n}\sum_{i=1}^{n}X_i-\mu\right|<\varepsilon\right\}=1$$

或

$$\frac{1}{n}\sum_{i=1}^{n}X_i\xrightarrow{P}\mu\quad(n\to\infty)$$

辛钦大数定律的条件容易验证,因此在应用中是很重要的.

如果把定理 6.1.1 中的 $X_1,X_2,\cdots,X_n$ 看成是 n 重伯努利试验中的各次试验,并视 X_i 为第 i 次试验中事件 A(设 $P(A)=p$)发生的次数,则由式(6.3)定义的 Y_n 便是 n 重伯努利试验中事件 A 发生的频率,即

$$Y_n=\frac{X_1+X_2+\cdots+X_n}{n}=\frac{n_A}{n}\tag{6.8}$$

其中 n_A 表示 n 重伯努利试验中事件 A 发生的次数. 又由于这时 $X_1,X_2,\cdots,X_n$ 相互独立,均服从 0-1 分布,同时

$$EX_i=p,\quad DX_i=p(1-p)$$

所以

$$EY_n=\frac{1}{n}\sum_{i=1}^{n}EX_i=\frac{1}{n}\sum_{i=1}^{n}p=p$$

故由定理 6.1.1 知 n 重伯努利试验中事件 A 发生的频率(6.8)依概率收敛于 p. 这样,事实上已经证明了另一个大数定律(伯努利大数定律).

定理 6.1.3(伯努利大数定律)　设 n_A 是 n 重伯努利试验中事件 A 发生的次数,p 为一次试验中事件 A 发生的概率,则对于任意的正数 ε,有

$$\lim_{n\to\infty}P\left\{\left|\frac{n_A}{n}-p\right|<\varepsilon\right\}=1$$

即 n 重伯努利试验中事件 A 发生的频率 $\frac{n_A}{n}$ 依概率收敛于 p,即

$$\frac{n_A}{n}\xrightarrow{P}p\quad(n\to\infty)$$

伯努利大数定律说明:当试验在不变的条件下重复进行很多次时,随机事件的频率稳定于它的概率. 这个正确的论断曾经不止一次地在一系列专门的试验中以及大规模的统计工作中得到证实,而伯努利定理则以严格的数学形式对此给出了理论上的证明. 因此,在实际应用中,当试验次数很大时,便可用事件 A 发生的频率来代替事件 A 的概率.

如果事件 A 的概率很小,则由伯努利定理可知事件 A 发生的频率也一定很小,因此,在实际生活中"概率很小的事件在个别试验中几乎是不会发生的". 这一原理称为**实际推断原理**或小概率事件的**实际不可能原理**. 如果概率很小的事件在

一次试验中竟然发生了,那就有理由怀疑"概率很小"这一假定的正确性.这一推断原理正是数理统计中进行统计推断的理论根据.实际推断原理的另一种说法是:"如果随机事件的概率很接近于1,则可以认为在个别试验中这一事件几乎一定发生".

必须指出,任何有正概率的随机事件,无论它的概率多么小,总是可能发生的.因此,所谓小概率事件的实际不可能原理仅仅适用于个别的或次数极少的试验,当试验次数较多时就不适用了.例如,假设某工厂生产的10000个产品中只有一个废品.检查产品质量时,如果只从其中任取一个产品来检查,则取出废品的概率只是0.0001,显然是很小的,因此可以说几乎不会发现废品;但是,如果逐个地检查每一个产品,则总有一次会发现这个废品.

6.2 中心极限定理

在概率论中,有关论证独立随机变量之和的极限分布是正态分布的一系列定理称为**中心极限定理**.

为了考察独立随机变量之和的极限分布,设随机变量 $X_1, X_2, \cdots$ 相互独立,服从同一分布,并有数学期望和方差

$$EX_i=\mu, \quad DX_i=\sigma^2>0 \quad (i=1,2,\cdots) \tag{6.9}$$

则前 n 个随机变量 $X_1, X_2, \cdots, X_n$ 之和

$$Y_n=\sum_{i=1}^{n} X_i \quad (n=1,2,\cdots) \tag{6.10}$$

的数学期望与方差为

$$EY_n=\sum_{i=1}^{n} EX_i=n\mu \quad (n=1,2,\cdots)$$

$$DY_n=\sum_{i=1}^{n} DX_i=n\sigma^2>0 \quad (n=1,2,\cdots)$$

显然,随机变量 Y_n 的数学期望与方差均随 n 的变化而成比例变化.为了探索 Y_n 的分布规律,有必要考虑**标准化和**

$$Z_n=\frac{Y_n-EY_n}{\sqrt{DY_n}}=\frac{\sum_{i=1}^{n} X_i-n\mu}{\sigma\sqrt{n}} \quad (n=1,2,\cdots) \tag{6.11}$$

的分布规律.显然对每一个 n,随机变量 Z_n 都是一个无量纲量且具有共同的数学期望和方差

$$EZ_n=0, \quad DZ_n=1 \quad (n=1,2,\cdots) \tag{6.12}$$

关于 Z_n 的分布,有如下的定理.

定理 6.2.1 (林德伯格-列维(Lindeberg-Levi)定理) 设随机变量 $X_1, X_2, \cdots$ 相互独立,服从同一分布,并且具有数学期望和方差(6.9),则当 $n \to \infty$ 时,随机变量(6.11)的分布函数 $F_n(x)$ 的极限是标准正态分布函数 $\Phi(x)$,即对于任意的 x,有

$$\lim_{n \to \infty} F_n(x) = \lim_{n \to \infty} P\{Z_n \leqslant x\} = \Phi(x) \tag{6.13}$$

或

$$\lim_{n \to \infty} P\left\{\frac{\sum_{i=1}^{n} X_i - n\mu}{\sigma \sqrt{n}} \leqslant x\right\} = \frac{1}{\sqrt{2\pi}} \int_{-\infty}^{x} \mathrm{e}^{-\frac{x^2}{2}} \mathrm{d}x \tag{6.14}$$

该定理的证明从略.

定理 6.2.1 表明,无论随机变量 $X_1, X_2, \cdots$ 服从什么分布,只要它们相互独立,服从同一分布且具有数学期望和方差,那么当 n 充分大时,它们的和就近似地服从正态分布. 亦即,有下面的定理.

定理 6.2.1′ 设随机变量 $X_1, X_2, \cdots$ 相互独立,服从同一分布,且具有数学期望 μ 和方差 $\sigma^2 (\sigma > 0)$,则当 n 充分大时,有

$$\frac{\frac{1}{n} \sum_{i=1}^{n} X_i - \mu}{\sigma / \sqrt{n}} = \frac{\sum_{i=1}^{n} X_i - n\mu}{\sigma \sqrt{n}} \overset{\text{近似}}{\sim} N(0,1) \tag{6.15}$$

这时它们的和 $Y_n = \sum_{i=1}^{n} X_i$ 近似服从 $N(n\mu, n\sigma^2)$.

定理 6.2.1 和定理 6.2.1′从理论上回答了本章开始提出的另一问题. 它正是为什么在实际生活中许多随机变量都服从正态分布的一个基本原因. 例如,在任一指定时刻,一个城市的耗电量是大量用户耗电量的总和;一个物理实验的测量误差是由许多观察不到的、可加的微小误差所合成的. 因此,它们都近似地服从正态分布. 当 n 很大时,由式(6.15),不难写出与之相应的概率近似计算公式

$$P\left\{a < \frac{\sum_{i=1}^{n} X_i - n\mu}{\sigma \sqrt{n}} \leqslant b\right\} \approx \Phi(b) - \Phi(a)$$

例 6.2.1 设 $W_1, W_2, \cdots, W_n$ 相互独立且均服从 $U(0,1)$,则由附表 1 知

$$EW_i = \frac{1}{2},\ DW_i = \frac{1}{12}, \quad i = 1, 2, \cdots, n$$

故由定理 6.2.1 知,当 n 比较大时

$$Z_n=\frac{\sum_{i=1}^{n}W_i-\frac{n}{2}}{\sqrt{\frac{n}{12}}}\overset{\text{近似}}{\sim}N(0,1)$$

例 6.2.2 计算机进行加法计算时，把每个加数取为最接近于它的整数来计算. 设所有的舍入误差是相互独立的随机变量，并且都在区间$(-0.5,0.5]$上服从均匀分布，求 300 个数相加时误差总和的绝对值不超过 10 的概率.

解 设随机变量 X_i 表示第 i 个加数的舍入误差，则 X_i 在区间$(-0.5,0.5]$上服从均匀分布，并且由附表 1 知

$$EX_i=0,\quad DX_i=\frac{1}{12}\quad (i=1,2,\cdots,n)$$

于是，由林德伯格-列维定理或式(6.15)知

$$\frac{1}{5}\sum_{i=1}^{300}X_i=\frac{\sum_{i=1}^{300}X_i-0}{\sqrt{300/12}}\overset{\text{近似}}{\sim}N(0,1)$$

所以所求概率为

$$\begin{aligned}P\left\{\left|\sum_{i=1}^{300}X_i\right|\leqslant 10\right\}&=P\left\{-2\leqslant\frac{1}{5}\sum_{i=1}^{300}X_i\leqslant 2\right\}\\&\approx\Phi(2)-\Phi(-2)\\&=2\Phi(2)-1=0.9544\end{aligned}$$

如果把定理 6.2.1 中的 $X_1,X_2,\cdots,X_n$ 看成是 n 重伯努利试验中的各次试验，并视 X_i 为第 i 次试验中事件 A(设 $P(A)=p$)发生的次数，则由式(6.10)定义的 Y_n 便服从参数为 n,p 的二项分布 $B(n,p)$. 又由于这时

$$EY_n=np,\quad DY_n=np(1-p)$$

将其代入定理 6.2.1 便得另一个中心极限定理.

定理 6.2.2（棣莫弗-拉普拉斯(de Moivre-Laplace)定理） 设随机变量 $Y_n(n=1,2,\cdots)$是服从参数为 $n,p(0<p<1)$的二项分布 $B(n,p)$，则对于任意的 x，有

$$\lim_{n\to\infty}P\left\{\frac{Y_n-np}{\sqrt{np(1-p)}}\leqslant x\right\}=\frac{1}{\sqrt{2\pi}}\int_{-\infty}^{x}e^{-\frac{x^2}{2}}dx \tag{6.16}$$

定理 6.2.2 表明，二项分布的极限分布是正态分布. 这说明，当 n 充分大时，服从二项分布 $B(n,p)$的随机变量近似地服从正态分布. 亦即，有下面的定理.

定理 6.2.2′ 设 $X\sim B(n,p)(0<p<1)$，则当 n 充分大时

$$\frac{X/n-p}{\sqrt{p(1-p)/n}}=\frac{X-np}{\sqrt{np(1-p)}}\overset{\text{近似}}{\sim}N(0,1) \tag{6.17}$$

这时 X 近似服从 $N(np,np(1-p))$.

当 n 很大时,利用正态分布近似计算二项分布 $B(n,p)$是非常有效的. 这时由式(6.17)不难写出与之相应的概率近似计算公式

$$P\left\{a<\frac{X-np}{\sqrt{np(1-p)}}\leqslant b\right\}\approx\Phi(b)-\Phi(a)$$

例 6.2.3　某工厂有 200 台同类型的机器,每台机器工作时需要的电功率为 QkW. 由于工艺等原因,每台机器的实际工作时间只占全部工作时间的 75%. 假定各台机器能否正常工作是相互独立的,求:

(1) 任一时刻有 144～160 台机器正在工作的概率;

(2) 至少需要供应多少电功率才能保证所有的机器正常用电的概率不小于 99%?

解　设 X 表示任一时刻正在工作的机器数,则$X\sim B(n,p)$. 故由棣莫弗-拉普拉斯定理(或定理 6.2.2′)及 $n=200,p=0.75$ 知

$$\frac{X-np}{\sqrt{np(1-p)}}=\frac{X-150}{\sqrt{37.5}}\overset{\text{近似}}{\sim}N(0,1)$$

从而有

(1) 任一时刻有 144～160 台机器正在工作的概率为

$$\begin{aligned}P\{143<X\leqslant160\}&=P\left\{\frac{-7}{\sqrt{37.5}}<\frac{X-150}{\sqrt{37.5}}\leqslant\frac{10}{\sqrt{37.5}}\right\}\\&\approx\Phi(1.63)-\Phi(-1.14)\\&=\Phi(1.63)-1+\Phi(1.14)\\&=0.9484-1+0.8729=0.8213\end{aligned}$$

(2) 设任一时刻正在工作的机器台数不超过 m,则这时

$$P\{X\leqslant m\}=P\left\{\frac{X-150}{\sqrt{37.5}}\leqslant\frac{m-150}{\sqrt{37.5}}\right\}\approx\Phi\left(\frac{m-150}{\sqrt{37.5}}\right)$$

为了使此概率不小于 99%,需要

$$\Phi\left(\frac{m-150}{\sqrt{37.5}}\right)\geqslant0.99$$

查附表 3 知 $\Phi(2.33)=0.9901$,所以应有

$$\frac{m-150}{\sqrt{37.5}}\geqslant2.33$$

解得

$$m\geqslant164.3\quad\text{或}\quad m\geqslant165$$

亦即至少需要供应 165QkW 的电功率才能满足要求.

定理 6.2.1 和定理 6.2.2 都在一定的条件下说明,当随机变量的个数无限增

加时，独立随机变量之和的分布趋于正态分布. 除此之外，李雅普诺夫以及林德伯格等都在更一般的充分条件下成功地证明了上述结论. 中心极限定理圆满地回答了本章一开始提出的问题.

在数理统计中将会看到，中心极限定理还是大样本统计推断的理论基础.

习　题　6

6.1　为了确定事件 A 的概率 p，进行了 10000 次重复独立试验. 试用切比雪夫不等式估计：用 A 在 10000 次试验中发生的频率作为概率的近似值时，误差小于 0.01 的概率.

6.2　利用切比雪夫不等式估计随机变量 X 与其期望的差不小于 3 倍标准差的概率.

6.3　设在每次试验中事件 A 发生的概率 $p=0.75$，试用下面两种方法估计 n 取多大时才能以 90%的把握保证 n 次重复独立试验中 A 发生的频率为 0.74～0.76：

(1) 利用切比雪夫不等式估计；

(2) 利用中心极限定理估计.

6.4　已知一本 300 页的书中每页印刷错误的个数服从泊松分布 $P(0.2)$，求这本书的印刷错误总数不多于 70 个的概率.

6.5　某单位设置一台电话总机，共 200 个分机. 设每个分机有 5%的时间要使用外线通话，并且各个分机使用外线与否是相互独立的. 问该单位至少需要多少根外线才能保证每个分机要用外线时可供使用的概率达到 90%？

第 7 章　样本与抽样分布

和概率论一样，数理统计也是研究随机现象统计规律性的一门数学学科. 二者的区别在于概率论是在已知随机变量服从某种分布的情况下，研究随机变量分布（如分布函数、分布律、分布密度等）的性质和随机变量的数字特征（如数学期望、方差、相关系数等）的性质及其应用. 而数理统计则是以概率论为基础，研究如何合理地采集或收集资料，并根据观测得到的资料对随机变量的分布、数字特征等作出科学的推断.

7.1　基本概念

从理论上讲，只要对随机现象进行足够多次的试验，被研究的随机现象的规律性就能清楚地呈现出来. 但实际上，试验的次数只能是有限的，有时甚至是很少的，因为采集某些数据时，常要将研究的对象破坏. 例如，观测灯泡的寿命时，就一定要把它用坏；检查炮弹性能时，就需要将它发射出去. 有时即使不破坏对象，时间、财力和人力也不允许. 特别地，当信息具有很强的时效性时，旷日持久的大量检查或试验，只能获得陈旧的、毫无意义的信息. 因此，数理统计要研究的问题便是怎样选择有效的抽样方法采集数据（**抽样**），并利用抽样获得的有限数据，对被研究的随机现象的规律性作出尽可能精确而可靠的结论（**推断**）.

在数理统计中研究的**基本问题**有四个：**参数估计**、**假设检验**、**方差分析**和**回归分析**. 为此，先引入几个基本概念.

7.1.1　总体与样本

在数理统计中，通常把所研究对象的全体称为**总体**（或**母体**），而把组成总体的每个元素称为**个体**. 例如，某工厂生产的灯泡的寿命就是一个总体，而每个灯泡的寿命则是一个个体.

代表总体的指标（如灯泡寿命、钢筋强度等）的取值都有一定的随机性，因此，它们都是随机变量. 所以，总体就是某个随机变量可能取值的全体，个体则是该随机变量的每个可能的观察值，通常用 X,Y,Z（或 ξ,η,ζ）等表示总体. 总体的概率分布就是该随机变量的概率分布.

从总体 X 中抽取一个个体，就是对代表总体的随机变量 X 进行一次试验（观测）. 从总体中随机地抽取 n 个个体：

$$X_1,\ X_2,\ \cdots,\ X_n \tag{7.1}$$

就是对随机变量 X 进行了一组试验.通常把由这 n 个试验组成的试验组(7.1)称为总体 X 的一个**样本**(或**子样**),样本中个体的数目 n 称为**样本容量**,其中 X_i 称为样本的第 i 个**分量**.

由于每个 X_i 都是从总体 X 中随机抽取的,在抽取之前,它可能取得 X 所有可能取值中的任何一个,可见这里的每个 X_i 都是一个随机变量,所以 $(X_1, X_2,\cdots,X_n)$ 就是一个 n 维随机变量.在抽取之后,每一个 X_i 的值已完全确定,它是一个数,是对 X_i 的一次观测值,记作 x_i,这时称

$$x_1,\ x_2,\ \cdots,\ x_n \tag{7.2}$$

为样本(7.1)的一个观测值,简称**样本观测值**.

抽取样本的目的是为了对总体的分布进行分析和推断.因此要求抽样具有代表性,即应使总体的每个个体都有同等的机会被抽到,或每个样本分量 X_i 都与总体 X 有相同的概率分布.此外,还要求抽样必须是独立的,即要求样本 $X_1,X_2,\cdots,X_n$ 为相互独立的随机变量,或每个分量的观测结果不影响其他分量的观测结果,也不受其他观测结果的影响. 这样抽取的样本称为**简单随机样本**. 获得简单随机样本的方法称为**简单随机抽样**.今后,凡是提到样本和抽样,都是指简单随机样本和简单随机抽样.

7.1.2 统计量与样本矩

样本来自总体,是总体的代表,是统计推断的依据.但是抽取样本之后,并不直接用样本进行推断,而常需要对样本进行一番加工和提炼,把样本中包含的我们所关心的信息集中起来,以便对总体的某种特性作出推断.

例如,当取得总体 X 的一个样本 $X_1,X_2,\cdots,X_n$ 时,常构造样本的平均值

$$\overline{X}=\frac{1}{n}\sum_{i=1}^{n}X_i$$

来推断总体的均值.当然,为了推断总体的其他特性,还要用到样本的其他函数.为此,引入下面的定义.

定义 7.1.1 设 $X_1,X_2,\cdots,X_n$ 是来自总体 X 的一个样本,若函数 $\varphi(x_1,x_2,\cdots,x_n)$ 为 $x_1,x_2,\cdots,x_n$ 的一个实值函数,且 φ 中不包含任何未知参数,则称

$$T=\varphi(X_1,X_2,\cdots,X_n) \tag{7.3}$$

为一个**统计量**.

由于构成统计量(7.3)的 $X_1,X_2,\cdots,X_n$ 是随机变量,所以,作为 n 维随机变量的函数,统计量也是随机变量.

若 $x_1,x_2,\cdots,x_n$ 为样本 $X_1,X_2,\cdots,X_n$ 的一个观测值,则称

$$t=\varphi(x_1,x_2,\cdots,x_n) \tag{7.4}$$

为统计量(7.3)的一个**观测值**.

例 7.1.1　设 $X_1,X_2,\cdots,X_n$ 为来自正态总体 $N(\mu,\sigma^2)$ 的样本,则当 μ 已知,σ 未知时,样本均值 $\overline{X}$,$Y=X_1+X_2$ 和

$$\widetilde{S}^2=\frac{1}{n}\sum_{i=1}^{n}(X_i-\mu)^2 \tag{7.5}$$

都是统计量,而

$$Z=\frac{1}{n}\sum_{i=1}^{n}\left(\frac{X_i-\overline{X}}{\sigma}\right)^2$$

不是统计量(因为它包含未知参数 σ).

数理统计中,**常用的统计量**有

$$\overline{X}=\frac{1}{n}\sum_{i=1}^{n}X_i \tag{7.6}$$

$$S^2=\frac{1}{n-1}\sum_{i=1}^{n}(X_i-\overline{X})^2 \tag{7.7}$$

$$S=\sqrt{\frac{1}{n-1}\sum_{i=1}^{n}(X_i-\overline{X})^2} \tag{7.8}$$

$$\overline{X^k}=\frac{1}{n}\sum_{i=1}^{n}X_i^k \quad (k=1,2,\cdots) \tag{7.9}$$

$$M^k=\frac{1}{n}\sum_{i=1}^{n}(X_i-\overline{X})^k \quad (k=1,2,\cdots) \tag{7.10}$$

它们分别称为**样本均值**、**样本方差**、**样本标准差**、**样本 k 阶原点矩**和**样本 k 阶中心矩**. 当取 $x_1,x_2,\cdots,x_n$ 为样本 $X_1,X_2,\cdots,X_n$ 的观测值时,这些统计量的观测值分别为

$$\overline{x}=\frac{1}{n}\sum_{i=1}^{n}x_i$$

$$s^2=\frac{1}{n-1}\sum_{i=1}^{n}(x_i-\overline{x})^2$$

$$s=\sqrt{\frac{1}{n-1}\sum_{i=1}^{n}(x_i-\overline{x})^2}$$

$$\overline{x^k}=\frac{1}{n}\sum_{i=1}^{n}x_i^k \quad (k=1,2,\cdots)$$

$$m^k=\frac{1}{n}\sum_{i=1}^{n}(x_i-\overline{x})^k \quad (k=1,2,\cdots)$$

显然上述统计量之间有如下的关系：

$$M^2=\overline{X^2}-\overline{X}^2=\frac{n-1}{n}S^2 \tag{7.11}$$

应用中还有一种常用的统计量称为次序统计量. 设$X_1, X_2, \cdots, X_n$是取自总体X的样本, $x_1, x_2, \cdots, x_n$是相应的观测值, 把它们由小到大排列并用$x_{(1)}$, $x_{(2)}, \cdots, x_{(n)}$表示, 即

$$x_{(1)} \leqslant x_{(2)} \leqslant \cdots \leqslant x_{(n)}$$

取值为$x_{(i)}$ $(i=1,2,\cdots,n)$的变量都是$X_1, X_2, \cdots, X_n$的函数, 记作

$$X_{(i)} \quad (i=1,2,\cdots,n)$$

显然, $X_{(1)}, X_{(2)}, \cdots, X_{(n)}$都是统计量, 称它们为**次序统计量**, 其中的$X_{(1)}$称为**最小次序统计量**, $X_{(n)}$称为**最大次序统计量**, 次序统计量满足关系

$$X_{(1)} \leqslant X_{(2)} \leqslant \cdots \leqslant X_{(n)} \tag{7.12}$$

它们的观测值为$x_{(1)}, x_{(2)}, \cdots, x_{(n)}$. 由次序统计量构成的

$$\mathrm{Me} = \begin{cases} X_{\left(\frac{n+1}{2}\right)}, & n\text{为奇数} \\ \dfrac{1}{2}\left[X_{\left(\frac{n}{2}\right)} + X_{\left(\frac{n}{2}+1\right)}\right], & n\text{为偶数} \end{cases} \tag{7.13}$$

和

$$R = X_{(n)} - X_{(1)} \tag{7.14}$$

分别称为样本**中位数**和样本**极差**. 它们也是常用统计量.

7.1.3 计算器的使用

应用中, 可用计算器方便地计算出某些常用统计量的值. 常见的学生计算器型号有北雁 CZ-118B、学考 XK-80、三帝 DDD118B、天雁 TY-82MS、信康 SC-82MS、海进 HJ-82MSC 等. 下面分功能介绍如何使用各种计算器计算某些统计量的值.

1. 进入统计计算状态

类型 1: 按 [2ndF] [MODE] 并选择 1 进入统计计算状态, 屏幕上出现 STAT.

类型 2: 按 [MODE] 选择 2 进入统计计算功能状态, 屏幕上出现 SD.

类型 3: 按 [2ndF] [ON/C] 进入统计计算状态, 屏幕上出现 STAT.

类型 4: 按 [Shift] [AC] 进入统计计算状态, 屏幕上出现 SD.

类型 5: 按 [Inv] [AC] 进入统计计算状态, 屏幕上出现 SD.

2. 输入数据(或样本观测值) $x_1, x_2, \cdots, x_n$

类型 1: 输入 x_1 [DATA] x_2 [DATA] $\cdots x_n$ [DATA] 即可.

类型 2: 输入 x_1 [DT] x_2 [DT] $\cdots x_n$ [DT] 即可.

若某个数字 x_i 重复多次出现, 则可一次输入多个, 其方法如下:

类型 1: 输入 x_i [×] 重复次数 [DATA].

类型 2:输入 x_i [Shift][,](即[;])重复次数[DT].

3. 清除某个错误数据

如果输入过程中发现某个数字 x_i 输入错误,则可通过下列方法清除:

类型 1:输入 x_i [2ndF][DATA](即[CD]).

类型 2:输入 x_i [Shift][DT](即[CL]).

类型 3:输入 x_i [Inv][DATA](即[CD]).

4. 获取统计量的值

类型 1:按[RCL][$\overline{x}$][=]获得样本均值$\overline{x}$;

按[RCL][s_x][=]获得样本标准差 s.

类型 2:按[Shift][$\overline{x}$][=]获得样本均值$\overline{x}$;

按[Shift][σ_{n-1}][=]获得样本标准差 s.

类型 3:按[Inv][$\overline{x}$][=]获得样本均值$\overline{x}$;

按[Inv][σ_{n-1}][=]获得样本标准差 s.

其他统计量按相应的键名类似获得,其中[σ_x](或[σ_n])代表样本二阶中心矩 m^2 的平方根 m.

5. 清空统计数据

一般计算器都有统计数据记忆功能,如果不进行清空操作,则在下次统计(哪怕重新开机)时计算器会将以前记忆的数据与新输入的数据合并成一组进行统计计算.因此,在统计一组新数据时常需要清空以前输入的数据,为新一组数据的统计计算做好准备.其方法如下:

类型 1:按[2ndF][DEL][=].

类型 2:按[Shift][AC][=].

类型 3:按[2ndF][ON/C].

类型 4:按[Inv][AC].

这时屏幕上 STAT(或 SD)消失,以前输入的数据全部被清除.

当然,上述列举的操作方法并不是全部,不同计算器有不同的操作方法,也许是某两种类型的组合.随着科技的发展,计算器也在不断更新,功能也越来越强,其操作方法也在不断改进.因此,具体的操作方法应以厂家提供的说明书为准.

7.2 基本分布

本节介绍在数理统计中常用的几个基本分布.为此,先引进分位数定义.

定义 7.2.1 设 X 为随机变量,则称满足

$$P\{X \geqslant v_\alpha\} = \alpha \tag{7.15}$$

的 v_α 为 X 的**上侧 α 分位数**,简称为**(上侧)分位数**.

7.2.1 标准正态分布

标准正态分布 $N(0,1)$是构造其他分布的基础,其密度函数为

$$\varphi(x) = \frac{1}{\sqrt{2\pi}} \mathrm{e}^{-\frac{x^2}{2}} \quad (-\infty < x < +\infty) \tag{7.16}$$

它的图形关于 y 轴对称(图 7.1).

本书附表 3 给出了标准正态分布函数的取值情况. 对于数 $\alpha(0<\alpha<1)$,通过查附表 3,可求出满足等式

$$P\{X \geqslant u_\alpha\} = \int_{u_\alpha}^{+\infty} \varphi(x)\mathrm{d}x = \alpha \tag{7.17}$$

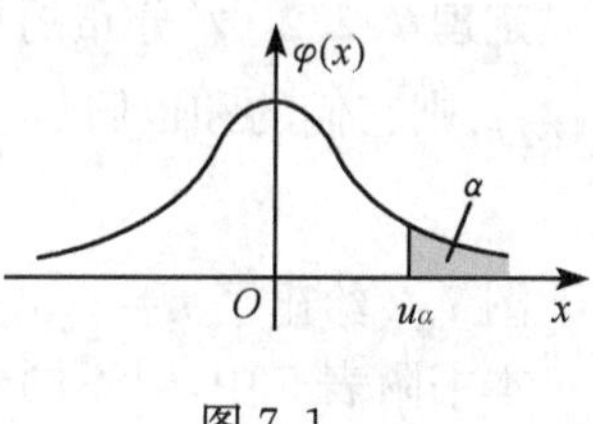

图 7.1

的**上侧分位数** u_α.

由于密度函数(7.16)是偶函数,所以的上侧分位数 u_α 还满足

$$u_{1-\alpha} = -u_\alpha$$

当 $\alpha=0.025$ 时,查附表 3 可得 $u_{0.025}=1.96$.

7.2.2 χ^2分布

作为随机变量函数的分布,可以证明下面的定理.

定理 7.2.1 设 $X_1, X_2, \cdots, X_n$ 是独立同分布的随机变量,且都服从标准正态分布 $N(0,1)$,则它们的平方和

$$\chi^2 = \sum_{i=1}^{n} X_i^2 \tag{7.18}$$

的分布密度是

$$f_{\chi^2}(x) = \begin{cases} \dfrac{1}{2^{\frac{n}{2}}\Gamma\left(\dfrac{n}{2}\right)} x^{\frac{n}{2}-1}\mathrm{e}^{-\frac{x}{2}}, & x>0 \\ 0, & x \leqslant 0 \end{cases} \tag{7.19}$$

其中 $\Gamma\left(\frac{n}{2}\right)$ 为**伽马函数**[①]在 $\frac{n}{2}$ 处的值. 由式(7.18)定义的随机变量的分布称为**自由度为 n 的 χ^2 分布**，记作 $\chi^2 \sim \chi^2(n)$.

根据定义(7.18)，容易求得 χ^2 分布的期望和方差分别为

$$E\chi^2 = n, \quad D\chi^2 = 2n \tag{7.20}$$

事实上，则有

$$E\chi^2 = E\left(\sum_{i=1}^{n} X_i^2\right) = \sum_{i=1}^{n} EX_i^2 = \sum_{i=1}^{n} DX_i = n$$

$$D\chi^2 = D\left(\sum_{i=1}^{n} X_i^2\right) = \sum_{i=1}^{n} DX_i^2 = \sum_{i=1}^{n} [EX_i^4 - (EX_i^2)^2]$$

$$= \sum_{i=1}^{n}\left(\frac{1}{\sqrt{2\pi}}\int_{-\infty}^{+\infty} x^4 \mathrm{e}^{-\frac{x^2}{2}} \mathrm{d}x - 1\right) = \sum_{i=1}^{n}(3-1) = 2n$$

利用卷积公式，还可以证明 χ^2 分布具有下面的性质.

定理 7.2.2 (χ^2 分布的可加性)　如果 X 与 Y 相互独立，且 $X \sim \chi^2(n_1)$，$Y \sim \chi^2(n_2)$，则它们的和也服从 χ^2 分布，即

$$X + Y \sim \chi^2(n_1 + n_2) \tag{7.21}$$

图 7.2 给出了 $n=1,5,15$ 时 χ^2 分布的密度曲线.

本书附表 5 中，对不同的 n 及 $\alpha(0<\alpha<1)$，给出了满足等式

$$P\left\{\chi^2 \geqslant \chi_\alpha^2(n)\right\} = \int_{\chi_\alpha^2(n)}^{+\infty} f_{\chi^2}(x)\mathrm{d}x = \alpha \tag{7.22}$$

的**上侧分位数** $\chi_\alpha^2(n)$(参见图 7.3).

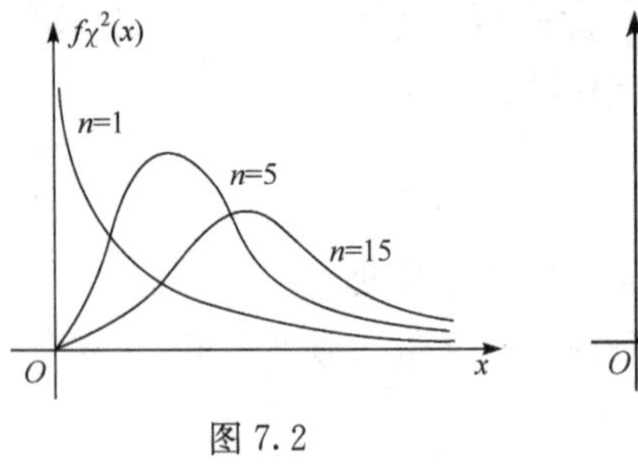

图 7.2

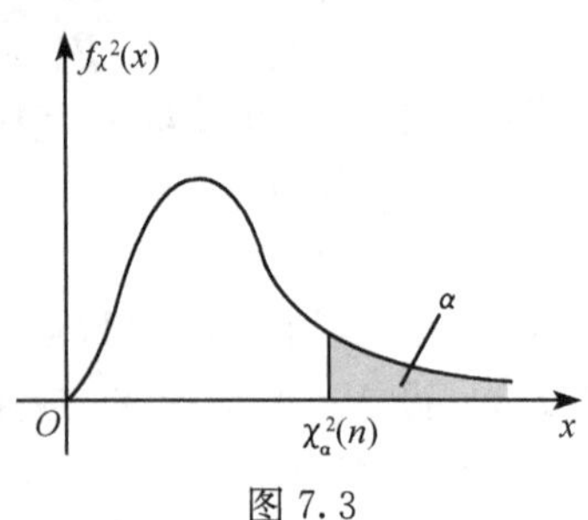

图 7.3

① 伽马(gamma)函数是由反常积分

$$\Gamma(p) = \int_0^{+\infty} x^{p-1}\mathrm{e}^{-x}\mathrm{d}x \quad (p>0)$$

定义的函数. 该函数具有性质

$$\Gamma(p+1) = p\Gamma(p), \quad \Gamma(1) = 1, \quad \Gamma\left(\frac{1}{2}\right) = \sqrt{\pi}$$

例如,当 $n=10,\alpha=0.05$ 时,可以查附表 5 得 $\chi^2_{0.05}(10)=18.31$.

利用中心极限定理,还可以证明,当 n 较大(一般要求 $n>45$)时,有**近似计算公式**

$$\chi^2_\alpha(n)\approx n+\sqrt{2n}\,u_\alpha \quad (n\gg 1) \tag{7.23}$$

有了式(7.23),就可以在 n 较大时,近似计算 χ^2 分布的上侧分位数值,如

$$\chi^2_{0.01}(60)\approx 60+\sqrt{120}\,u_{0.01}=60+\sqrt{120}\times 2.33=85.524$$

7.2.3 t 分布

作为随机变量函数的分布,还可以得到以下定理.

定理 7.2.3 设随机变量 X 与 Y 相互独立,且 X 服从标准正态分布 $N(0,1)$, Y 服从自由度为 n 的 χ^2 分布,则随机变量

$$T=\frac{X}{\sqrt{Y/n}} \tag{7.24}$$

的分布密度是

$$f_T(t)=\frac{\Gamma\left(\frac{n+1}{2}\right)}{\sqrt{n\pi}\,\Gamma\left(\frac{n}{2}\right)}\left(1+\frac{t^2}{n}\right)^{-\frac{n+1}{2}},\quad |t|<+\infty \tag{7.25}$$

这种分布称为**自由度为 n 的 t 分布**,记作 $T\sim t(n)$.

由式(7.25)不难看出,t 分布的密度函数是偶函数,因此其密度曲线关于 y 轴对称,形状类似于正态分布,而且还可以证明

$$\lim_{n\to\infty} f_T(t)=\varphi(t) \tag{7.26}$$

故当 n 很大时,t 分布近似于正态分布 $N(0,1)$,但对于小的 n,t 分布与 $N(0,1)$ 相差很大. 图 7.4 画出了 $n=1,10,\infty$ 时 t 分布的密度函数图形.

对于不同的 n 及 α($\alpha=0.1,0.05,0.025$ 等),附表 4 给出了满足等式

$$P\{T\geqslant t_\alpha(n)\}=\int_{t_\alpha(n)}^{+\infty} f_t(x)\,\mathrm{d}x=\alpha \tag{7.27}$$

的**上侧分位数** $t_\alpha(n)$(显然 $t_{1-\alpha}(n)=-t_\alpha(n)$)(参见图 7.5).

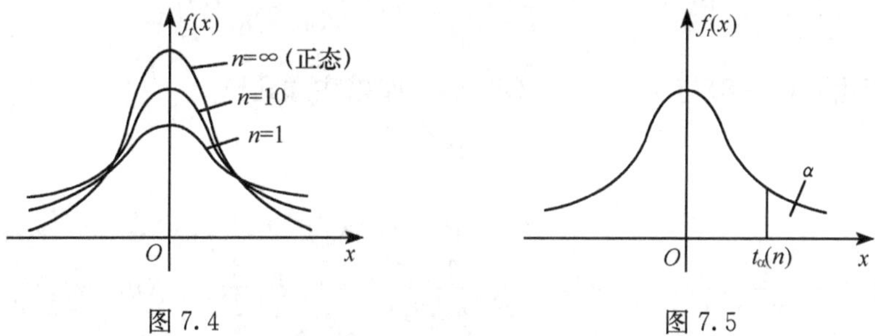

图 7.4　　图 7.5

例如，当 $n=10,\alpha=0.025$ 时，可以查附表 4 得 $t_{0.025}(10)=2.228$.

7.2.4　*F* 分布

作为随机变量函数的最后一个基本分布，则有以下定理.

定理 7.2.4　设随机变量 X 与 Y 独立，且 $X\sim\chi^2(n_1)$，$Y\sim\chi^2(n_2)$，则随机变量

$$F=\frac{X/n_1}{Y/n_2} \tag{7.28}$$

的分布密度是

$$f_F(z)=\begin{cases}\dfrac{\Gamma\left(\dfrac{n_1+n_2}{2}\right)\left(\dfrac{n_1}{n_2}\right)^{\frac{n_1}{2}}z^{\frac{n_1}{2}-1}}{\Gamma\left(\dfrac{n_1}{2}\right)\Gamma\left(\dfrac{n_2}{2}\right)\left(1+\dfrac{n_1}{n_2}z\right)^{\frac{n_1+n_2}{2}}}, & z>0\\ 0, & z\leqslant 0\end{cases} \tag{7.29}$$

这种分布称为是**自由度为**(n_1,n_2)**的** F **分布**，记作 $F\sim F(n_1,n_2)$，其中 n_1 是分子的自由度，称为**第一自由度**；n_2 是分母的自由度，称为**第二自由度**.

图 7.6 中画出了自由度为(1,5)，(5,4)，(10,10)时 F 分布的密度函数图形.

对于不同的自由度(n_1,n_2)及不同的数$\alpha(0<\alpha<1)$，附表 6 给出了满足等式

$$P\{F\geqslant F_\alpha(n_1,n_2)\}=\int_{F_\alpha(n_1,n_2)}^{+\infty}f_F(x)\mathrm{d}x=\alpha \tag{7.30}$$

的**上侧分位数** $F_\alpha(n_1,n_2)$(图 7.7).

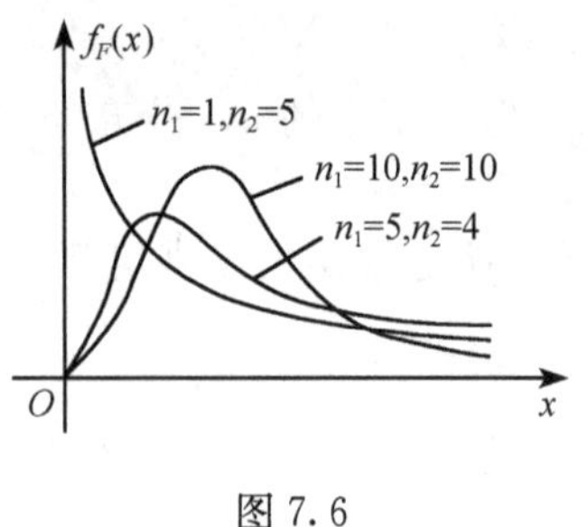

图 7.6

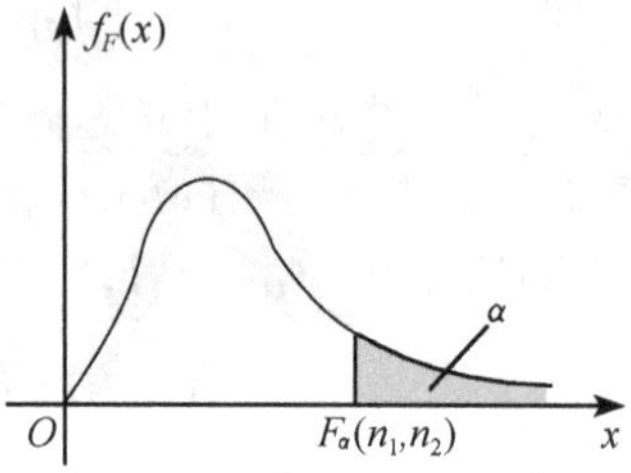

图 7.7

对于由式(7.28)定义的 $F\sim F(n_1,n_2)$，如果注意到

$$\frac{1}{F}\sim F(n_2,n_1)$$

则有

$$P\left\{F\geqslant\frac{1}{F_\alpha(n_2,n_1)}\right\}=1-P\left\{F<\frac{1}{F_\alpha(n_2,n_1)}\right\}=1-P\left\{\frac{1}{F}\geqslant F_\alpha(n_2,n_1)\right\}=1-\alpha$$

于是由式(7.30)知 F 分布的上侧 α 分位数具有如下**重要性质**：

$$F_{1-\alpha}(n_1,n_2)=\frac{1}{F_\alpha(n_2,n_1)} \tag{7.31}$$

利用此性质,可求出 F 分布表中没有列出的某些上侧分位数,如当

$$n_1=8,\quad n_2=15,\quad \alpha=0.05$$

时查附表 6 可得 $F_\alpha(8,15)=2.64$,从而可知

$$F_{0.95}(15,8)=\frac{1}{F_{0.05}(8,15)}=\frac{1}{2.64}=0.379$$

7.3　正态总体的抽样分布

大家知道,统计量都是由样本构成的随机变量.为了用统计量对总体进行推断,就得知道它的概率分布.统计量的概率分布通常称为**抽样分布**.本节将介绍在数理统计中常用的几个抽样分布.

7.3.1　一个正态总体的情况

设总体 $X\sim N(\mu,\sigma^2)$,$X_1,X_2,\cdots,X_n$ 为其样本,n 为样本容量,$\overline{X}$,S^2 和 S 是由式(7.6)～式(7.8)定义的样本均值、样本方差和样本标准差,$\widetilde{S}^2$ 是由式(7.5)定义的统计量,那么,由它们构造的统计量的分布可描述如下.

定理 7.3.1　设总体 $X\sim N(\mu,\sigma^2)$,那么 $\overline{X}\sim N(\mu,\sigma^2/n)$,且

$$U=\frac{\overline{X}-\mu}{\sigma/\sqrt{n}}\sim N(0,1) \tag{7.32}$$

证　由于 $X_1,X_2,\cdots,X_n$ 相互独立且都服从 $N(\mu,\sigma^2)$,故由期望和方差的性质知

$$E\overline{X}=\frac{1}{n}\sum_{i=1}^{n}EX_i=\mu,\quad D\overline{X}=\frac{1}{n^2}\sum_{i=1}^{n}DX_i=\frac{\sigma^2}{n}$$

故由正态分布的性质知

$$\overline{X}\sim N\left(\mu,\frac{\sigma^2}{n}\right),\quad U=\frac{\overline{X}-\mu}{\sigma/\sqrt{n}}\sim N(0,1)$$

定理 7.3.2　设总体 $X\sim N(\mu,\sigma^2)$,$\widetilde{S}^2$ 是由式(7.5)定义的统计量,那么

$$\chi^2=\frac{n\widetilde{S}^2}{\sigma^2}\sim\chi^2(n) \tag{7.33}$$

证　由于 $X_1,X_2,\cdots,X_n$ 相互独立,并且都服从 $N(\mu,\sigma^2)$,所以

$$\frac{X_i-\mu}{\sigma}\quad(i=1,2,\cdots,n)$$

也相互独立,并且都服从 $N(0,1)$.故由式(7.5)及 χ^2 分布的定义知

$$\chi^2=\frac{n\widetilde{S}^2}{\sigma^2}=\sum_{i=1}^{n}\left(\frac{X_i-\mu}{\sigma}\right)^2\sim\chi^2(n)$$

如果用 S^2 代替 $\widetilde{S}^2$，则可以得到下面的定理 7.3.3.

定理 7.3.3　设总体 $X\sim N(\mu,\sigma^2)$，那么 S^2 与 $\overline{X}$ 相互独立，且

$$\chi^2=\frac{(n-1)S^2}{\sigma^2}\sim\chi^2(n-1) \tag{7.34}$$

在定理 7.3.3 中，虽然

$$\frac{(n-1)S^2}{\sigma^2}=\sum_{i=1}^{n}\left(\frac{X_i-\overline{X}}{\sigma}\right)^2$$

是由 n 个正态分布的平方和构成的，但所服从的 χ^2 分布的自由度并不是 n，而是 $n-1$，其原因是这 n 个正态随机变量

$$\frac{X_i-\overline{X}}{\sigma}\quad(i=1,2,\cdots,n)$$

并不独立，而是满足 1 个线性关系

$$\sum_{i=1}^{n}\left(\frac{X_i-\overline{X}}{\sigma}\right)=\frac{1}{\sigma}\left(\sum_{i=1}^{n}X_i-n\overline{X}\right)=0 \tag{7.35}$$

故自由度少了 1 个，而为 $n-1$.

定理 7.3.4　设总体 $X\sim N(\mu,\sigma^2)$，那么

$$T=\frac{\overline{X}-\mu}{S/\sqrt{n}}\sim t(n-1) \tag{7.36}$$

证　由定理 7.3.1 与定理 7.3.3 的结论知 $\overline{X}$ 与 S^2 相互独立，且

$$U=\frac{\overline{X}-\mu}{\sigma/\sqrt{n}}\sim N(0,1),\quad V=\frac{(n-1)S^2}{\sigma^2}\sim\chi^2(n-1)$$

从而 U 与 V 也相互独立，故由 t 分布的定义知

$$T=\frac{U}{\sqrt{V/(n-1)}}=\frac{\overline{X}-\mu}{S/\sqrt{n}}\sim t(n-1)$$

7.3.2　两个正态总体的情况

设 $X_1,X_2,\cdots,X_{n_1}$ 是来自正态总体 $X\sim N(\mu_1,\sigma_1^2)$ 的以 n_1 为容量的样本，$Y_1,Y_2,\cdots,Y_{n_2}$ 是来自总体 $Y\sim N(\mu_2,\sigma_2^2)$ 的以 n_2 为容量的样本，并设它们相互独立. 它们的样本均值分别为 $\overline{X}$ 和 $\overline{Y}$，样本方差分别为 S_1^2 和 S_2^2，那么，由它们构造的统计量的分布可用定理描述如下.

定理 7.3.5　设总体 $X\sim N(\mu_1,\sigma_1^2)$，$Y\sim N(\mu_2,\sigma_2^2)$，并设它们相互独立，那么

$$U=\frac{(\overline{X}-\overline{Y})-(\mu_1-\mu_2)}{\sqrt{\frac{\sigma_1^2}{n_1}+\frac{\sigma_2^2}{n_2}}}\sim N(0,1) \tag{7.37}$$

证 由定理 7.3.1 知

$$\overline{X}\sim N\left(\mu_1,\frac{\sigma_1^2}{n_1}\right),\quad \overline{Y}\sim N\left(\mu_2,\frac{\sigma_2^2}{n_2}\right)$$

所以

$$\overline{X}-\overline{Y}\sim N\left(\mu_1-\mu_2,\frac{\sigma_1^2}{n_1}+\frac{\sigma_2^2}{n_2}\right)$$

从而

$$U=\frac{(\overline{X}-\overline{Y})-(\mu_1-\mu_2)}{\sqrt{\frac{\sigma_1^2}{n_1}+\frac{\sigma_2^2}{n_2}}}\sim N(0,1)$$

定理 7.3.6 设总体 $X\sim N(\mu_1,\sigma_1^2)$，$Y\sim N(\mu_2,\sigma_2^2)$，其中 $\sigma_1^2=\sigma_2^2=\sigma^2$，并设 X 与 Y 相互独立，那么

$$T=\frac{(\overline{X}-\overline{Y})-(\mu_1-\mu_2)}{S_w\sqrt{\frac{1}{n_1}+\frac{1}{n_2}}}\sim t(n_1+n_2-2) \tag{7.38}$$

其中

$$S_w^2=\frac{(n_1-1)S_1^2+(n_2-1)S_2^2}{n_1+n_2-2} \tag{7.39}$$

是 S_1^2 与 S_2^2 的加权平均并且

$$\frac{(n_1+n_2-2)S_w^2}{\sigma^2}\sim\chi^2(n_1+n_2-2) \tag{7.40}$$

证 由定理 7.3.3 知 $\overline{X}$ 与 S_1^2 独立，$\overline{Y}$ 与 S_2^2 独立，且

$$\frac{(n_1-1)S_1^2}{\sigma_1^2}\sim\chi^2(n_1-1),\quad \frac{(n_2-1)S_2^2}{\sigma_2^2}\sim\chi^2(n_2-1)$$

故由 χ^2 分布的可加性知

$$V=\frac{(n_1+n_2-2)S_w^2}{\sigma^2}=\frac{(n_1-1)S_1^2}{\sigma_1^2}+\frac{(n_2-1)S_2^2}{\sigma_2^2}\sim\chi^2(n_1+n_2-2)$$

又由定理 7.3.5 知

$$U=\frac{(\overline{X}-\overline{Y})-(\mu_1-\mu_2)}{\sigma\sqrt{\frac{1}{n_1}+\frac{1}{n_2}}}=\frac{(\overline{X}-\overline{Y})-(\mu_1-\mu_2)}{\sqrt{\frac{\sigma_1^2}{n_1}+\frac{\sigma_2^2}{n_2}}}\sim N(0,1)$$

再由 $\overline{X}$ 与 S_1^2 独立，$\overline{Y}$ 与 S_2^2 独立可知 U 与 V 也相互独立.

于是根据 t 分布的定义知

$$T=\frac{U}{\sqrt{V/(n_1+n_2-2)}}\sim t(n_1+n_2-2)$$

将上述的 U 与 V 代入，即得所证.

定理 7.3.7　设总体 $X\sim N(\mu_1,\sigma_1^2)$，$Y\sim N(\mu_2,\sigma_2^2)$，并设它们相互独立，那么

$$F=\frac{S_1^2\sigma_2^2}{S_2^2\sigma_1^2}\sim F(n_1-1,n_2-1) \tag{7.41}$$

证　由定理 7.3.3 知

$$\frac{(n_1-1)S_1^2}{\sigma_1^2}\sim\chi^2(n_1-1)$$

$$\frac{(n_2-1)S_2^2}{\sigma_2^2}\sim\chi^2(n_2-1)$$

由 X 与 Y 相互独立知样本函数 $\frac{(n_1-1)S_1^2}{\sigma_1^2}$ 与 $\frac{(n_2-1)S_2^2}{\sigma_2^2}$ 也相互独立，故由 F 分布的定义知

$$F=\frac{S_1^2\sigma_2^2}{S_2^2\sigma_1^2}=\frac{\dfrac{(n_1-1)S_1^2}{\sigma_1^2(n_1-1)}}{\dfrac{(n_2-1)S_2^2}{\sigma_2^2(n_2-1)}}\sim F(n_1-1,n_2-1)$$

本节的定理 7.3.1～定理 7.3.7 非常重要，它们不但是后续几章根据抽样对总体进行推断的理论依据，而且利用它们还能直接计算相应随机变量在某区间的概率.

例 7.3.1　在总体 $N(17,25)$ 中随机抽取一容量为 16 的样本，求样本均值 $\overline{X}$ 位于 15～18 的概率.

解　根据定理 7.3.1，由总体 $X\sim N(17,5^2)$ 知

$$U=\frac{\overline{X}-17}{5/\sqrt{16}}\sim N(0,1)$$

所以

$$\begin{aligned}P\{15<\overline{X}<18\}&=P\left\{\frac{15-17}{5/\sqrt{16}}<\frac{\overline{X}-17}{5/\sqrt{16}}<\frac{18-17}{5/\sqrt{16}}\right\}\\&=P\left\{-1.6<\frac{\overline{X}-17}{5/\sqrt{16}}<0.8\right\}\\&=\Phi(0.8)-\Phi(-1.6)\\&=\Phi(0.8)+\Phi(1.6)-1\\&=0.7881+0.9452-1\\&=0.7333\end{aligned}$$

例 7.3.2　设 $X_1,X_2,\cdots,X_{15}$ 是来自总体 $N(0,0.08)$ 的一个容量为 15 的样

本,求

$$P\left\{\sum_{i=1}^{15} X_i^2 > 1.46\right\}$$

解 根据定理 7.3.2,由总体 $X \sim N(0, 0.08)$ 知

$$\chi^2 = \frac{15 \cdot \widetilde{S}^2}{0.08} \sim \chi^2(15)$$

其中

$$\widetilde{S}^2 = \frac{1}{15}\sum_{i=1}^{15}(X_i - 0)^2 = \frac{1}{15}\sum_{i=1}^{15} X_i^2$$

所以

$$P\left\{\sum_{i=1}^{15} X_i^2 > 1.46\right\} = P\{15 \cdot \widetilde{S}^2 > 1.46\} = P\left\{\chi^2 = \frac{15 \cdot \widetilde{S}^2}{0.08} > 18.25\right\}$$

查附表 5 知 $\chi^2_{0.25}(15) = 18.25$,因此

$$P\left\{\sum_{i=1}^{15} X_i^2 > 1.46\right\} = P\{\chi^2 > 18.25\} = 0.25$$

习 题 7

7.1 在五块条件基本相同的田地上种植某种农作物,亩产量分别为 92,94,103,105,106(单位:kg),求样本均值和样本方差.

7.2 从总体中抽取容量为 60 的样本,它的频数分布如下表:

观测值 x_i	1	3	6	26
频数 m_i	8	40	10	2

求样本均值与样本方差,并求样本标准差.

7.3 设 $X_1, X_2, \cdots, X_n$ 是总体 X 的样本,作变换

$$Y_i = k(X_i + c) \quad (i = 1, 2, \cdots, n)$$

其中 k, c 为常数,分别记 $X_1, X_2, \cdots, X_n$ 的样本均值和样本方差为 $\overline{X}$ 和 S_1^2,$Y_1, Y_2, \cdots, Y_n$ 的样本均值和样本方差为 $\overline{Y}$ 和 S_2^2,证明:

(1) $\overline{Y} = k(\overline{X} + c)$;

(2) $S_2^2 = k^2 S_1^2$.

7.4 设 X_1, X_2, X_3, X_4 是来自总体 $X \sim N(0, 2^2)$ 的简单随机样本

$$Y = a(X_1 - 2X_2)^2 + b(3X_3 - 4X_4)^2$$

则当 $a=$________, $b=$________时,统计量 Y 服从 χ^2 分布,其自由度为________.

7.5 查表求下列分位数:

$$u_{0.005},\quad u_{0.975},\quad \chi^2_{0.05}(9),\quad \chi^2_{0.975}(10)$$

$$t_{0.05}(14),\quad t_{0.025}(8),\quad F_{0.05}(10,9),\quad F_{0.975}(10,9)$$

7.6 设总体 $X\sim N(0,2^2)$，而 $X_1,X_2,\cdots,X_{15}$ 是来自总体 X 的简单随机样本，则随机变量

$$Y=\frac{X_1^2+X_2^2+\cdots+X_{10}^2}{2(X_{11}^2+X_{12}^2+\cdots+X_{15}^2)}$$

服从________分布，参数为________.

7.7 设 $X_1,X_2,\cdots,X_n,X_{n+1},\cdots,X_{n+m}$ 是来自正态总体 $N(0,\sigma^2)$ 的样本，试求统计量

$$Y=\frac{\sqrt{m}\sum\limits_{i=1}^{n}X_i}{\sqrt{n}\sqrt{\sum\limits_{i=n+1}^{n+m}X_i^2}}$$

的概率分布.

7.8 设 $X_1,X_2,\cdots,X_m$ 和 $Y_1,Y_2,\cdots,Y_n$ 分别是从分布为 $N(\mu_1,\sigma^2)$ 和 $N(\mu_2,\sigma^2)$ 的两个独立总体中抽取的随机样本，$\overline{X}$ 和 $\overline{Y}$ 分别表示 X 和 Y 的样本均值；

$$S_x^2=\frac{1}{m-1}\sum_{i=1}^{m}(X_i-\overline{X})^2,\quad S_y^2=\frac{1}{n-1}\sum_{i=1}^{n}(Y_i-\overline{Y})^2$$

分别表示 X 和 Y 的样本方差. 对任意两个固定的实数 a 和 b，试求随机变量

$$Y=\frac{a(\overline{X}-\mu_1)+b(\overline{Y}-\mu_2)}{\sqrt{\frac{(m-1)S_x^2+(n-1)S_y^2}{m+n-2}}\sqrt{\frac{a^2}{m}+\frac{b^2}{n}}}$$

的概率分布.

7.9 利用 χ^2 分布分位数的近似计算公式计算 $\chi_{0.01}^2(90)$.

7.10 在总体 $N(52,6.3^2)$ 中随机抽取一容量为 36 的样本，求样本均值 $\overline{X}$ 位于 50.8～53.8的概率.

7.11 在总体 $N(80,20^2)$ 中随机抽取一容量为 100 的样本，求样本均值 $\overline{X}$ 与总体均值之差的绝对值大于 3 的概率.

7.12 设 $X_1,X_2,\cdots,X_{10}$ 是来自总体 $N(0,0.3^2)$ 的一个容量为 10 的样本，求

$$P\left\{\sum_{i=1}^{10}X_i^2>1.44\right\}$$

7.13 求总体 $N(20,3)$ 的容量分别为 10，15 的两个独立样本的样本均值之差的绝对值大于 0.3 的概率.

第 8 章　参数估计

为了考察总体 X 的分布,我们将在 8.4 节给出经验分布函数,并在总体 X 为连续型情形下绘制了频率直方图.从中可大致看出总体的分布情况或分布形式,但总体分布中包含的参数往往未知.如何根据抽样对未知参数进行估计,就是本章讨论的问题之一.有时即使不知道总体的分布形式,我们也希望能通过参数估计找到反映总体特征的未知参数.8.3 节就在这两种情形下讨论参数的估计问题.为方便,8.1～8.3 节及以后各章仍采用第 7 章给出的有关记号.

8.1　参数的点估计

样本源于总体,带有总体的特性.因此,为了找到反映总体分布或反映总体特征的某个未知参数 θ,自然想到通过样本 $X_1,X_2,\cdots,X_n$,构造某个统计量

$$\hat{\theta}=\hat{\theta}(X_1,X_2,\cdots,X_n) \tag{8.1}$$

作为总体参数 θ 的估计.相对后面的区间估计而言,称这样的估计为参数的**点估计**,而称由式(8.1)给出的估计量为 θ 的**点估计量**.若 $(x_1,x_2,\cdots,x_n)$ 为样本 $(X_1,X_2,\cdots,X_n)$ 的一个观测值,则称 $\hat{\theta}(x_1,x_2,\cdots,x_n)$ 为 θ 的**点估计值**.

下面介绍求参数点估计的两种方法.

8.1.1　矩估计法

设 $X_1,X_2,\cdots,X_n$ 是来自总体 X 的样本,则由辛钦大数定律知,当总体的 k 阶原点矩 EX^k 存在时,样本的 k 阶原点矩依概率收敛于总体的 k 阶原点矩,即

$$\overline{X^k}=\frac{1}{n}\sum_{i=1}^{n}X_i^k \xrightarrow{P} E(X^k)=EX^k \quad (n\to\infty) \tag{8.2}$$

因此,自然用样本的 k 阶原点矩作为总体 k 阶原点矩的估计.

设 $\theta_1,\theta_2,\cdots,\theta_r$ 是反映总体分布或总体特征的 r 个未知参数,则总体的前 r 阶原点矩(设都存在)就应该是 $\theta_1,\theta_2,\cdots,\theta_r$ 的函数.令它们为相应的总体原点矩,即得**矩估计方程组**

$$\overline{X^k}=EX^k(\theta_1,\theta_2,\cdots,\theta_r) \quad (k=1,2,\cdots,r) \tag{8.3}$$

解之①可得未知参数 $\theta_1,\theta_2,\cdots,\theta_r$ 的**矩估计量**

① 当式(8.3)中的 r 个方程不足以解出 r 个未知参数时,可在式(8.3)中适当补充更高阶的矩估计方程.

$$\hat{\theta}_k=\hat{\theta}_k(X_1,X_2,\cdots,X_n) \quad (k=1,2,\cdots,r) \tag{8.4}$$

这种求参数 $\theta_1,\theta_2,\cdots,\theta_r$ 的估计法称为**矩估计法**.

例 8.1.1　灯泡厂从某天生产的一大批灯泡中随机抽取 10 只进行寿命检查，测得数据如下(单位:h)

1050，1100，1080，1120，1200，1250，1040，1130，1300，1200

试估计该日生产的该批灯泡的寿命均值及寿命标准差.

解　设该批灯泡的寿命为 X,则由矩估计法知

$$\begin{cases}\overline{X}=EX\\ \overline{X^2}=EX^2=DX+(EX)^2\end{cases}$$

解得 EX 与 DX 的矩估计量

$$\begin{cases}EX=\overline{X}=\dfrac{1}{n}\displaystyle\sum_{i=1}^{n}X_i\\ DX=\overline{X^2}-\overline{X}^2=M^2=\dfrac{1}{n}\displaystyle\sum_{i=1}^{n}(X_i-\overline{X})^2\end{cases}$$

将测得的 10 个数据代入,可知总体均值与方差的矩估计值分别为

$$EX=\frac{1}{10}\times(1050+1100+\cdots+1200)=1147$$

$$DX=\frac{1}{10}\times(97^2+47^2+\cdots+53^2)=6821$$

$$\sqrt{DX}=\sqrt{6821}=82.59$$

即这批灯泡的寿命均值为 1147h,标准差为 82.59h.

例 8.1.2　设总体 X 在区间$[0,\theta]$上服从均匀分布,其中 $\theta>0$ 是未知参数.若取样本为 $X_1,X_2,\cdots,X_n$,求 θ 的矩估计.

解　X 在$[0,\theta]$上服从均匀分布,$EX=\dfrac{\theta}{2}$,故由矩估计法知

$$\overline{X}=EX=\frac{\theta}{2}$$

所以 θ 的矩估计量为

$$\hat{\theta}=2\overline{X}=\frac{2}{n}\sum_{i=1}^{n}X_i$$

例 8.1.3　设总体 $X\sim N(\mu,\sigma^2)$,其中 μ 与 σ^2 都是未知参数.若抽取的样本观测值为 $x_1,x_2,\cdots,x_n$,求 μ 与 σ^2 的矩估计值.

解　由矩估计法知

$$\begin{cases}\overline{X}=EX=\mu\\ \overline{X^2}=EX^2=DX+(EX)^2=\sigma^2+\mu^2\end{cases}$$

解得未知 参数 μ 与 σ^2 的矩估计量为

$$\hat{\mu}=\overline{X},\quad \hat{\sigma}^2=\overline{X^2}-\overline{X}^2=M^2$$

从而 μ 与 σ^2 的矩估计值为

$$\begin{cases}\hat{\mu}=\overline{x}=\dfrac{1}{n}\sum\limits_{i=1}^{n}x_i\\ \hat{\sigma}^2=m^2=\dfrac{1}{n}\sum\limits_{i=1}^{n}(x_i-\overline{x})^2\end{cases}$$

从解题过程可知,这个结论的获得并未用到总体服从正态分布的条件,因此有下面的结论.

结论 无论总体 X 服从什么分布,只要总体的均值与方差存在,总体均值 EX 的矩估计都是样本均值 $\overline{X}$;总体方差 DX 的矩估计都是样本的二阶中心矩 M^2.

8.1.2 极大似然估计法

设总体 X 是离散型随机变量,其分布律为

$$P\{X=x\}=p(x;\theta_1,\theta_2,\cdots,\theta_r) \tag{8.5}$$

其中 $\theta_1,\theta_2,\cdots,\theta_r$ 是未知参数. 设 $X_1,X_2,\cdots,X_n$ 为来自总体的样本,$x_1,x_2,\cdots,x_n$ 是样本观测值.那么作为 n 维随机变量,$(X_1,X_2,\cdots,X_n)$在点$(x_1,x_2,\cdots,x_n)$取值的概率(即 n 维随机变量 $X_1,X_2,\cdots,X_n$ 的联合分布律)为

$$\begin{aligned}P\{X_1=x_1,\cdots,X_n=x_n\}&=P\{X_1=x_1\}\cdots P\{X_n=x_n\}\\&=L(\theta_1,\theta_2,\cdots,\theta_r)\end{aligned} \tag{8.6}$$

其中

$$L(\theta_1,\theta_2,\cdots,\theta_r)=\prod_{i=1}^{n}p(x_i;\theta_1,\theta_2,\cdots,\theta_r) \tag{8.7}$$

是 $\theta_1,\theta_2,\cdots,\theta_r$ 的函数,称为样本的**似然函数**. **极大似然估计法**(也称**最大似然估计法**)的直观想法就是:既然 $x_1,x_2,\cdots,x_n$ 作为样本的一次观测值已经出现,则根据实际推断原理,$\theta_1,\theta_2,\cdots,\theta_r$ 的选取就应有利于样本的观测值 $x_1,x_2,\cdots,x_n$ 出现,即应当选取这样的 $\hat{\theta}_1,\hat{\theta}_2,\cdots,\hat{\theta}_r$,使样本$(X_1,X_2,\cdots,X_n)$取得样本观测值$(x_1,x_2,\cdots,x_n)$的概率(8.6)或似然函数(8.7)达到最大,即

$$L(\hat{\theta}_1,\hat{\theta}_2,\cdots,\hat{\theta}_r)=\max L(\theta_1,\theta_2,\cdots,\theta_r)$$

这样得到的估计 $\hat{\theta}_1,\hat{\theta}_2,\cdots,\hat{\theta}_r$ 与样本观测值有关,记作

$$\hat{\theta}_k=\hat{\theta}_k(x_1,x_2,\cdots,x_n)\quad (k=1,2,\cdots,r)$$

称为参数 $\theta_1,\theta_2,\cdots,\theta_r$ 的**极大似然估计值**.

由于该估计值 $\hat{\theta}_1,\hat{\theta}_2,\cdots,\hat{\theta}_r$ 是似然函数(8.7)的最大值点,从而也是**对数似然函数**

$$\ln L(\theta_1,\theta_2,\cdots,\theta_r)=\sum_{i=1}^{n}\ln p\,(x_i;\theta_1,\theta_2,\cdots,\theta_r) \tag{8.8}$$

的最大值点.故在一般情况下 $\hat{\theta}_1,\hat{\theta}_2,\cdots,\hat{\theta}_r$ 可从下面取极值的必要条件(称为**对数似然方程组**)解出:

$$\frac{\partial}{\partial\theta_k}\ln L(\theta_1,\theta_2,\cdots,\theta_r)=0\quad(k=1,2,\cdots,r) \tag{8.9}$$

若总体 X 是连续型随机变量,其分布密度为

$$f(x;\theta_1,\theta_2,\cdots,\theta_r) \tag{8.10}$$

其中 $\theta_1,\theta_2,\cdots,\theta_r$ 是未知参数,则用完全类似的方法可获得与离散型同样的极大似然法.这时只需将似然函数(8.7)改为

$$L(\theta_1,\theta_2,\cdots,\theta_r)=\prod_{i=1}^{n}f\,(x_i;\theta_1,\theta_2,\cdots,\theta_r) \tag{8.11}$$

并且用与离散型完全同样的求解过程,可得到参数 $\theta_1,\theta_2,\cdots,\theta_r$ 的**极大似然估计**.

综上所述,可得极大似然估计法的**估计步骤**如下.

(1) 根据总体分布写出似然函数

$$L(\theta_1,\theta_2,\cdots,\theta_r)=\prod_{i=1}^{n}p\,(x_i;\theta_1,\theta_2,\cdots,\theta_r)\qquad(\text{对离散型})$$

或

$$L(\theta_1,\theta_2,\cdots,\theta_r)=\prod_{i=1}^{n}f\,(x_i;\theta_1,\theta_2,\cdots,\theta_r)\qquad(\text{对连续型})$$

(2) 写出对数似然函数并建立对数似然方程组

$$\frac{\partial}{\partial\theta_k}\ln L(\theta_1,\theta_2,\cdots,\theta_r)=0\quad(k=1,2,\cdots,r)$$

(3) 解对数似然方程组,或者直接确定似然函数的最大值点,即得参数 θ_1,$\theta_2,\cdots,\theta_r$的极大似然估计值:

$$\hat{\theta}_k=\hat{\theta}_k(x_1,x_2,\cdots,x_n)\quad(k=1,2,\cdots,r)$$

与此估计值相应的统计量

$$\hat{\theta}_k=\hat{\theta}_k(X_1,X_2,\cdots,X_n)\quad(k=1,2,\cdots,r)$$

称为参数 $\theta_1,\theta_2,\cdots,\theta_r$ 的**极大似然估计量**.

例 8.1.4 设总体 $X\sim P(\lambda)$,求参数 λ 的极大似然估计量.

解 因为总体 $X\sim P(\lambda)$,所以 X 的分布律为

$$P\{X=k\}=\frac{\lambda^k}{k!}\mathrm{e}^{-\lambda}\quad(k=0,1,2,\cdots)$$

设样本观测值为 $x_1,x_2,\cdots,x_n$,则似然函数为

$$L(\lambda)=\prod_{i=1}^{n}\left(\frac{\lambda^{x_i}}{x_i!}\mathrm{e}^{-\lambda}\right)=\mathrm{e}^{-n\lambda}\prod_{i=1}^{n}\frac{\lambda^{x_i}}{x_i!}$$

于是

$$\ln L(\lambda)=-n\lambda+\sum_{i=1}^{n}(x_i\ln\lambda-\ln x_i!)$$

$$\frac{\mathrm{d}}{\mathrm{d}\lambda}\ln L(\lambda)=-n+\frac{1}{\lambda}\sum_{i=1}^{n}x_i$$

令该导数为 0,即得极大似然估计值

$$\hat{\lambda}=\frac{1}{n}\sum_{i=1}^{n}x_i=\overline{x}$$

与之相应的极大似然估计量为

$$\hat{\lambda}=\frac{1}{n}\sum_{i=1}^{n}X_i=\overline{X}$$

例 8.1.5 $X\sim N(\mu,\sigma^2)$,求均值 μ 与方差 σ^2 的极大似然估计.

解 因为总体 $X\sim N(\mu,\sigma^2)$,所以 X 的密度函数为

$$f(x;\mu,\sigma^2)=\frac{1}{\sqrt{2\pi}\,\sigma}\mathrm{e}^{-\frac{(x-\mu)^2}{2\sigma^2}}\quad(|x|<+\infty)$$

设样本观测值为 $x_1,x_2,\cdots,x_n$,则似然函数为

$$L(\mu,\sigma^2)=\prod_{i=1}^{n}\left[\frac{1}{\sqrt{2\pi}\sigma}\mathrm{e}^{-\frac{(x_i-\mu)^2}{2\sigma^2}}\right]=(2\pi\sigma^2)^{-\frac{n}{2}}\prod_{i=1}^{n}\mathrm{e}^{-\frac{(x_i-\mu)^2}{2\sigma^2}}$$

于是

$$\ln L(\mu,\sigma^2)=-\frac{n}{2}\ln(2\pi)-\frac{n}{2}\ln\sigma^2-\frac{1}{2\sigma^2}\sum_{i=1}^{n}(x_i-\mu)^2$$

从而

$$\begin{cases}\dfrac{\partial}{\partial\mu}\ln L(\mu,\sigma^2)=\dfrac{1}{\sigma^2}\displaystyle\sum_{i=1}^{n}(x_i-\mu)\\[2ex]\dfrac{\partial}{\partial(\sigma^2)}\ln L(\mu,\sigma^2)=-\dfrac{n}{2\sigma^2}+\dfrac{1}{2(\sigma^2)^2}\displaystyle\sum_{i=1}^{n}(x_i-\mu)^2\end{cases}$$

令这两个偏导数为 0,即得极大似然估计值:

$$\begin{cases}\hat{\mu}=\dfrac{1}{n}\displaystyle\sum_{i=1}^{n}x_i=\overline{x}\\[2ex]\hat{\sigma}^2=\dfrac{1}{n}\displaystyle\sum_{i=1}^{n}(x_i-\overline{x})^2=m^2\end{cases}$$

相应的极大似然估计量为

$$\hat{\mu}=\overline{X},\quad\hat{\sigma}^2=M^2$$

例 8.1.6 设总体 X 的分布律为

$$X\sim\begin{bmatrix}0&1&2&3\\\theta^2&2\theta(1-\theta)&\theta^2&1-2\theta\end{bmatrix}$$

其中 $\theta(0<\theta<0.5)$ 是未知参数. 若总体 X 有样本观测值

$$3,\ 1,\ 3,\ 0,\ 3,\ 1,\ 2,\ 3$$

求 θ 的矩估计和极大似然估计.

解　先求 θ 的矩估计

$$EX = 1\cdot[2\theta(1-\theta)] + 2\cdot(\theta^2) + 3\cdot(1-2\theta) = 3-4\theta$$

$$\overline{x} = \frac{1}{8}(3+1+3+0+3+1+2+3) = 2$$

令 $EX=\overline{x}$, 即得 θ 的矩估计值为

$$\hat{\theta}=\frac{1}{4}$$

下面求 θ 的极大似然估计, 这时似然函数为

$$L(\theta)=\prod_{i=1}^{8} p(x_i;\theta)=\theta^2\cdot[2\theta(1-\theta)]^2\cdot\theta^2\cdot(1-2\theta)^4$$
$$=4\theta^6(1-\theta)^2\cdot(1-2\theta)^4$$

从而

$$\ln L(\theta)=\ln 4+6\ln\theta+2\ln(1-\theta)+4\ln(1-2\theta)$$

于是

$$\frac{\mathrm{d}}{\mathrm{d}\theta}\ln L(\theta)=\frac{6}{\theta}-\frac{2}{1-\theta}-\frac{8}{1-2\theta}=2\cdot\frac{3-14\theta+12\theta^2}{\theta(1-\theta)(1-2\theta)}$$

令该导数为 0, 即得

$$\theta=\frac{7\pm\sqrt{13}}{12}$$

由于取"+"号时 $\theta>\frac{1}{2}$ 不合题意, 所以 θ 的极大似然估计值为

$$\hat{\theta}=\frac{7-\sqrt{13}}{12}$$

例 8.1.7　设 $X\sim U(0,\theta)$, 求 θ 的极大似然估计.

解　设样本观测值为 $x_1,x_2,\cdots,x_n$, 则

$$f(x_i;\theta)=\frac{1}{\theta}(0<x_i<\theta)\quad(i=1,2,\cdots,n)$$

故似然函数为

$$L(\theta)=\prod_{i=1}^{n} f(x_i;\theta)=\frac{1}{\theta^n}\quad(0<x_i<\theta;i=1,2,\cdots,n)$$

显然 $L(\theta)$ 在 $\theta=\max\limits_{i}\{x_i\}$ 时达到最大, 故 θ 的极大似然估计值为

$$\hat{\theta}=\max_{i}\{x_i\}=x_{(n)}$$

相应的极大似然估计量为

$$\hat{\theta}=\max_i\{X_i\}=X_{(n)}$$

可以证明,极大似然估计还有一个简单而有用的性质.

定理 8.1.1 设$\hat{\theta}$是参数θ的一个极大似然估计,函数$u=g(\theta)$具有单值反函数,则$\hat{u}=g(\hat{\theta})$就是$g(\theta)$的极大似然估计.

有了定理 8.1.1,就能从例 8.1.5 的结论容易知道正态分布$N(\mu,\sigma^2)$的标准差σ的极大似然估计为样本二阶中心矩开方

$$\hat{\sigma}=M=\sqrt{\frac{1}{n}\sum_{i=1}^{n}(X_i-\overline{X})^2}$$

应用参数点估计上述两种方法时,要注意它们的条件.矩估计法的优点是简便、直观.特别是对总体的均值与方差进行估计时,并不一定要知道总体服从什么分布,但总体的矩有时可能会不存在,故矩估计法不一定有解.而应用极大似然法时,必须知道总体分布的形式才能进行.但进一步的研究表明,极大似然估计的大样本性质一般优于矩估计,因此它受到了更多的重视.

8.2 估计量的评价标准

从例 8.1.6 的估计可知,对于同一参数,不同的方法产生的估计可能不同.那么究竟采用哪一个好呢?这就涉及用什么标准来评价的问题.总的想法是希望估计量$\hat{\theta}$与所估参数θ在某种意义下最为接近,通常采用的**评价标准**有三个——相合性(一致性)、无偏性和有效性.

8.2.1 相合性

定义 8.2.1 设$\hat{\theta}=\hat{\theta}(X_1,X_2,\cdots,X_n)$为参数$\theta$的一个估计量,若$\hat{\theta}$依概率收敛于$\theta$,即

$$\hat{\theta}(X_1,X_2,\cdots,X_n)\xrightarrow{P}\theta\quad(n\to\infty)\tag{8.12}$$

即对于任意的正数ε,有

$$\lim_{n\to\infty}P\{|\hat{\theta}(X_1,X_2,\cdots,X_n)-\theta|<\varepsilon\}=1\tag{8.13}$$

则称$\hat{\theta}(X_1,X_2,\cdots,X_n)$为$\theta$的**相合估计**或**一致估计**.

作为辛钦大数定律的直接推论,则有以下定理.

定理 8.2.1 对任意的$k(k=1,2,\cdots)$,若总体X的k阶原点矩EX^k存在,则样本的k阶原点矩$\overline{X^k}$就是总体k阶原点矩EX^k的相合估计,即

$$\overline{X^k}\xrightarrow{P}EX^k\quad(n\to\infty)$$

由定理 8.2.1 可知在EX和EX^2存在的条件下,有

$$M^2=\overline{X^2}-\overline{X}^2 \xrightarrow{P} EX^2-(EX)^2=DX \quad (n\to\infty)$$

$$S^2=\frac{n}{n-1}M^2 \xrightarrow{P} DX \quad (n\to\infty)$$

故样本二阶中心矩 M^2 和样本方差 S^2 都是其总体方差 DX 的相合估计.

我们还知道,矩估计法是用样本的矩代替总体的相应矩对参数进行估计的,所以,定理 8.2.1 事实上表明,凡由矩法得到的估计都是相合估计.

8.2.2　无偏性

定义 8.2.2　设 $\hat{\theta}=\hat{\theta}(X_1,X_2,\cdots,X_n)$ 是 θ 的估计量,若

$$E\hat{\theta}=\theta \tag{8.14}$$

则称 $\hat{\theta}$ 为 θ 的**无偏估计(量)**. 若 $E\hat{\theta}\neq\theta$,则称偏差 $E\hat{\theta}-\theta$ 为该估计的**系统误差**. 若

$$\lim_{n\to\infty}E\hat{\theta}=\theta \tag{8.15}$$

则称 $\hat{\theta}$ 为 θ 的**渐近无偏估计**.

8.2.3　有效性

定义 8.2.3　设 $\hat{\theta}_1=\hat{\theta}_1(X_1,X_2,\cdots,X_n)$ 与 $\hat{\theta}_2=\hat{\theta}_2(X_1,X_2,\cdots,X_n)$ 都是参数 θ 的无偏估计量,若

$$D\hat{\theta}_1<D\hat{\theta}_2 \tag{8.16}$$

则称 $\hat{\theta}_1$ **较** $\hat{\theta}_2$ **有效**.

例 8.2.1　设 $X_1,X_2,\cdots,X_n$ 为来自总体 X 的样本,$EX=\mu$,$DX=\sigma^2$,判断下列统计量是否为 μ 的无偏估计,并对 μ 的无偏估计判断其有效性.

(1) $X_i(i=1,2,\cdots,n)$;

(2) $\overline{X}=\frac{1}{n}\sum_{i=1}^{n}X_i$;

(3) $Y=0.5X_2+0.4X_3$.

解　(1) 由于

$$EX_1=EX_2=\cdots=EX_n=EX=\mu$$
$$DX_1=DX_2=\cdots=DX_n=DX=\sigma^2$$

所以 $X_i(i=1,2,\cdots,n)$都是 μ 的无偏估计,而且它们的有效性相同.

(2) 由于

$$E\overline{X}=E\left(\frac{1}{n}\sum_{i=1}^{n}X_i\right)=\frac{1}{n}\sum_{i=1}^{n}EX_i=\frac{1}{n}\sum_{i=1}^{n}\mu=\mu$$

所以 $\overline{X}$ 也是 μ 的无偏估计. 又因

$$D\overline{X}=D\left(\frac{1}{n}\sum_{i=1}^{n}X_i\right)=\frac{1}{n^2}\sum_{i=1}^{n}DX_i=\frac{1}{n^2}\sum_{i=1}^{n}\sigma^2=\frac{\sigma^2}{n}$$

故当 $n>1$ 时

$$D\overline{X}=\frac{\sigma^2}{n}<\sigma^2=DX_i$$

所以 $\overline{X}$ 较单个样本 X_i 有效.

可以证明,$\overline{X}$ 是所有形如 $\sum_{i=1}^{n}C_iX_i$ 的 μ 的无偏估计量中最有效的.

(3) 由于

$$EY=0.5EX_2+0.4EX_3=0.9\mu$$

所以 $Y=0.5X_2+0.4X_3$ 不是 μ 的无偏估计.

例 8.2.2 设 $X_1,X_2,\cdots,X_n$ 为来自总体 X 的样本,$EX=\mu,DX=\sigma^2$,试判断样本二阶中心矩 M^2 和样本方差 S^2 是否为总体方差 σ^2 的无偏估计.

解 $EM^2=E[\overline{X^2}-\overline{X}^2]=E\left(\frac{1}{n}\sum_{i=1}^{n}X_i^2-\overline{X}^2\right)=\frac{1}{n}\sum_{i=1}^{n}EX_i^2-E\overline{X}^2$

$$=\frac{1}{n}\sum_{i=1}^{n}[DX_i+(EX_i)^2]-[D\overline{X}+(E\overline{X})^2]$$

将例 8.2.1 的结论 $E\overline{X}=\mu$, $D\overline{X}=\frac{\sigma^2}{n}$ 和 $EX_i=\mu,DX_i=\sigma^2$ 代入即得

$$EM^2=(\sigma^2+\mu^2)-\left(\frac{\sigma^2}{n}+\mu^2\right)=\frac{n-1}{n}\sigma^2$$

$$ES^2=E\left(\frac{n}{n-1}M^2\right)=\frac{n}{n-1}EM^2=\sigma^2$$

所以样本二阶中心矩 M^2 并不是总体方差(或总体二阶中心矩)σ^2 的无偏估计,而 S^2 才是总体方差 σ^2 的无偏估计.因此,人们通常把 S^2 称为**样本方差**,而不把 M^2 称为样本方差.

如果注意到

$$\lim_{n\to\infty}EM^2=\lim_{n\to\infty}\frac{n-1}{n}\sigma^2=\sigma^2$$

则可知样本二阶中心矩 M^2 是总体方差 σ^2 的渐近无偏估计.

对于无偏估计,还需指出:即使 $\hat{\theta}$ 是 θ 的无偏估计,$g(\hat{\theta})$ 也未必是 $g(\theta)$ 的无偏估计.事实上,若 $E\hat{\theta}=\theta$,则

$$E\hat{\theta}^2=D\hat{\theta}+(E\hat{\theta})^2>(E\hat{\theta})^2=\theta^2\quad(\text{当 } D\hat{\theta}>0 \text{ 时})$$

可见,即使 $\hat{\theta}$ 是 θ 的无偏估计,但在 $D\hat{\theta}>0$ 时 $\hat{\theta}^2$ 并不是 θ^2 的无偏估计.

8.3　参数的区间估计

上面讨论了参数的点估计，它是用一个估计量的取值 $\hat{\theta}$ 去估计参数 θ，其优点是简单、明确，但缺点是没有提供估计的精确性和可靠性. 本节讨论的参数区间估计将解决这样的问题.

定义 8.3.1　设 θ 为总体 X 的一个未知参数，$X_1, X_2, \cdots, X_n$ 是来自总体 X 的样本. 如果对于小概率 α(一般取 α 为 0.1，0.05 等)，存在统计量

$$\hat{\theta}_1=\hat{\theta}_1(X_1, X_2, \cdots, X_n) \text{和} \hat{\theta}_2=\hat{\theta}_2(X_1, X_2, \cdots, X_n)$$

使

$$P\{\hat{\theta}_1<\theta<\hat{\theta}_2\}=1-\alpha \tag{8.17}$$

则称 $(\hat{\theta}_1, \hat{\theta}_2)$ 为 θ 的**置信区间**，称 $\hat{\theta}_1$ 为 θ 的**置信下限**，称 $\hat{\theta}_2$ 为 θ 的**置信上限**，称 $1-\alpha$ 为**置信度**(**置信概率或置信水平**). 这种用区间估计参数的方法称为**区间估计法**.

需要注意的是，参数 θ 虽然未知，但它是常数，无随机性可言，而区间 $(\hat{\theta}_1, \hat{\theta}_2)$ 却是**随机区间**. 因此，式(8.17)的**本质含义**是以置信度 $1-\alpha$ 保证所求的置信区间 $(\hat{\theta}_1, \hat{\theta}_2)$ 包含真值 θ. 这时，置信度 $1-\alpha$ 反映了区间估计的可靠性，而置信区间的长度 $\hat{\theta}_2-\hat{\theta}_1$ 则反映了区间估计的精度. 一般来说，置信度 $1-\alpha$ 越大越好，置信区间的长度 $\hat{\theta}_2-\hat{\theta}_1$ 越小越好.

在应用中，进行区间估计的**原则**是在保证可靠性(一般取 α 为 0.1，0.05，0.01 等)的前提下，努力提高精度(即尽量选取长度短的置信区间).

下面分情况讨论参数的区间估计.

8.3.1　一个正态总体均值的区间估计(方差已知时)

设总体 $X\sim N(\mu, \sigma^2)$(σ^2 已知)，$X_1, X_2, \cdots, X_n$ 是来自总体的样本. 求均值 μ 的置信区间.

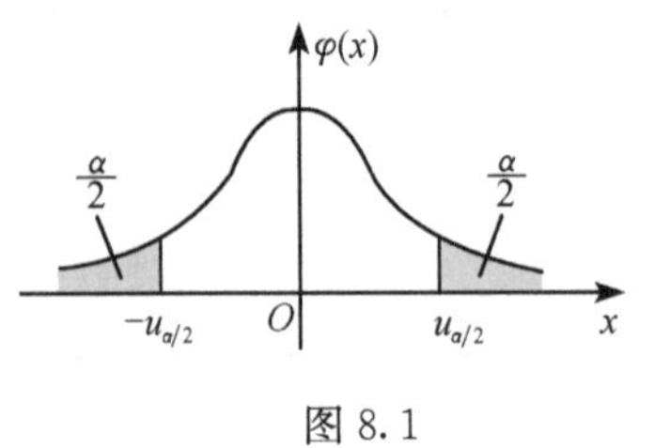

图 8.1

为了构造均值 μ 的置信区间，可借助定理 7.3.1给出的抽样分布

$$U=\frac{\overline{X}-\mu}{\sigma/\sqrt{n}}\sim N(0,1) \tag{8.18}$$

由此分布知，对于给定的置信度 $1-\alpha$，有(图 8.1).

$$P\{-u_{\alpha/2}<U<u_{\alpha/2}\}=1-\alpha \tag{8.19}$$

将式(8.18)代入式(8.19)并改写为关于 μ 的表示形式，则有

$$P\left\{\overline{X}-\frac{\sigma}{\sqrt{n}}u_{\alpha/2}<\mu<\overline{X}+\frac{\sigma}{\sqrt{n}}u_{\alpha/2}\right\}=1-\alpha$$

这样，就获得了 μ 的以 $1-\alpha$ 为置信度的置信区间

$$\left(\overline{X}-\frac{\sigma}{\sqrt{n}}u_{\alpha/2},\overline{X}+\frac{\sigma}{\sqrt{n}}u_{\alpha/2}\right) \tag{8.20}$$

由于构成该区间的两个置信限都是有限的，通常这样的区间称为**双侧置信区间**，相应的估计称为**双侧区间估计**. 习惯上，人们也常把式(8.20)定义的区间记作

$$\left(\overline{X}\pm\frac{\sigma}{\sqrt{n}}u_{\alpha/2}\right) \tag{8.21}$$

有时在研究某些实际问题时，往往只关心两个置信限中的某一个. 例如，在研究设备元件的使用寿命时，寿命越长越好，置信上限为 $+\infty$，这时人们最关心的是寿命的置信下限(称为**单侧置信下限**)，而在研究产品的废品率时，人们却只关心废品率的置信上限(称为**单侧置信上限**). 我们把这样的半无穷置信区间称为**单侧置信区间**，把相应的估计称为**单侧区间估计**.

为了得到单侧置信区间，类似于构造概率(8.19)，可采用

$$P\{-u_\alpha<U\}=1-\alpha$$

为置信概率，将式(8.18)代入上式并改写为关于 μ 的表示形式，即得

$$P\left\{-\infty<\mu<\overline{X}+\frac{\sigma}{\sqrt{n}}u_\alpha\right\}=1-\alpha$$

这样，可获得 μ 的以 $1-\alpha$ 为置信度的单侧置信区间

$$\left(-\infty,\overline{X}+\frac{\sigma}{\sqrt{n}}u_\alpha\right) \tag{8.22}$$

其中 $\overline{X}+\frac{\sigma}{\sqrt{n}}u_\alpha$ 为单侧置信上限.

同理，若采用

$$P\{U<u_\alpha\}=1-\alpha$$

为置信概率，则可获得 μ 的以 $1-\alpha$ 为置信度的另一个单侧置信区间

$$\left(\overline{X}-\frac{\sigma}{\sqrt{n}}u_\alpha,+\infty\right) \tag{8.23}$$

其中 $\overline{X}-\frac{\sigma}{\sqrt{n}}u_\alpha$ 为单侧置信下限.

通常，把用 U 作统计量构造置信区间的方法称为 **U 估计法**.

区间估计的一般步骤为：

(1) 确定估计法及相应的抽样分布；

(2) 由抽样分布构造置信区间表达式；

(3) 将所需数据代入得所求置信区间.

例 8.3.1 某车间生产滚珠，从长期生产经验可知滚珠直径 X 服从正态分布 $N(\mu,\sigma^2)$. 从某天的产品里随机抽取 6 个，量得直径如下(单位：mm)：

$$14.70,\ 15.21,\ 14.90,\ 14.91,\ 15.32,\ 15.32$$

(1) 试估计该天滚珠直径的平均值；

(2) 若已知 $\sigma^2=0.05$，求该平均值的置信区间($\alpha=0.05$).

解 (1) 由矩估计法知

$$\hat{\mu}=\bar{x}=\frac{1}{6}(14.70+15.21+\cdots+15.32)=15.06$$

(2) 用 U 估计法. 由 $U=\dfrac{\overline{X}-\mu}{\sigma/\sqrt{n}}\sim N(0,1)$ 可构造出双侧置信区间

$$\left(\overline{X}-\frac{\sigma}{\sqrt{n}}u_{\alpha/2},\overline{X}+\frac{\sigma}{\sqrt{n}}u_{\alpha/2}\right)$$

将

$$n=6,\quad u_{\alpha/2}=u_{0.025}=1.96,\quad \bar{x}=15.06,\quad \sigma=\sqrt{0.05}$$

代入得所求置信区间为(14.88,15.24).

8.3.2 一个正态总体均值的区间估计(方差未知时)

设总体 $X\sim N(\mu,\sigma^2)$(σ^2 未知)，$X_1,X_2,\cdots,X_n$ 是来自总体的样本. 求均值 μ 的置信区间.

这时，由于 σ^2 未知，无法用 U 估计法获得均值 μ 的置信区间，我们可借助于定理 7.3.4 给出的抽样分布

$$T=\frac{\overline{X}-\mu}{S/\sqrt{n}}\sim t(n-1) \tag{8.24}$$

代替式(8.18)，经完全类似的讨论可知，μ 的以 $1-\alpha$ 为置信度的双侧置信区间为

$$\left(\overline{X}\pm\frac{S}{\sqrt{n}}t_{\alpha/2}\right) \tag{8.25}$$

其中

$$t_{\alpha/2}=t_{\alpha/2}(n-1)$$

是对应于自由度为 $n-1$ 的 t 分布的上侧分位数. 同样地，也可求出两个单侧置信区间分别为

$$\left(-\infty,\overline{X}+\frac{S}{\sqrt{n}}t_{\alpha}\right),\quad \left(\overline{X}-\frac{S}{\sqrt{n}}t_{\alpha},+\infty\right) \tag{8.26}$$

其中

$$t_\alpha = t_\alpha(n-1)$$

是对应于自由度为 $n-1$ 的 t 分布的上侧分位数. 这种用 T 作统计量构造置信区间的方法称为 T **估计法**.

例 8.3.2 从某批灯泡中抽取 5 只做寿命试验,其寿命(单位:h)为

$$1050, 1100, 1120, 1250, 1280$$

设寿命服从正态分布,求其均值 μ 的置信度为 0.95 的置信下限.

解 由于关心寿命的置信下限,所以应用 T 估计法,由

$$T=\frac{\overline{X}-\mu}{S/\sqrt{n}} \sim t(n-1)$$

可构造出寿命的单侧置信区间

$$\left[\overline{X}-\frac{S}{\sqrt{n}}t_\alpha, +\infty\right)$$

或单侧置信下限

$$\overline{X}-\frac{S}{\sqrt{n}}t_\alpha(n-1)$$

由样本可算出

$$\overline{x}=\frac{1}{5}(1050+1100+1120+1250+1280)=1160$$

$$s^2=\frac{1}{4}[(1050-1160)^2+\cdots+(1280-1160)^2]=9950$$

$$s=\sqrt{s^2}=\sqrt{9950}=99.75$$

由置信度 $1-\alpha=0.95$ 知 $\alpha=0.05$. 再由 $n=5$ 并查 t 分布表得

$$t_\alpha=t_\alpha(n-1)=t_{0.05}(4)=2.132$$

将其代入可得 μ 的单侧置信下限为

$$\overline{x}-\frac{s}{\sqrt{n}}t_\alpha=1065$$

8.3.3 大样本非正态总体均值的区间估计

如果总体 X 不服从正态分布,则由于样本函数的分布不易确定,所以要讨论总体参数的区间估计往往比较困难. 但是,当样本容量 n 很大时(一般要求 $n\geqslant 50$,这时称样本为**大样本**),可以根据中心极限定理近似地解决这个问题.

设 $EX=\mu, DX=\sigma^2(0<\sigma<+\infty)$,则由中心极限定理知

$$U=\frac{\overline{X}-\mu}{\sigma/\sqrt{n}} \overset{\text{近似}}{\sim} N(0,1) \tag{8.27}$$

如果 σ^2 已知，则这时可用式(8.27)作近似抽样分布，仍可获得与 8.3.1 小节中完全相同的 U 估计法，并得到与式(8.20)～式(8.23)完全相同的置信区间.

如果 σ^2 未知，则可在式(8.20)～式(8.23)中用 σ^2 的无偏估计 S^2(即样本方差)或一致估计 M^2(样本二阶中心矩)代替 σ^2，即令

$$\sigma^2 \approx S^2 \quad 或 \quad \sigma^2 \approx M^2 \tag{8.28}$$

照样使用 8.3.1 小节中的 U 估计法获得相应的置信区间.

例 8.3.3　设根据来自总体 X 的容量为 100 的简单随机样本，测得样本均值为 5，样本方差为 1，求总体 X 的数学期望的置信度为 0.95 的置信区间.

解　设总体均值为 μ，方差为 σ^2，则由题知

$$U = \frac{\overline{X} - \mu}{\sigma / \sqrt{n}} \overset{近似}{\sim} N(0,1)$$

故用 U 估计法. 将 $n=100$，$\overline{x}=5$，$\sigma \approx s=1$ 与 $u_{\alpha/2}=u_{0.025}=1.96$ 代入可得双侧置信区间为

$$\left(\overline{x} \pm \frac{\sigma}{\sqrt{n}} u_{\alpha/2}\right) = (5 \pm 0.196) = (4.804, 5.196)$$

8.3.4　一个正态总体方差的区间估计

设总体 $X \sim N(\mu, \sigma^2)$，$X_1, X_2, \cdots, X_n$ 是来自总体的样本. 求 σ^2 的置信区间.

为了构造 σ^2 的置信区间，可利用定理 7.3.3 给出的抽样分布

$$\chi^2 = \frac{(n-1)S^2}{\sigma^2} \sim \chi^2(n-1) \tag{8.29}$$

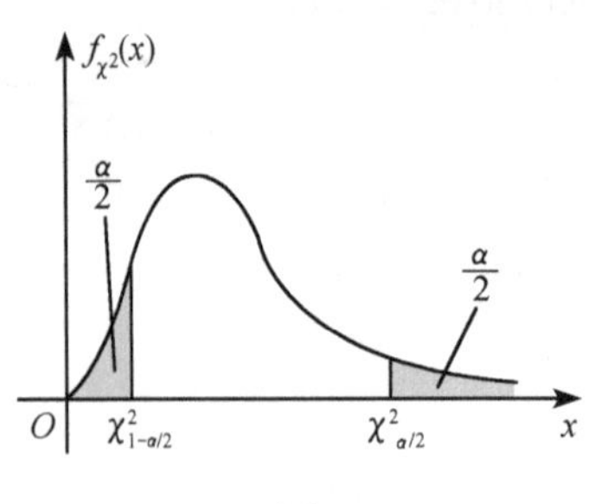

图 8.2

由此分布知，对给定的置信度 $1-\alpha$，有

$$P\{\chi^2_{1-\alpha/2} < \chi^2 < \chi^2_{\alpha/2}\} = 1-\alpha \tag{8.30}$$

如图 8.2 所示，其中

$$\chi^2_{1-\alpha/2} = \chi^2_{1-\alpha/2}(n-1)$$

$$\chi^2_{\alpha/2} = \chi^2_{\alpha/2}(n-1)$$

都是对应于自由度为 $n-1$ 的上侧分位数. 将式(8.29)代入式(8.30)并改写为关于 σ^2 的表示形式，则有

$$P\left\{\frac{(n-1)S^2}{\chi^2_{\alpha/2}} < \sigma^2 < \frac{(n-1)S^2}{\chi^2_{1-\alpha/2}}\right\} = 1-\alpha$$

这样，就获得了 σ^2 的以 $1-\alpha$ 为置信度的**双侧置信区间**

$$\left(\frac{(n-1)S^2}{\chi^2_{\alpha/2}}, \frac{(n-1)S^2}{\chi^2_{1-\alpha/2}}\right) \tag{8.31}$$

与此相应，标准差 σ 的以 $1-\alpha$ 为置信度的**双侧置信区间为**

$$\left(\sqrt{\frac{(n-1)S^2}{\chi^2_{\alpha/2}}},\sqrt{\frac{(n-1)S^2}{\chi^2_{1-\alpha/2}}}\right) \tag{8.32}$$

如果在构造概率(8.30)时，采用

$$P\{\chi^2>\chi^2_{1-\alpha}\}=1-\alpha \quad 或 \quad P\{\chi^2<\chi^2_{\alpha}\}=1-\alpha$$

则可获得与式(8.31)相应的 σ^2 的以 $1-\alpha$ 为置信度的两个**单侧置信区间**

$$\left(0,\frac{(n-1)S^2}{\chi^2_{1-\alpha}}\right),\quad \left(\frac{(n-1)S^2}{\chi^2_{\alpha}},+\infty\right) \tag{8.33}$$

这种用 χ^2 作统计量构造置信区间的方法称为 χ^2 **估计法**.

例 8.3.4 为确定某种溶液的甲醛浓度，取样得 4 个独立测定值的平均值 $\overline{x}=8.34\%$，样本标准差 $s=0.03\%$，设被测总体服从正态分布 $X\sim N(\mu,\sigma^2)$，求参数 μ,σ^2 及 σ 的置信度为 0.95 的置信区间.

解 根据 T 估计法，由

$$T=\frac{\overline{X}-\mu}{S/\sqrt{n}}\sim t(n-1)$$

可求出 μ 的置信度为 $1-\alpha$ 的双侧置信区间为

$$\left(\overline{X}-\frac{S}{\sqrt{n}}t_{\alpha/2},\overline{X}+\frac{S}{\sqrt{n}}t_{\alpha/2}\right)$$

又因为 $1-\alpha=0.95$，所以 $\alpha=0.05$. 再由 $n=4$ 并查附表 4 和附表 5 知

$$t_{\alpha/2}=t_{\alpha/2}(n-1)=t_{0.025}(3)=3.182$$

$$\chi^2_{\alpha/2}=\chi^2_{\alpha/2}(n-1)=\chi^2_{0.025}(3)=9.35$$

$$\chi^2_{1-\alpha/2}=\chi^2_{1-\alpha/2}(n-1)=\chi^2_{0.975}(3)=0.22$$

将其与 $\overline{x}=8.34\%$，$s=0.03\%$ 代入可知 μ 的置信度为 0.95 的双侧置信区间为

$$\left(\overline{x}-\frac{s}{\sqrt{n}}t_{\alpha/2},\overline{x}+\frac{s}{\sqrt{n}}t_{\alpha/2}\right)=(8.292\%,8.388\%)$$

根据 χ^2 估计法，由

$$\chi^2=\frac{(n-1)S^2}{\sigma^2}\sim\chi^2(n-1)$$

可求出 σ^2 的置信度为 $1-\alpha$ 的双侧置信区间为

$$\left(\frac{(n-1)S^2}{\chi^2_{\alpha/2}},\frac{(n-1)S^2}{\chi^2_{1-\alpha/2}}\right)$$

将上述数据代入可求出 σ^2 的置信度为 0.95 的双侧置信区间为

$$\left(\frac{0.00029}{100^2}, \frac{0.01227}{100^2}\right)$$

从而得 σ 的置信度为 0.95 的双侧置信区间为

$$\left(\sqrt{\frac{0.00029}{100^2}}, \sqrt{\frac{0.01227}{100^2}}\right) = (0.017\%, 0.111\%)$$

8.3.5 两个正态总体均值差的区间估计

设 $X_1, X_2, \cdots, X_{n_1}$ 和 $Y_1, Y_2, \cdots, Y_{n_2}$ 分别来自正态总体 $N(\mu_1, \sigma_1^2)$ 和 $N(\mu_2, \sigma_2^2)$，且它们相互独立，并假设 $\sigma_1^2 = \sigma_2^2$ 但取值未知，它们的样本均值分别为 $\overline{X}$ 和 $\overline{Y}$，样本方差分别为 S_1^2 和 S_2^2.

为了构造均值差 $\mu_1 - \mu_2$ 的置信区间，可利用定理 7.3.6 给出的抽样分布

$$T = \frac{(\overline{X} - \overline{Y}) - (\mu_1 - \mu_2)}{S_w \sqrt{\frac{1}{n_1} + \frac{1}{n_2}}} \sim t(n_1 + n_2 - 2) \tag{8.34}$$

其中

$$S_w = \sqrt{\frac{(n_1 - 1)S_1^2 + (n_2 - 1)S_2^2}{n_1 + n_2 - 2}} \tag{8.35}$$

由此分布知，对于给定的置信度 $1-\alpha$，有

$$P\{-t_{\alpha/2} < T < t_{\alpha/2}\} = 1 - \alpha \tag{8.36}$$

其中

$$t_{\alpha/2} = t_{\alpha/2}(n_1 + n_2 - 2)$$

将式(8.34)代入式(8.36)并改写为关于 $\mu_1 - \mu_2$ 的表示形式，则有

$$P\left\{\overline{X} - \overline{Y} - t_{\alpha/2} S_w \sqrt{\frac{1}{n_1} + \frac{1}{n_2}} < \mu_1 - \mu_2 < \overline{X} - \overline{Y} + t_{\alpha/2} S_w \sqrt{\frac{1}{n_1} + \frac{1}{n_2}}\right\} = 1 - \alpha$$

这样，就获得了 $\mu_1 - \mu_2$ 的以 $1-\alpha$ 为置信度的置信区间

$$\left(\overline{X} - \overline{Y} - t_{\alpha/2} S_w \sqrt{\frac{1}{n_1} + \frac{1}{n_2}}, \overline{X} - \overline{Y} + t_{\alpha/2} S_w \sqrt{\frac{1}{n_1} + \frac{1}{n_2}}\right) \tag{8.37}$$

或

$$\left(\overline{X} - \overline{Y} \pm t_{\alpha/2} S_w \sqrt{\frac{1}{n_1} + \frac{1}{n_2}}\right) \tag{8.38}$$

如果在构造概率(8.36)时，采用

$$P\{T > -t_\alpha\} = 1 - \alpha \quad 或 \quad P\{T < t_\alpha\} = 1 - \alpha$$

则可获得 $\mu_1 - \mu_2$ 的以 $1-\alpha$ 为置信度的两个**单侧置信区间**

$$\left(-\infty, \overline{X}-\overline{Y}+t_{\alpha}S_w\sqrt{\frac{1}{n_1}+\frac{1}{n_2}}\right], \quad \left[\overline{X}-\overline{Y}-t_{\alpha}S_w\sqrt{\frac{1}{n_1}+\frac{1}{n_2}}, +\infty\right) \tag{8.39}$$

其中

$$t_{\alpha}=t_{\alpha}(n_1+n_2-2)$$

这种用 T 作统计量构造置信区间的方法仍称为 T **估计法**.

同理,利用定理 7.3.5 给出的抽样分布可构造出σ_1^2,σ_2^2已知时两个正态总体均值差 $\mu_1-\mu_2$ 的 U **估计法**,其结果见附表 7. 附表 7 集中列出了由上述各种方法产生的区间估计法和置信区间.

与大样本情况下非正态总体均值的估计一样,对于大样本情况下两个非正态总体均值差的估计,仍采用两个正态总体均值差的 U 估计法,只是遇到总体方差时要用相应的样本方差或样本二阶中心矩代替.

8.3.6 两个正态总体方差比的区间估计

设 $X_1,X_2,\cdots,X_{n_1}$ 和$Y_1,Y_2,\cdots,Y_{n_2}$ 分别来自正态总体$N(\mu_1,\sigma_1^2)$和 $N(\mu_2,\sigma_2^2)$,并且相互独立,它们的样本均值分别为 $\overline{X}$ 和 $\overline{Y}$,样本方差分别为 S_1^2 和 S_2^2.

为了构造方差比$\dfrac{\sigma_1^2}{\sigma_2^2}$的置信区间,可利用定理 7.3.7 给出的抽样分布

$$F=\frac{S_1^2\sigma_2^2}{S_2^2\sigma_1^2}\sim F(n_1-1,n_2-1) \tag{8.40}$$

由这个分布知,对于给定的置信度 $1-\alpha$,有(图8.3)

$$P\{F_{1-\alpha/2}<F<F_{\alpha/2}\}=1-\alpha \tag{8.41}$$

其中

$$F_{1-\alpha/2}=F_{1-\alpha/2}(n_1-1,n_2-1)$$
$$F_{\alpha/2}=F_{\alpha/2}(n_1-1,n_2-1)$$

都是对应于自由度为(n_1-1,n_2-1)的分位数. 将式(8.40)代入式(8.41)并改写为关于$\dfrac{\sigma_1^2}{\sigma_2^2}$的表示形式,即得

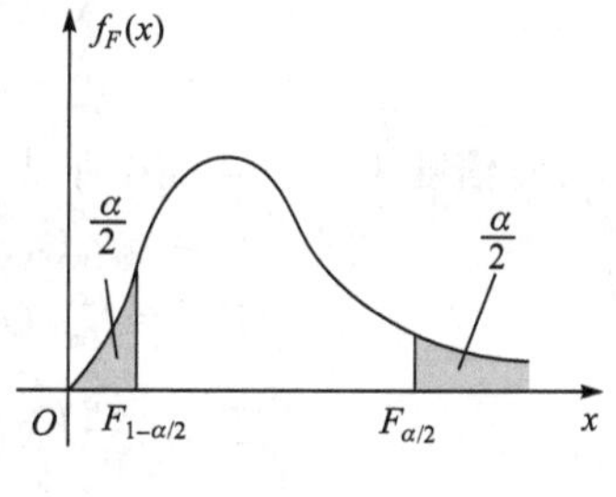

图 8.3

$$P\left\{\frac{S_1^2}{S_2^2F_{\alpha/2}}<\frac{\sigma_1^2}{\sigma_2^2}<\frac{S_1^2}{S_2^2F_{1-\alpha/2}}\right\}=1-\alpha$$

这样就获得了$\dfrac{\sigma_1^2}{\sigma_2^2}$的以 $1-\alpha$ 为置信度的**双侧置信区间**

$$\left(\frac{S_1^2}{S_2^2F_{\alpha/2}}, \frac{S_1^2}{S_2^2F_{1-\alpha/2}}\right) \tag{8.42}$$

如果在构造概率(8.41)时,采用

$$P\{F > F_{1-\alpha}\}=1-\alpha \quad 或 \quad P\{F < F_{\alpha}\}=1-\alpha$$

则可获得$\frac{\sigma_1^2}{\sigma_2^2}$的以 $1-\alpha$ 为置信度的两个**单侧置信区间**

$$\left(0,\frac{S_1^2}{S_2^2F_{1-\alpha}}\right),\quad \left(\frac{S_1^2}{S_2^2F_{\alpha}},+\infty\right) \tag{8.43}$$

这种用 F 作统计量构造置信区间的方法称为 **F 估计法**.

例 8.3.5　两批导线,从第一批中抽取 4 根,从第二批中抽取 5 根,测得它们的电阻(单位:Ω)如下:

第一批:0.143,0.142,0.143,0.138;

第二批:0.140,0.142,0.136,0.140,0.138.

设两批电阻分别服从正态分布 $X\sim N(\mu_1,\sigma_1^2)$和 $Y\sim N(\mu_2,\sigma_2^2)$,求两批导线电阻的均值差 $\mu_1-\mu_2$(假设 $\sigma_1=\sigma_2$)和方差比$\frac{\sigma_1^2}{\sigma_2^2}$的置信度为 90%的置信区间.

解　由已给的样本观测值计算可知

$$n_1=4,\quad \bar{x}=0.1415,\quad s_1^2=5.67\times10^{-6}$$
$$n_2=5,\quad \bar{y}=0.1392,\quad s_2^2=5.20\times10^{-6}$$

代入附表 7 的相应公式知

$$\begin{aligned}s_w&=\sqrt{\frac{(n_1-1)s_1^2+(n_2-1)s_2^2}{n_1+n_2-2}}\\&=\sqrt{\frac{3\times5.67\times10^{-6}+4\times5.20\times10^{-6}}{4+5-2}}\\&=2.324\times10^{-3}\end{aligned}$$

因为置信度 $1-\alpha=0.90$,所以 $\alpha=0.10$;查 t 分布表得

$$t_{\alpha/2}=t_{\alpha/2}(n_1+n_2-2)=t_{0.05}(7)=1.895$$
$$F_{\alpha/2}=F_{\alpha/2}(n_1-1,n_2-1)=F_{0.05}(3,4)=6.59$$
$$F_{1-\alpha/2}=F_{0.95}(3,4)=\frac{1}{F_{0.05}(4,3)}=\frac{1}{9.12}$$

对两个正态总体均值差用 T 估计法,由

$$T=\frac{(\bar{X}-\bar{Y})-(\mu_1-\mu_2)}{S_w\sqrt{\frac{1}{n_1}+\frac{1}{n_2}}}\sim t(n_1+n_2-2)$$

知两批导线电阻均值差 $\mu_1-\mu_2$ 的置信区间为

$$\left(\bar{x}-\bar{y}\pm t_{\alpha/2}s_w\sqrt{\frac{1}{n_1}+\frac{1}{n_2}}\right)=(-0.00065,0.00525)$$

对两个正态总体方差比用 F 估计法,由

$$F=\frac{S_1^2\sigma_2^2}{S_2^2\sigma_1^2}\sim F(n_1-1,n_2-1)$$

知两批导线电阻方差比 σ_1^2/σ_2^2 的置信区间为

$$\left(\frac{s_1^2}{s_2^2F_{\alpha/2}},\frac{s_1^2}{s_2^2F_{1-\alpha/2}}\right)=(0.165,9.944)$$

8.4 总体分布的估计

在概率论中，总是从已给随机变量 X 出发，讨论 X 的各种性质，这时总体 X 的分布都已事先给定. 然而在实际问题中，总体的分布常是未知的. 为了获得总体的分布，这就需要用统计的方法给出估计. 下面介绍几种常用的估计法.

8.4.1 经验分布函数

设$X_1,X_2,\cdots,X_n$是来自总体X 的样本，$x_{(1)},x_{(2)},\cdots,x_{(n)}$是次序统计量的观测值，则对任意的实数 x，事件$\{X\leqslant x\}$发生的频率(即$\{x_{(k)}\leqslant x\}$的个数与 n 之比)为

$$F_n(x)=\begin{cases}0, & x< x_{(1)}\\ \dfrac{k}{n}, & x_{(k)}\leqslant x< x_{(k+1)} \quad (1\leqslant k< n)\\ 1, & x\geqslant x_{(n)}\end{cases} \tag{8.44}$$

显然该频率 $F_n(x)$已构成一个分布函数(即满足分布函数的条件).

根据伯努利大数定律，在 $n\to\infty$时，事件$\{X\leqslant x\}$发生的频率$F_n(x)$依概率收敛于 $P\{X\leqslant x\}=F(x)$，即有

$$F_n(x)\xrightarrow{P}F(x)\quad (n\to\infty) \tag{8.45}$$

所以，当样本容量 n 较大时 $F(x)\approx F_n(x)$，因此在实践中，可用由式(8.44)定义的分布函数 $F_n(x)$作为总体 X 的近似分布，通常称 $F_n(x)$为 X 的**经验分布函数**.

8.4.2 经验分布律

若总体 X 是离散型的，样本

$$X_1,\ X_2,\ \cdots,\ X_n$$

的不同取值为

$$x_1^*,\ x_2^*,\ \cdots,\ x_l^* \quad (l\leqslant n)$$

且有

$$x_1^*< x_2^*<\cdots< x_l^* \tag{8.46}$$

与其相应的重复次数(即频数)分别为

$$m_1, m_2, \cdots, m_l \quad (m_1+m_2+\cdots+m_l=n) \tag{8.47}$$

则样本的发生频率可用分布矩阵表示为

$$\begin{bmatrix} x_1^* & x_2^* & \cdots & x_l^* \\ \dfrac{m_1}{n} & \dfrac{m_2}{n} & \cdots & \dfrac{m_l}{n} \end{bmatrix} \tag{8.48}$$

此时，由式(8.44)表示的经验分布函数也可写成

$$F_n(x)=\begin{cases} 0, & x<x_1^* \\ \dfrac{1}{n}\sum\limits_{i=1}^{k} m_i, & x_k^* \leqslant x < x_{k+1}^* \quad (k=1,2,\cdots,l-1) \\ 1, & x \geqslant x_l^* \end{cases}$$

根据伯努利大数定律，在 $n\to\infty$ 时，事件$\{X=x_i^*\}$发生的频率依概率收敛于 $P\{X=x_i^*\}$，故当样本容量 n 较大时可用由分布矩阵(8.48)作为总体 X 的近似分布. 通常称矩阵(8.48)为 X 的**经验分布律**.

8.4.3 经验分布密度

若总体 X 是连续型的，密度函数 $f(x)$未知，$x_{(1)},x_{(2)},\cdots,x_{(n)}$是样本次序统计量 $X_{(1)},X_{(2)},\cdots,X_{(n)}$的一组观测值，则从中不仅可以看出其最大值和最小值，还可看出大部分观测值落在哪一个范围. 选取包含$[x_{(1)},x_{(n)}]$的区间$(a,b]$并在其中插入 $l-1$ 个分点(通常分点采用等分法选取)：

$$a=a_0<a_1<a_2<\cdots<a_l=b \tag{8.49}$$

将其划分为 l 个子区间

$$(a_0,a_1],\ (a_1,a_2],\ \cdots,\ (a_{l-1},a_l]$$

其中子区间的个数 l 称为**组数**(一般以 6～17 为宜). 但要注意这样一个划分原则，要使每一个区间$(a_{i-1},a_i]$内都至少含有一个样本观测值. 然后求出样本观测值 $x_1,x_2,\cdots,x_n$落入各子区间的个数(即频数)n_i 及频率 n_i/n(表 8.1).

表 8.1 分布密度估计表

区间划分	频数 n_i	频率$\dfrac{n_i}{n}$	密度估计值 y_i
$(a_0,a_1]$	n_1	$\dfrac{n_1}{n}$	$\dfrac{n_1}{n(a_1-a_0)}$
$(a_1,a_2]$	n_2	$\dfrac{n_2}{n}$	$\dfrac{n_2}{n(a_2-a_1)}$
⋮	⋮	⋮	⋮
$(a_{l-1},a_l]$	n_l	$\dfrac{n_l}{n}$	$\dfrac{n_l}{n(a_l-a_{l-1})}$

根据伯努利大数定律,对于每一个 i,事件$\{X\in(a_{i-1},a_i]\}$发生的频率$\frac{n_i}{n}$依概率收敛于

$$p_i=P\{X\in(a_{i-1},a_i]\}$$

即有

$$\frac{n_i}{n}\xrightarrow{P}p_i=P\{X\in(a_{i-1},a_i]\}\quad(n\to\infty)\tag{8.50}$$

所以,当样本容量 n 较大时 $p_i\approx\frac{n_i}{n}$,从而在区间$(a_{i-1},a_i]$上,密度平均值

$$\frac{p_i}{a_i-a_{i-1}}$$

的近似值为

$$y_i=\frac{n_i}{n(a_i-a_{i-1})}\quad(i=1,2,\cdots,l)\tag{8.51}$$

因此在实践中,可用式(8.51)给出的密度平均近似值 y_i 作为总体 X 的近似密度,称为**密度估计值**(表 8.1). 为了直观地表示该近似密度,在 xOy 平面上,以 x 轴上各子区间$(a_{i-1},a_i]$为底,以密度估计值 y_i 为高作直方图(图 8.4). 从此图中,可大致看出 X 的概率分布状况或粗略地描绘出 X 的分布密度曲线,通常称该图为**频率直方图**,而称与此相应的表 8.1 为**分布密度估计表**.

例 8.4.1 从某校升学考卷中随机抽取 150 份,其成绩分布如下:

得分范围	41～50	51～60	61～70	71～80	81～90	91～100
得分人数	2	14	32	43	39	20

试依据这些资料作出成绩的频率直方图.

解 取 $a=40,b=100$,组距为 10,易得分布密度估计表如下:

区间划分	频数 n_i	频率 n_i/n	密度估计值 y_i
(40,50]	2	2/150	2/1500
(50,60]	14	14/150	14/1500
(60,70]	32	32/150	32/1500
(70,80]	43	43/150	43/1500
(80,90]	39	39/150	39/1500
(90,100]	20	20/150	20/1500

依据此表,可作出频率直方图,如图 8.5 所示.

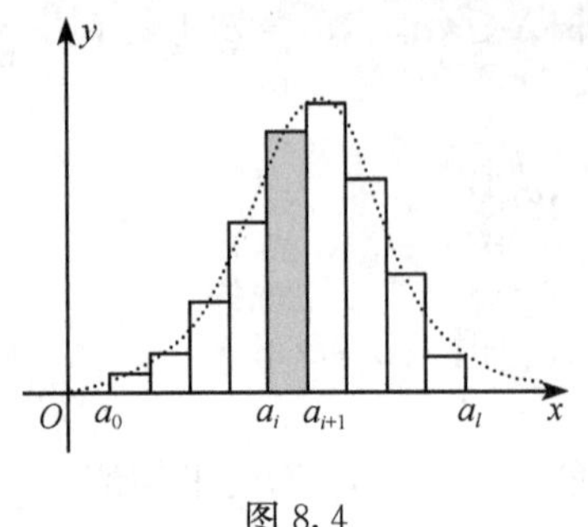

图 8.4

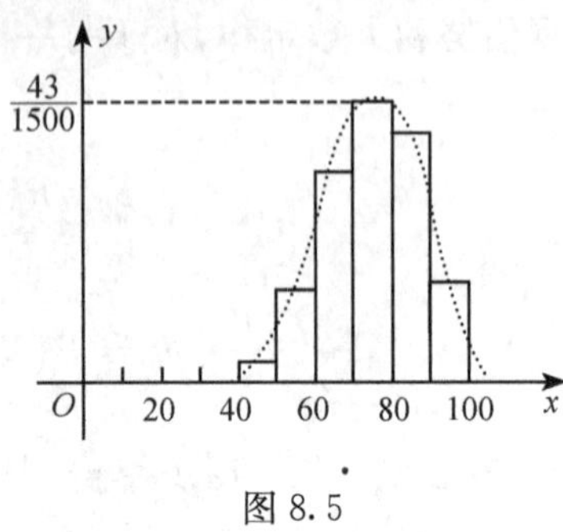

图 8.5

习　题　8

8.1　设总体 X 服从泊松分布 $P(\lambda)$，试用矩估计法求参数 λ 的估计量.

8.2　设总体 X 服从区间 $[a, b]$ 上的均匀分布，其密度函数为

$$f(x)=\begin{cases}\dfrac{1}{b-a}, & a\leqslant x\leqslant b\\ 0, & \text{其他}\end{cases}$$

其中 a, b 是未知参数，试用矩估计法求 a 与 b 的矩估计量.

8.3　设总体 X 服从指数分布 $e(\lambda)$，$X_1, X_2, \cdots, X_n$ 为总体 X 的样本，求参数 λ 的矩估计量和极大似然估计量.

8.4　设总体 X 的密度函数为

$$f(x)=\begin{cases}\theta x^{\theta-1}, & 0<x<1\\ 0, & \text{其他}\end{cases}$$

其中 $\theta>0$，X 的一组样本值为 $x_1, x_2, \cdots, x_n$，求参数 θ 的极大似然估计值.

8.5　设总体 X 服从 0-1 分布：

$$P\{X=0\}=1-p, \quad P\{X=1\}=p$$

X 的一组样本值为 $x_1, x_2, \cdots, x_n$，求参数 p 的极大似然估计值.

8.6　设总体 X 服从几何分布，它的分布律为

$$P\{X=k\}=p(1-p)^{k-1}, \quad k=1,2,\cdots$$

先用矩估计法求 p 的矩估计量，再求 p 的极大似然估计量.

8.7　设总体 X 的密度函数为

$$f(x)=\begin{cases}\mathrm{e}^{-(x-\theta)}, & x\geqslant\theta\\ 0, & x<\theta\end{cases}$$

试求 θ 的极大似然估计值.

8.8　设 (X_1, X_2) 是从正态总体 $N(\mu,1)$ 抽取的一个样本，试验证下面三个估计量：

(1) $\hat{\mu}_1=\dfrac{2}{3}X_1+\dfrac{1}{3}X_2$；

(2) $\hat{\mu}_2=\dfrac{1}{4}X_1+\dfrac{3}{4}X_2$；

(3) $\hat{\mu}_3=\frac{1}{2}X_1+\frac{1}{2}X_2$

都是μ的无偏估计,并求出每个估计量的方差.问哪一个方差最小?

8.9 设$X_1,X_2,\cdots,X_n$为总体X的样本,且X的数学期望μ已知,证明由

$$\tilde{S}^2=\frac{1}{n}\sum_{i=1}^{n}(X_i-\mu)^2$$

定义的统计量是总体方差的无偏估计量.

8.10 自某工厂某日生产的滚珠中随机抽取9个,测得直径(单位:mm)如下:

14.6, 14.7, 15.1, 14.9, 14.8, 15.0, 15.1, 15.2, 14.8

(1) 估计该日生产的滚珠直径的均值;

(2) 如果滚珠直径服从正态分布,且已知标准差为0.15mm,求直径均值的置信度为0.95的置信区间.

8.11 为估计制造一批钢索所能承受的平均张力,从其中取样做10次试验.由试验值得平均张力为6720kg/cm^2,样本标准差s为220kg/cm^2.设张力服从正态分布,试求钢索所能承受平均张力的双侧置信区间和单侧置信下限(置信概率为95%).

8.12 随机地从一批钉子中抽取16枚,测的其长度(单位:cm)为

2.14, 2.10, 2.13, 2.15, 2.13, 2.12, 2.13, 2.10

2.15, 2.12, 2.14, 2.10, 2.13, 2.11, 2.14, 2.11

设钉长分布为正态的,试求总体均值μ的置信概率为90%的置信区间:

(1) 若已知$\sigma=0.01$cm;

(2) 若σ未知.

8.13 从一批电子管中抽取100只,若抽取的电子管的平均寿命为1000h,标准差s为40h,试求整批电子管的平均寿命的置信区间(给定置信概率为95%).

8.14 假定每次试验时,出现事件A的概率p相同但未知.如果在60次独立试验中,事件A出现15次,试求概率p的置信区间(给定置信概率为0.95).

8.15 在一批货物的容量为100的子样中,经检验发现6个次品.试求这批货物次品率的单侧置信上限(置信概率为95%).

8.16 设飞机所装高度表的误差服从正态分布,其标准差为15m.问飞机上至少应该装有多少这样的仪器,才能以98%的概率保证平均高度的误差小于30m?

8.17 从自动机床加工的同类零件中抽取8个,测得长度(单位:mm)如下:

12.15, 12.12, 12.01, 12.08, 12.09, 12.16, 12.03, 12.01

如果零件长度服从正态分布,求零件长度的数学期望μ与标准差σ的置信度为0.95的置信区间.

8.18 从一批某种型号电子管中抽出容量为10的样本,计算得标准差$s=45$h.设整批电子管寿命服从正态分布.试给出这批电子管寿命标准差σ的单侧置信上限(置信概率为95%).

8.19 为研究两种固体燃料火箭推进器的燃烧率,抽取样本容量$n_1=n_2=20$的两个独立样本,求得燃烧率的样本均值分别为18cm/s, 24cm/s.设两种燃料的燃烧率都服从正态分布,标准差均为0.05cm/s,求两种燃料的燃烧率的总体均值差$\mu_1-\mu_2$的置信度为0.99的置

信区间.

8.20　对某农作物两个品种 A，B 计算了 8 个地区的亩产量如下：

品种 A：86，87，56，93，84，93，75，79；

品种 B：80，79，58，91，77，82，76，66，

假定两个品种的亩产量分别服从正态分布，且方差相等. 试求平均亩产量之差置信概率为 95% 的置信区间.

8.21　某车间用两台同型号机器 A，B 相互独立地生产同一种产品，其产品长度 X 和 Y 分别服从正态分布 $N(\mu_1,\sigma_1^2)$ 和 $N(\mu_2,\sigma_2^2)$，由实践经验知 $\sigma_1=\sigma_2$. 为了比较两台机器所生产的产品长度，现从机器 A 生产的产品中抽取 10 件，求得长度均值 $\bar{x}=49.83$cm，标准差 $s_1=1.09$cm，从机器 B 生产的产品中抽取 15 件，求得长度均值 $\bar{y}=52.24$cm，标准差 $s_2=1.18$cm，试求两种产品长度的均值差 $\mu_1-\mu_2$ 的置信度为 0.95 的置信区间.

8.22　从某地区随机地抽取男女各 100 名，以估计男女平均高度之差. 测量并计算得男子高度的平均数为 1.71m，标准差(s)为 0.035m，女子高度的平均数为 1.67m，标准差为 0.038m. 试求置信概率为 95% 男女高度之差的置信区间.

8.23　甲、乙两化验员独立地用相同的方法对某种聚合物的含氯量各做 10 次测量，分别求得测定值的样本方差为 $s_1^2=0.5419$，$s_2^2=0.6065$. 设测定值总体分别服从正态分布 $X\sim N(\mu_1,\sigma_1^2)$，$Y\sim N(\mu_2,\sigma_2^2)$，试求方差比 σ_1^2/σ_2^2 的置信度为 0.95 的置信区间.

8.24　设抽样得到总体 X 的 100 个样本观测值如下表：

观测值 x_i	1	2	3	4	5	6
频数 n_i	15	21	25	20	12	7

试写出总体 X 的经验分布函数 $F_n(x)$.

8.25　下面是 100 个学生身高的测量情况(单位：cm，各组取左开右闭区间)

身高	154～158	158～162	162～166	166～170	170～174	174～178	178～182
学生数	10	14	26	28	12	8	2

试计算样本均值和样本方差(各组以组中值作为样本中的数值)，并据此数据作出学生身高的样本直方图.

第 9 章　假设检验

数理统计的另一基本任务是对总体参数作某种假设，然后根据所得的样本，运用统计分析的方法来检验这一假设是否成立，从而作出接受或拒绝的决定. 这就是**假设检验问题**.

9.1　假设检验的基本概念

9.1.1　假设检验的基本思想和推理方法

我们先举一个例子来说明假设检验的基本思想和推理方法.

例 9.1.1　洗衣粉包装机在正常工作时额定标准为每袋净重$\mu_0=500$g. 根据多年的经验，已知包装量服从正态分布，其标准差$\sigma=15$g. 某天开工后，为检验包装机的工作是否正常，随机抽取它所包装的洗衣粉 9 袋，称得净重(单位:g)为

497, 506, 518, 524, 488, 511, 510, 515, 512

问这天包装机的工作是否正常?

解　设这天包装机每袋装包量为 X，若假设这天包装机的工作正常(即总体 X 的均值 $\mu=\mu_0$)，则由题设知 $X\sim N(\mu,\sigma^2)$且$\sigma=15$，于是检验包装机工作是否正常的问题就转化为:在已知总体 $X\sim N(\mu,\sigma^2)$且 $\sigma=15$ 的前提下，用抽样检查的结果(即样本观测值)来检验或推断 $\mu=\mu_0$ 是否成立.

为此，提出假设

$$H_0:\mu=\mu_0,\quad H_1:\mu\neq\mu_0 \tag{9.1}$$

通常把假设 H_0 称为**原假设(或零假设)**，而把 H_1 称为**备择假设**. 原假设是准备检验的假设，备择假设是在否定原假设时准备选择接受的假设. 检验的目的就是要在原假设 H_0 与备择假设 H_1 之中选择其一:如果有理由认为原假设不正确，就拒绝 H_0(选择接受 H_1)，如果没有足够的理由否定原假设，就接受原假设 H_0.

从抽样检查的结果可知，样本均值为

$$\bar{x}=\frac{497+506+518+524+\cdots+515+512}{9}=509$$

显然样本均值$\bar{x}$与假设的总体均值$\mu_0=500$ 是有差异的. 但不能因此而简单断言原假设 H_0 不正确，因为抽样本身就有随机性. 那么，这种差异究竟是由抽样的随机性引起的(仍认为包装机工作正常)，还是存在着实质性的显著差异(即认为包装机

的工作不正常). 当然,若偏差 $|\overline{x}-\mu_0|$ 过大,则认为包装机工作不正常;若偏差 $|\overline{x}-\mu_0|$ 不大,则认为包装机工作正常.

为了明确回答这个问题,必须有一个判断标准,即给定一个称为**显著性水平**的较小常数 α(一般取 α 为 0.1,0.05,0.01 等),用这个较小常数 α 作**小概率**判断

$$|\overline{X}-\mu_0| \quad \text{或} \quad \left|\frac{\overline{X}-\mu_0}{\sigma/\sqrt{n}}\right|$$

偏大的显著程度,具体做法如下.

如果假设 H_0 成立(即 $\mu=\mu_0$),则偏差

$$|\overline{X}-\mu_0| \quad \text{或} \quad \left|\frac{\overline{X}-\mu_0}{\sigma/\sqrt{n}}\right|$$

很大的可能性就很小. 为此记

$$U=\frac{\overline{X}-\mu_0}{\sigma/\sqrt{n}}$$

而由定理 7.3.1 知

$$U=\frac{\overline{X}-\mu_0}{\sigma/\sqrt{n}}\sim N(0,1) \tag{9.2}$$

对于给定的显著性水平 α,存在上侧分位数 $u_{\alpha/2}$,使

$$P\{|U|\geqslant u_{\alpha/2}\}=\alpha$$

所以事件

$$A=\{|U|\geqslant u_{\alpha/2}\} \tag{9.3}$$

应该是假设 H_0 为真时的一小概率事件,即

$$P\{A\}=\alpha \tag{9.4}$$

根据"概率很小的事件在个别试验中几乎是不会发生的"实际推断原理,倘若样本的某个观测值能使式(9.3)中的小概率事件 A 发生,即

$$|U|=\left|\frac{\overline{X}-\mu_0}{\sigma/\sqrt{n}}\right|\geqslant u_{\alpha/2} \tag{9.5}$$

那就有理由认为偏差 $|\overline{X}-\mu_0|$ 或 $|U|$ 太大了,从而怀疑假设 H_0 的正确性. 这时就在显著性水平 α 下拒绝原假设 H_0(选择接受 H_1). 否则,就没有足够的理由否定原假设,那么就只好接受 H_0. 因此,称式(9.5)为假设(9.1)对应**的拒绝条件**,而把使拒绝条件成立的区域(样本落入的区域)

$$\left\{(x_1,x_2,\cdots,x_n)\,\middle|\,|u|\equiv\left|\frac{\overline{x}-\mu_0}{\sigma/\sqrt{n}}\right|\geqslant u_{\alpha/2}\right\} \tag{9.6}$$

称为**拒绝域**,并称式(9.2)中定义的 U 为**检验统计量**. 而称这种用 U 做检验统计量的检验法称为 U **检验法**. 为方便,人们也常将拒绝条件(9.5)称为**拒绝域**.

有了上述讨论,就可以回答例 9.1.1 提出的问题. 直接计算可知

$$|u|=\left|\frac{\overline{x}-\mu_0}{\sigma/\sqrt{n}}\right|=\frac{509-500}{15/\sqrt{9}}=1.8$$

如果取显著性水平 $\alpha=0.05$,则

$$|u|=1.8<u_{\alpha/2}=u_{0.025}=1.96$$

即式(9.5)不成立,这时就应接受 H_0,即认为包装机工作正常.

如果取显著性水平 $\alpha=0.1$,则

$$|u|=1.8>u_{\alpha/2}=u_{0.05}=1.645$$

即式(9.5)成立,这时则应拒绝 H_0,即认为包装机工作不正常.

从上述两个结果可看出:即使对同一个问题,α 的取值不同,检验得到的结论可能也不相同,甚至恰恰相反. 这说明,检验与检验标准有关,要求不一样,得到的结论可能就不一样,这正是称 α 为显著性水平的原因. 在实际应用中往往根据问题的性质及要求,人为规定 α 的取值. α 的取值一定,则检验的标准也随之而定.

从解答例 9.1.1 的过程还可以看出,按照上述基本思想建立检验法时,拒绝 H_0 是有根据的,而接受 H_0 只是因为没有理由拒绝它. 换言之,只有有了充分根据才能拒绝 H_0;否则就得接受 H_0. 这表明 H_0 处于被保护地位. 例如,在例 9.1.1 中,拒绝 H_0,意味着包装机的工作不正常,从而需要调整机器,产品也不能出厂. 企业作出这样的决定当然要持慎重态度,除非有充分根据,一般不轻易作出调整机器或停产检修的决定. 由于 H_0 在假设检验中的这一特殊地位,在解决实际问题时应当特别注意选取合理的假设 H_0;否则,将导致错误的决定.

9.1.2 假设检验的一般步骤

通过对例 9.1.1 的分析可知,假设检验的基本原理就是实际推断原理. 在这个基本原理指导下,检验过程有如下**步骤**.

(1) **提出检验假设** 根据实际问题提出原假设 H_0 和备择假设 H_1. 需要注意的是:备择假设与原假设不总是对立的,但总是互不相容的. 例如,可以提出假设

$$H_0:\mu=\mu_0,\quad H_1:\mu<\mu_0$$

(2) **确定检验统计量** 选取在原假设 H_0 成立的条件下能确定其分布的统计量为检验统计量.

(3) **构造拒绝域** 按问题的具体要求选取适当小的显著性水平 α,利用所选统计量构造一个在 H_0 为真时倾向支持备择假设的小概率事件 $A(P\{A\}\leqslant\alpha)$,并由此构造拒绝域(即使 A 成立的区域)或拒绝条件(即使 A 发生的条件).

(4) **检验结论** 根据样本观测值计算检验统计量的观测值,看是否满足拒绝域,并以此决定是否拒绝 H_0. 若拒绝 H_0,则选择接受 H_1,否则就接受 H_0.

9.1.3　两类错误

假设检验的推理过程应用了数学证明方法中的反证法思想，但是它又不同于一般的反证法，因为它所引出的矛盾是一个小概率事件发生，而不是形式逻辑中的绝对矛盾. 小概率事件在一次试验中几乎是不可能出现的，但无论其概率多么小，还是有可能发生的. 因此，利用上述方法进行假设检验的推断，有可能犯如下**两类错误**.

(1) **弃真错误**　原假设 H_0 实际上是正确的，但我们却错误地拒绝了它，这就犯了**"弃真"**的错误，通常称其为**第一类错误**. 由于 H_0 为真条件下的小概率事件 A 发生时才拒绝 H_0，所以犯第一类错误的概率为

$$P\{\text{拒绝 } H_0 \mid H_0 \text{ 为真}\} = P\{A\} \leqslant \alpha$$

即所犯第一类错误的概率不超过检验的显著性水平 α.

(2) **纳伪错误**　原假设 H_0 实际上是不正确的，但我们却错误地接受了它，这就犯了**"纳伪"**的错误，通常称其为**第二类错误**. 犯这类错误的概率记为 β.

当然，在进行假设检验时，自然希望犯这两类错误的概率 α 和 β 都较小，但是，它们是互相牵连的，α 小了，β 就会变大；β 小了，α 就会变大. 在实际应用中，一般是先取很小的正数 α，保证犯弃真错误的可能性很小，从而使 H_0 处于被保护地位，然后通过增加样本容量来减少纳伪的错误 β.

9.2　参数的假设检验

下面分情况讨论参数的假设检验问题.

9.2.1　一个正态总体均值的假设检验(方差已知时)

设总体 $X \sim N(\mu, \sigma^2)$，$X_1, X_2, \cdots, X_n$ 是来自总体的样本，则在方差 σ^2 已知情况下，已经在 9.1 节构造了 U 检验法，并利用检验统计量

$$U = \frac{\overline{X} - \mu_0}{\sigma/\sqrt{n}} \tag{9.7}$$

针对检验假设

$$H_0: \mu = \mu_0, \quad H_1: \mu \neq \mu_0 \tag{9.8}$$

获得了 H_0 的拒绝域或拒绝条件

$$|U| \geqslant u_{\alpha/2} \tag{9.9}$$

在实际应用中，有时还需要提出假设

$$H_0: \mu = \mu_0, \quad H_1: \mu > \mu_0$$

或

$$H_0:\mu<\mu_0,\quad H_1:\mu>\mu_0$$

为讨论方便,将上两式统一写成

$$H_0:\mu\leqslant\mu_0(\text{或 }\mu=\mu_0,\text{ 或 }\mu<\mu_0),\quad H_1:\mu>\mu_0 \tag{9.10}$$

一并讨论. 这时,由定理 7.3.1 知

$$\frac{\overline{X}-\mu}{\sigma/\sqrt{n}}\sim N(0,1)$$

而由原假设 H_0 知 $\mu\leqslant\mu_0$,所以对于给定的显著性水平 α,有

$$P\left\{\frac{\overline{X}-\mu_0}{\sigma/\sqrt{n}}\geqslant u_\alpha\right\}\leqslant P\left\{\frac{\overline{X}-\mu}{\sigma/\sqrt{n}}\geqslant u_\alpha\right\}=\alpha$$

即对于式(9.7)定义的检验统计量 U,有

$$P\{U\geqslant u_\alpha\}\leqslant\alpha$$

根据实际推断原理,倘若 $\overline{X}$ 的一个观测值$\overline{x}$能使小概率事件$\{U\geqslant u_\alpha\}$发生,或使

$$U\geqslant u_\alpha \tag{9.11}$$

那就有理由怀疑 H_0 的正确性,这时就在显著性水平 α 下拒绝原假设 H_0(选择接受 H_1). 否则就接受 H_0. 这时式(9.11)为假设(9.10)对应的**拒绝条件或拒绝域**.

如果提出假设

$$H_0:\mu\geqslant\mu_0(\text{或 }\mu=\mu_0,\text{ 或 }\mu>\mu_0),\quad H_1:\mu<\mu_0 \tag{9.12}$$

则由同样的推理可知这时假设(9.12)对应的**拒绝条件**为

$$U\leqslant-u_\alpha \tag{9.13}$$

例 9.2.1 某车间生产铜丝,铜丝的主要质量指标是折断力,根据过去的经验知该车间生产的铜丝折断力 $X\sim N(570,8^2)$. 今换了一批质量较好的原材料,从性能上看,估计折断力的方差不变,但不知折断力是否有所增强. 因此,从新生产的铜丝中抽取了十件样品,测得折断力(单位:N)为

578, 572, 570, 568, 572, 570, 570, 572, 596, 584

试根据这十个数据判断新生产的铜丝的折断力有无提高(取显著性水平 $\alpha=0.05$).

解 原假设应认为折断力没有提高,故提出检验假设

$$H_0:\mu\leqslant\mu_0=570,\quad H_1:\mu>570$$

由于已知 $\sigma=8$,故采用 U 检验法,这时拒绝条件为式(9.11). 对$\alpha=0.05$,查正态分布表知

$$u_\alpha=u_{0.05}=1.645\quad(\text{因 }\Phi(1.645)=1-0.05=0.95)$$

由样本值可算出$\overline{x}=575.2$,于是有

$$u=\frac{\overline{x}-\mu_0}{\sigma/\sqrt{n}}=\frac{575.2-570}{8\sqrt{10}}=2.05>u_\alpha=1.645$$

故拒绝 $H_0:\mu\leqslant 570$. 即在显著性水平 $\alpha=0.05$ 下认为新生产的铜丝折断力有明显提高.

9.2.2 一个正态总体均值的假设检验(方差未知时)

设总体 $X\sim N(\mu,\sigma^2)$,$X_1,X_2,\cdots,X_n$ 是来自总体的样本,则在方差 σ^2 未知的情况下无法用 U 检验法对均值 μ 进行检验,但可利用定理 7.3.4 提供的抽样分布

$$\frac{\overline{X}-\mu}{S/\sqrt{n}}\sim t(n-1) \tag{9.14}$$

并对已知数 μ_0,构造检验统计量

$$T=\frac{\overline{X}-\mu_0}{S/\sqrt{n}} \tag{9.15}$$

用同 U 检验法完全平行的讨论可知,对于给定的显著性水平 α,有如下三种结论.

(1) 与检验假设

$$H_0:\mu=\mu_0,\quad H_1:\mu\neq\mu_0 \tag{9.16}$$

对应的拒绝域或**拒绝条件**为

$$|T|\geqslant t_{\alpha/2} \tag{9.17}$$

其中 $t_{\alpha/2}=t_{\alpha/2}(n-1)$.

(2) 与检验假设

$$H_0:\mu\leqslant\mu_0(\text{或 }\mu=\mu_0,\text{ 或 }\mu<\mu_0),\quad H_1:\mu>\mu_0 \tag{9.18}$$

对应的拒绝域或**拒绝条件**为

$$T\geqslant t_\alpha \tag{9.19}$$

其中 $t_\alpha=t_\alpha(n-1)$.

(3) 与检验假设

$$H_0:\mu\geqslant\mu_0(\text{或 }\mu=\mu_0,\text{ 或 }\mu>\mu_0),\quad H_1:\mu<\mu_0 \tag{9.20}$$

对应的拒绝域或**拒绝条件**为

$$T\leqslant -t_\alpha \tag{9.21}$$

上述这种用 T 做检验统计量的检验法称为 **T 检验法**.

例 9.2.2 已知某工厂在正常情况下生产的灯泡的寿命 X 服从正态分布,且均值 $\mu_0=1600$h,如果某日发生异常情况,可能影响产品质量,故测了十个灯泡,其寿命(单位:h)如下:

1490, 1440, 1680, 1610, 1500, 1750, 1550, 1420, 1800, 1580

问该日生产的灯泡的平均寿命是否有所降低(取 $\alpha=0.05$)?

解 原假设应认为平均寿命保持不变,故提出检验假设①

$$H_0:\mu=\mu_0=1600,\quad H_1:\mu<\mu_0$$

由于 σ^2 未知,用 T 法检验,检验统计量为

$$T=\frac{\overline{X}-\mu_0}{S/\sqrt{n}}$$

拒绝条件为 $T\leqslant -t_\alpha$. 这时 $\alpha=0.05, n=10$,查 t 分布表知

$$t_\alpha=t_\alpha(n-1)=t_{0.05}(9)=1.833$$

由样本值可算出

$$\bar{x}=\frac{1490+1440+\cdots+1580}{10}=1582$$

$$s=\sqrt{\frac{(1490-1582)^2+\cdots+(1580-1582)^2}{9}}=128.6$$

于是

$$t=\frac{\bar{x}-\mu_0}{s/\sqrt{n}}=\frac{1582-1600}{128.6/\sqrt{10}}=-0.443>-t_\alpha=-1.833$$

故接受 $H_0:\mu=1600$,即在显著性水平 $\alpha=0.05$ 下,认为该日生产的灯泡的平均寿命没有降低,仍为 1600h.

9.2.3 大样本非正态总体均值的假设检验

如果总体 X 不服从正态分布,则由于样本函数的分布不易确定,所以要讨论总体参数的检验往往比较困难. 但是,当样本容量 n 很大时(一般要求 $n\geqslant 50$,这时称样本为**大样本**),可以根据中心极限定理近似地解决这个问题.

设 $EX=\mu, DX=\sigma^2(0<\sigma<+\infty)$,则由中心极限定理知

$$\frac{\overline{X}-\mu}{\sigma/\sqrt{n}} \overset{\text{近似}}{\sim} N(0,1) \tag{9.22}$$

如果 σ^2 已知,则为了获得非正态总体均值 μ 的检验,可用式(9.22)作近似抽样分布. 这时可获得与 9.2.1 小节中完全相同的检验统计量(9.7)和 U 检验法.

如果 σ^2 未知,可在计算检验统计量(9.7)时用 σ^2 的无偏估计 S^2(即样本方差)或一致估计 M^2(样本二阶中心矩)代替 σ^2,即取

$$\sigma^2\approx S^2 \quad 或 \quad \sigma^2\approx M^2 \tag{9.23}$$

照样使用 9.2.1 小节中的 U 检验法进行假设检验.

---

① 也可以提出检验假设

$$H_0:\mu\geqslant\mu_0=1600,\quad H_1:\mu<\mu_0$$

其效果相同.

9.2.4 一个正态总体方差的假设检验

设总体 $X\sim N(\mu,\sigma^2)$，$X_1,X_2,\cdots,X_n$ 是来自总体的样本. 为了获得方差 σ^2 的检验方法，可利用定理 7.3.3 提供的抽样分布

$$\frac{(n-1)S^2}{\sigma^2}\sim\chi^2(n-1) \tag{9.24}$$

并对已知数 σ_0^2，构造检验统计量

$$\chi^2=\frac{(n-1)S^2}{\sigma_0^2} \tag{9.25}$$

那么，对于给定的显著性水平 α，有如下三种结论.

(1) 如果提出检验假设

$$H_0:\sigma^2=\sigma_0^2,\quad H_1:\sigma^2\neq\sigma_0^2 \tag{9.26}$$

则有

$$P\{\chi^2\leqslant\chi^2_{1-\alpha/2}\text{或 }\chi^2\geqslant\chi^2_{\alpha/2}\}=\alpha$$

其中

$$\chi^2_{1-\alpha/2}=\chi^2_{1-\alpha/2}(n-1),\quad \chi^2_{\alpha/2}=\chi^2_{\alpha/2}(n-1)$$

从而事件

$$A=\{\chi^2\leqslant\chi^2_{1-\alpha/2}\text{或 }\chi^2\geqslant\chi^2_{\alpha/2}\}$$

在假设 H_0 为真时应该是一个小概率事件. 根据实际推断原理，倘若样本方差 S^2 的一个观测值 s^2 能使小概率事件 A 发生，即

$$\chi^2\leqslant\chi^2_{1-\alpha/2}\quad\text{或}\quad\chi^2\geqslant\chi^2_{\alpha/2} \tag{9.27}$$

那么，就有理由怀疑假设 H_0 的正确性，这时，我们就在显著性水平 α 下拒绝原假设 H_0(选择接受 H_1)；否则，就接受 H_0. 这时式(9.27)为假设(9.26)对应的**拒绝条件**.

(2) 如果提出检验假设

$$H_0:\sigma^2\leqslant\sigma_0^2(\text{或 }\sigma^2=\sigma_0^2,\text{ 或 }\sigma^2<\sigma_0^2),\quad H_1:\sigma^2>\sigma_0^2 \tag{9.28}$$

则有

$$P\left\{\frac{(n-1)S^2}{\sigma_0^2}\geqslant\chi^2_\alpha\right\}\leqslant P\left\{\frac{(n-1)S^2}{\sigma^2}\geqslant\chi^2_\alpha\right\}=\alpha$$

其中 $\chi^2_\alpha=\chi^2_\alpha(n-1)$. 即对于式(9.25)定义的检验统计量 χ^2，有

$$P\{\chi^2\geqslant\chi^2_\alpha\}\leqslant\alpha$$

根据实际推断原理，倘若样本方差 S^2 的一个观测值 s^2 能使

$$\chi^2\geqslant\chi^2_\alpha \tag{9.29}$$

那就有理由怀疑 H_0 的正确性，这时就在显著性水平 α 下拒绝原假设H_0(选择接受

H_1);否则就接受 H_0. 这时式(9.29)为假设(9.28)对应的**拒绝条件**.

(3) 如果提出检验假设

$$H_0: \sigma^2 \geqslant \sigma_0^2 (\text{或 } \sigma^2 = \sigma_0^2, \text{ 或 } \sigma^2 > \sigma_0^2), \quad H_1: \sigma^2 < \sigma_0^2 \tag{9.30}$$

则同理可得拒绝条件为

$$\chi^2 \leqslant \chi_{1-\alpha}^2 \tag{9.31}$$

其中 $\chi_{1-\alpha}^2 = \chi_{1-\alpha}^2(n-1)$.

上述这种用 χ^2 做检验统计量的检验法称为 χ^2 **检验法**.

例 9.2.3 某种导线,要求其电阻的标准差不得超过 0.005Ω. 今在生产的一批导线中取样品 9 根,测得 $s=0.007\Omega$. 设这批导线的电阻服从正态分布,问在显著性水平 $\alpha=0.05$ 下能认为这批导线的电阻标准差显著地偏大吗?

解 原假设应认为电阻的标准差从而方差不显著地偏大,故可提出检验假设

$$H_0: \sigma^2 \leqslant \sigma_0^2 = 0.005^2, \quad H_1: \sigma^2 > \sigma_0^2$$

用 χ^2 法检验,选择式(9.25),即

$$\chi^2 = \frac{(n-1)S^2}{\sigma_0^2}$$

为检验统计量,这时拒绝条件为

$$\chi^2 \geqslant \chi_\alpha^2(n-1)$$

由 $\alpha=0.05$ 及样本容量 $n=9$,查 χ^2 分布表得

$$\chi_\alpha^2 = \chi_\alpha^2(n-1) = \chi_{0.05}^2(8) = 15.5$$

于是由 $n=9, s=0.007, \sigma_0=0.005$ 知

$$\chi^2 = \frac{(n-1)s^2}{\sigma_0^2} = \frac{8 \times 0.007^2}{0.005^2} = 15.68 \geqslant \chi_\alpha^2 = 15.5$$

故拒绝 H_0,选择接受 H_1,即在显著性水平 $\alpha=0.05$ 下认为这批导线的电阻标准差显著地偏大.

9.2.5 两个正态总体均值的假设检验

设 $X_1, X_2, \cdots, X_{n_1}$ 和 $Y_1, Y_2, \cdots, Y_{n_2}$ 是分别来自正态总体 $N(\mu_1, \sigma_1^2)$ 和 $N(\mu_2, \sigma_2^2)$ 的样本,其样本均值分别为 $\overline{X}$ 和 $\overline{Y}$. 下面在两总体的方差 σ_1^2 和 σ_2^2 均已知的情况下讨论两个正态总体均值的检验方法.

这时,可利用定理 7.3.5 提供的抽样分布

$$\frac{(\overline{X}-\overline{Y})-(\mu_1-\mu_2)}{\sqrt{\sigma_1^2/n_1+\sigma_2^2/n_2}} \sim N(0,1) \tag{9.32}$$

构造检验统计量

$$U = \frac{\overline{X}-\overline{Y}}{\sqrt{\sigma_1^2/n_1+\sigma_2^2/n_2}} \tag{9.33}$$

那么，对于给定的显著性水平 α，有如下三种结论.

(1) 如果提出检验假设

$$H_0:\mu_1=\mu_2,\quad H_1:\mu_1\neq\mu_2 \tag{9.34}$$

则有

$$P\{|U|\geqslant u_{\alpha/2}\}=\alpha$$

从而事件

$$\{|U|\geqslant u_{\alpha/2}\}$$

应该是原假设 H_0 为真时的小概率事件. 根据实际推断原理，倘若样本均值 $\overline{X},\overline{Y}$ 的一个观测值 $\overline{x},\overline{y}$ 能使

$$|U|\geqslant u_{\alpha/2} \tag{9.35}$$

那就有理由怀疑原假设 H_0 的正确性，这时，我们就在显著性水平 α 下拒绝原假设 H_0（选择接受 H_1）. 否则就选择接受 H_0. 这时式(9.35)为假设(9.34)对应的**拒绝条件**.

(2) 如果提出检验假设

$$H_0:\mu_1\leqslant\mu_2\,(\mu_1=\mu_2,\text{ 或 }\mu_1<\mu_2),\quad H_1:\mu_1>\mu_2 \tag{9.36}$$

则有

$$P\left\{\frac{\overline{X}-\overline{Y}}{\sqrt{\sigma_1^2/n_1+\sigma_2^2/n_2}}\geqslant u_\alpha\right\}\leqslant P\left\{\frac{(\overline{X}-\overline{Y})-(\mu_1-\mu_2)}{\sqrt{\sigma_1^2/n_1+\sigma_2^2/n_2}}\geqslant u_\alpha\right\}=\alpha$$

也即，对于式(9.33)定义的检验统计量 U，有

$$P\{U\geqslant u_\alpha\}\leqslant\alpha$$

根据实际推断原理，倘若样本均值 $\overline{X},\overline{Y}$ 的一个观测值 $\overline{x},\overline{y}$ 能使

$$U\geqslant u_\alpha \tag{9.37}$$

那就有理由怀疑 H_0 的正确性，这时就在显著性水平 α 下拒绝原假设 H_0（选择接受 H_1）. 否则就接受 H_0. 这时式(9.37)为假设(9.36)对应的**拒绝条件**.

(3) 如果提出检验假设

$$H_0:\mu_1\geqslant\mu_2\,(\text{或 }\mu_1=\mu_2,\text{ 或 }\mu_1>\mu_2),\quad H_1:\mu_1<\mu_2 \tag{9.38}$$

则同理可知，这时的拒绝条件为

$$U\leqslant -u_\alpha \tag{9.39}$$

上述这种用 U 做检验统计量的检验法仍称为 U **检验法**.

同样地，利用定理 7.3.6 给出的抽样分布可构造出 σ_1^2,σ_2^2 未知（但 $\sigma_1^2=\sigma_2^2$）时两个正态总体均值的 T **检验法**，见附表 8. 附表 8 集中列出了由上述各种方法产生的检验法和拒绝条件.

与大样本情况下单个非正态总体均值的检验一样，对于大样本情况下两个非正态总体均值的检验，仍采用两个正态总体均值的 U 检验法，只是遇到总体方差时要用相应的样本方差或样本二阶中心矩代替.

例 9.2.4 某种物品在处理前、后抽样分析的含脂率如下：

处理前：0.19，0.18，0.21，0.30，0.41，0.12，0.27；

处理后：0.15，0.13，0.07，0.24，0.19，0.06，0.12，0.08.

假定处理前、后的含脂率都服从正态分布，且标准差不变，问处理前、后含脂率的均值是否有显著变化($\alpha=0.05$)？

解 设处理前含脂率为 $X\sim N(\mu_1,\sigma_1^2)$，处理后含脂率为$Y\sim N(\mu_2,\sigma_2^2)$. 由于原假设应认为处理前、后含脂率的均值无显著变化，故提出假设

$$H_0:\mu_1=\mu_2,\quad H_1:\mu_1\neq\mu_2$$

用 σ_1^2,σ_2^2 未知(但 $\sigma_1^2=\sigma_2^2$)时的 T 检验法. 这时由显著性水平

$$\alpha=0.05,\quad n_1=7,\quad n_2=8$$

查 t 分布表得上侧分位数

$$t_{\alpha/2}=t_{\alpha/2}(n_1+n_2-2)=t_{0.025}(13)=2.16$$

由样本值知

$$\overline{x}=0.24,\quad s_1^2=0.096^2$$

$$\overline{y}=0.13,\quad s_2^2=0.062^2$$

将其代入附表 8 中的相应统计量，可得

$$s_w=\sqrt{\frac{(n_1-1)s_1^2+(n_2-1)s_2^2}{n_1+n_2-2}}=0.0795$$

$$|t|=\frac{|\overline{x}-\overline{y}|}{s_w\sqrt{\dfrac{1}{n_1}+\dfrac{1}{n_2}}}=2.67>t_{\alpha/2}=2.16$$

故在显著性水平 $\alpha=0.05$ 下拒绝 H_0，而接受 H_1，即认为处理前后含脂率有显著性变化. 又因 $\overline{y}<\overline{x}$，故处理后的含脂率的平均值显著下降.

9.2.6 两个正态总体方差的假设检验

设 $X_1,X_2,\cdots,X_{n_1}$ 和 $Y_1,Y_2,\cdots,Y_{n_2}$ 是分别来自正态总体 $N(\mu_1,\sigma_1^2)$ 和 $N(\mu_2,\sigma_2^2)$ 的样本，其样本方差分别为 S_1^2 和 S_2^2. 下面在两总体均值未知的情况下讨论两个正态总体方差的检验方法.

这时，我们可利用定理 7.3.7 提供的抽样分布

$$\frac{S_1^2\sigma_2^2}{S_2^2\sigma_1^2}\sim F(n_1-1,n_2-1)\tag{9.40}$$

构造检验统计量

$$F=\frac{S_1^2}{S_2^2}\tag{9.41}$$

那么，对于给定的显著性水平 α，有如下结论.

(1) 如果提出检验假设

$$H_0: \sigma_1^2 = \sigma_2^2, \quad H_1: \sigma_1^2 \neq \sigma_2^2 \tag{9.42}$$

则 $F \sim F(n_1 - 1, n_2 - 1)$，于是有

$$P\{F \leqslant F_{1-\alpha/2} \text{ 或 } F \geqslant F_{\alpha/2}\} = \alpha$$

其中

$$F_{1-\alpha/2} = F_{1-\alpha/2}(n_1 - 1, n_2 - 1), \quad F_{\alpha/2} = F_{\alpha/2}(n_1 - 1, n_2 - 1) \tag{9.43}$$

从而事件

$$A = \{F \leqslant F_{1-\alpha/2} \text{ 或 } F \geqslant F_{\alpha/2}\}$$

应该是 H_0 为真时的小概率事件. 根据实际推断原理，倘若样本方差 S_1^2, S_2^2 的一个观测值 s_1^2, s_2^2 能使小概率事件 A 发生，即

$$F \leqslant F_{1-\alpha/2}(n_1 - 1, n_2 - 1) \quad \text{或} \quad F \geqslant F_{\alpha/2}(n_1 - 1, n_2 - 1) \tag{9.44}$$

那我们就有理由怀疑假设 H_0 的正确性，这时，我们就在显著性水平 α 下拒绝原假设 H_0(选择接受 H_1). 否则就选择接受 H_0. 这时式(9.44)为假设(9.42)对应的**拒绝条件**.

(2) 如果提出检验假设

$$H_0: \sigma_1^2 \leqslant \sigma_2^2 (\text{或 } \sigma_1^2 = \sigma_2^2, \text{ 或 } \sigma_1^2 < \sigma_2^2), \quad H_1: \sigma_1^2 > \sigma_2^2 \tag{9.45}$$

则有

$$P\left\{\frac{S_1^2}{S_2^2} \geqslant F_\alpha\right\} \leqslant P\left\{\frac{S_1^2 \sigma_2^2}{S_2^2 \sigma_1^2} \geqslant F_\alpha\right\} = \alpha$$

其中 $F_\alpha = F_\alpha(n_1 - 1, n_2 - 1)$. 也即对于式(9.41)定义的检验统计量 F，有

$$P\{F \geqslant F_\alpha\} \leqslant \alpha$$

根据实际推断原理，倘若样本方差 S_1^2, S_2^2 的一个观测值 s_1^2, s_2^2 能使

$$F \geqslant F_\alpha \tag{9.46}$$

那就有理由怀疑 H_0 的正确性，这时就在显著性水平 α 下拒绝原假设 H_0(选择接受 H_1). 否则就接受 H_0. 这时式(9.46)为假设(9.45)对应的**拒绝条件**.

(3) 检验假设(9.42)对应的拒绝条件的重新讨论 . 将式(9.41)代入式(9.44)知，假设(9.42)对应的拒绝条件为

$$\frac{S_1^2}{S_2^2} \leqslant F_{1-\alpha/2}(n_1 - 1, n_2 - 1) \quad \text{或} \quad \frac{S_1^2}{S_2^2} \geqslant F_{\alpha/2}(n_1 - 1, n_2 - 1) \tag{9.47}$$

如果 $S_1^2 \geqslant S_2^2$，则拒绝条件(9.47)的第一式不可能成立，拒绝条件简化为

$$\frac{S_1^2}{S_2^2} \geqslant F_{\alpha/2}(n_1 - 1, n_2 - 1) \tag{9.48}$$

如果 $S_1^2 < S_2^2$，则拒绝条件(9.47)的第二式不可能成立，拒绝条件简化为

$$\frac{S_1^2}{S_2^2} \leqslant F_{1-\alpha/2}(n_1 - 1, n_2 - 1) = \frac{1}{F_{\alpha/2}(n_2 - 1, n_1 - 1)}$$

或改写成

$$\frac{S_2^2}{S_1^2} \geqslant F_{\alpha/2}(n_2 - 1, n_1 - 1) \tag{9.49}$$

若再记

$$F_{大}=\frac{S_{大}^2}{S_{小}^2} \tag{9.50}$$

其中

$$S_{大}^2=\max\{S_1^2,S_2^2\},n_{大}\text{ 为与 }S_{大}^2\text{ 对应的样本容量} \tag{9.51}$$

$$S_{小}^2=\min\{S_1^2,S_2^2\},n_{小}\text{ 为与 }S_{小}^2\text{ 对应的样本容量} \tag{9.52}$$

则拒绝条件(9.48)与(9.49)可合并为简单的

$$F_{大}=\frac{S_{大}^2}{S_{小}^2}\geqslant F_{\alpha/2}(n_{大}-1,n_{小}-1) \tag{9.53}$$

式(9.53)作为检验假设(9.42)对应的拒绝条件显然比(9.44)方便得多.

上述这种用 F 做检验统计量的检验法称为 **F 检验法**,F 检验法的结果见附表 8.

例 9.2.5 有两台车床生产同一型号的钢珠,根据已有经验可以认为:这两台车床生产的钢珠直径服从正态分布.问题是要比较两台车床所生产的钢珠直径的方差.现从这两台车床的产品中分别抽出 8 个和 9 个,测得钢珠直径如下(单位:mm):

甲车床:15.0,14.5,15.2,15.5,14.8,15.1,15.2,14.8;

乙车床:15.2,15.0,14.8,15.2,15.0,15.0,14.8,15.1,14.8.

问甲、乙两车床生产的钢珠直径的方差是否有差异($\alpha=0.05$)?

解 设甲车床生产的钢珠直径为 $X\sim N(\mu_1,\sigma_1^2)$,乙车床生产的钢珠直径为 $Y\sim N(\mu_2,\sigma_2^2)$.由于原假设应认为两车床生产的钢珠直径的方差无差异,故提出检验假设

$$H_0:\sigma_1^2=\sigma_2^2,\quad H_1:\sigma_1^2\neq\sigma_2^2$$

用 μ_1,μ_2 未知的 F 检验法,这时根据样本值可算出

$$s_1^2=0.0955,\quad s_2^2=0.0261$$

所以

$$s_{大}^2=s_1^2=0.0955,\quad n_{大}=n_1=8$$

$$s_{小}^2=s_2^2=0.0261,\quad n_{小}=n_2=9$$

又由显著性水平 $\alpha=0.05$,查 F 分布表知

$$F_{\alpha/2}(n_{大}-1,n_{小}-1)=F_{0.025}(7,8)=4.53$$

将其代入式(9.53)可得

$$F_{大}=\frac{s_{大}^2}{s_{小}^2}=3.657<F_{\alpha/2}(n_{大}-1,n_{小}-1)=4.53$$

故接受假设 H_0,即认为两车床生产钢珠直径的方差没有差异.

9.3 总体分布的假设检验

前面讲到的假设检验都是**参数检验**.但在有些情况下,需要对总体是否服从某

个分布做检验. 这样的检验称为总体分布的检验,它是一种**非参数检验**.

对总体分布的假设检验问题. 通常的处理方法是:先依据某种理由假设总体的一个理论分布或分布形式,然后用获得的样本检验总体是否服从这样的理论分布. 检验总体分布的方法很多,在这里仅介绍**分布函数的 χ^2 检验法**.

为了检验总体 X 是否服从某一**理论分布** $F_0(x)$,要检验的原假设是

$$H_0: F(x)=F_0(x) \tag{9.54}$$

备择假设①是

$$H_1: F(x)\neq F_0(x)$$

在 $(-\infty,+\infty)$ 内插入 $l-1$ 个分点 $a_1,a_2,\cdots,a_{l-1}$,将其分成 l 个子区间:

$$A_1=(-\infty,a_1],\quad A_2=(a_1,a_2],\cdots,\quad A_{l-1}=(a_{l-2},a_{l-1}],\quad A_l=(a_{l-1},+\infty)$$

(一般取 $l=6\sim17$),然后根据总体 X 的假设分布 $F_0(x)$,算出总体 X 落入每一个子区间的概率 $p_1,p_2,\cdots,p_l$,即

$$\begin{cases} p_i=F_0(a_i)-F_0(a_{i-1}), & i=2,3,\cdots,l-1 \\ p_1=F_0(a_1), \quad p_l=1-F_0(a_{l-1}) \end{cases} \tag{9.55}$$

再求出 n 个样本观测值 $x_1,x_2,\cdots,x_n$ 落入每一个子区间的个数(即**频数**)n_1, $n_2,\cdots,n_l$ 和理论频数 $np_1,np_2,\cdots,np_l$ 之间的差异统计量

$$\chi^2=\sum_{i=1}^{l}\frac{(n_i-np_i)^2}{np_i} \tag{9.56}$$

其计算过程可通过表 9.1 实现.

表 9.1　样本观测值分布表

区间划分	概率 p_i	频数 n_i	理论频数 np_i	$\frac{(n_i-np_i)^2}{np_i}$
$(-\infty,a_1]$	p_1	n_1	np_1	$\frac{(n_1-np_1)^2}{np_1}$
$(a_1,a_2]$	p_2	n_2	np_2	$\frac{(n_2-np_2)^2}{np_2}$
$\vdots$	$\vdots$	$\vdots$	$\vdots$	$\vdots$
$(a_{l-2},a_{l-1}]$	p_{l-1}	n_{l-1}	np_{l-1}	$\frac{(n_{l-1}-np_{l-1})^2}{np_{l-1}}$
$(a_{l-1},+\infty)$	p_l	n_l	np_l	$\frac{(n_l-np_l)^2}{np_l}$
合　计	1	n	n	χ^2

皮尔逊证明了,在 $n\to\infty$ 时,由式(9.56)给出的统计量 χ^2 的分布趋于自由度为

① 今后对与原假设 H_0 对立的备择假设 H_1 可以省略不写.

$l-1$ 的 χ^2 分布,其中 l 是划分的区间个数.

如果原假设 H_0 只确定了总体分布的类型,而分布 $F_0(x)$ 中还含有未知参数,则费希尔(Fisher)指出:其中的未知参数可用极大似然法估计,并给出了更一般的结论.

定理 9.3.1 设原假设(9.54)中包含 r 个未知参数 $\theta_1,\theta_2,\cdots,\theta_r$,即原假设为

$$H_0:F(x)=F_0(x;\theta_1,\theta_2,\cdots,\theta_r) \tag{9.57}$$

那么其中的 $\theta_1,\theta_2,\cdots,\theta_r$ 可用它们的极大似然估计 $\hat{\theta}_1,\hat{\theta}_2,\cdots,\hat{\theta}_r$ 代替. 这时利用式(9.56)算出的差异统计量 χ^2 在 $n\to\infty$ 时仍趋于 χ^2 分布,只是自由度应修正为 $l-r-1$,其中的 l 是划分的区间个数,r 是需要利用极大似然法估计的未知参数的个数.

有了该定理的保证,就可以用式(9.56)构造的统计量进行总体分布的假设检验. 根据定理 9.3.1,当 n 充分大时就有

$$\chi^2=\sum_{i=1}^{l}\frac{(n_i-np_i)^2}{np_i}\overset{\text{近似}}{\sim}\chi^2(l-r-1) \tag{9.58}$$

这时,对于给定的显著性水平 α,有

$$P\{\chi^2\geqslant\chi^2_\alpha(l-r-1)\}\approx\alpha \tag{9.59}$$

从而事件

$$A=\{\chi^2\geqslant\chi^2_\alpha(l-r-1)\}$$

应该是小概率事件. 根据实际推断原理,倘若样本的观测值能使小概率事件 A 发生,即

$$\chi^2\geqslant\chi^2_\alpha(l-r-1) \tag{9.60}$$

那么,就有理由怀疑假设 H_0 的正确性,这时就在显著性水平 α 下拒绝假设 H_0. 否则,就接受 H_0. 因此,称式(9.60)为假设(9.57)对应的**拒绝条件**.

应当指出,利用 χ^2 检验法检验总体分布的假设时,要求样本容量 n 及观测值落在各个子区间的频数 n_i 都相当大,一般要求 $n\geqslant50$(这时称样本为大样本),而 $n_i\geqslant5(i=1,2,\cdots,l)$. 若某些子区间的频数太小,则应适当地把相邻的两个或几个子区间合并起来,使得合并后得到的子区间内的频数足够大.

例 9.3.1 某材料的抗断强度原来呈正态分布,今改变了配料方案,做了 66 次抗断性强度试验,所得数据(单位:$\mathrm{N/mm^2}$)如下:

20.0, 13.7, 19.1, 11.3, 15.3, 18.2, 13.8, 21.8, 24.9, 13.9, 26.9
14.5, 16.8, 23.5, 19.4, 19.8, 16.3, 20.7, 17.1, 17.7, 19.3, 15.6
19.4, 13.7, 15.7, 18.2, 22.1, 16.3, 19.2, 19.4, 10.9, 13.9, 13.5
16.1, 20.5, 15.1, 14.9, 22.6, 17.8, 20.7, 16.4, 19.0, 19.3, 12.0
15.7, 14.0, 13.8, 18.2, 13.1, 16.1, 16.3, 17.1, 22.3, 11.9, 15.7
18.1, 19.0, 20.1, 16.9, 17.1, 23.7, 20.5, 15.6, 17.2, 23.1, 19.1

试问这种建筑材料的抗断强度仍呈现正态分布吗($\alpha=0.05$)?

解　设抗断强度为 X,问题化为检验假设

$$H_0: X\sim N(\mu,\sigma^2)$$

为求未知数 μ 和 σ^2,用极大似然估计(例 8.1.5)得

$$\hat{\mu}=\frac{1}{n}\sum_{i=1}^{n}x_i=17.558$$

$$\hat{\sigma}^2=\frac{1}{n}\sum_{i=1}^{n}(x_i-\overline{x})^2=3.133^2$$

这时由

$$\frac{X-\mu}{\sigma}\sim N(0,1)$$

知参数估计后的理论分布函数为

$$F_0(x,\hat{\mu},\hat{\sigma}^2)=P\{X\leqslant x\}=P\left\{\frac{X-17.558}{3.133}\leqslant\frac{x-17.558}{3.133}\right\}$$

$$=\Phi\left(\frac{x-17.558}{3.133}\right)$$

取分点 14.0,15.9,16.7,18.0,19.5,21.0 将$(-\infty,+\infty)$分为 7 个子区间,并计算 χ^2 值可得下表:

区间划分	概率 p_i	频数 n_i	理论频数 np_i	$\frac{(n_i-np_i)^2}{np_i}$
$(-\infty,14.0]$	0.1280	13	8.118	2.9359
(14.0,15.9]	0.1757	9	11.5962	0.5812
(15.9,16.7]	0.0956	6	6.3096	0.0152
(16.7,18.0]	0.1634	8	10.7844	0.7189
(18.0,19.5]	0.1754	14	11.5764	0.5074
(19.5,21.0]	0.1089	7	7.1874	0.0049
$(21.0,+\infty)$	0.1587	9	10.4743	0.1159
合　计	1	66	66	4.8794

由上表计算结果并查 χ^2 分布表可知

$$\chi^2=4.8794<\chi^2_\alpha(l-r-1)=\chi^2_{0.05}(4)=9.49$$

故接受假设 H_0. 即认为改变配料方案后,这种建筑材料的抗断强度仍服从正态分布,且 $X\sim N(17.558,3.133^2)$.

例 9.3.2　观察 2880 个婴儿出生时刻知 0～24h 各时间间隔(每间隔 1h)出生婴儿人数如下:

127, 139, 142, 138, 134, 115, 127, 113, 126, 122, 121, 119

130，125，112，97， 115，94， 99， 97， 100，119，127，139

一眼可以看出，出生人数更多地集中在夜间，试问这种倾向是否显著($\alpha=0.05$)？

解 设 X 表示婴儿出生时刻，则问题化为检验假设

$$H_0:p_i=P\{i-1<X\leqslant i\}=\frac{1}{24}\quad(i=1,2,\cdots,24)$$

由 $n=2880$ 及假设概率知

$$np_i=\frac{2880}{24}=120\quad(i=1,2,\cdots,24)$$

表中所列人数为 $n_i(i=1,2,\cdots,24)$，计算可得

$$\chi^2=\sum_{i=1}^{24}\frac{(n_i-np_i)^2}{np_i}=40.467>\chi^2_{0.05}(24-0-1)=35.2$$

故拒绝 H_0，即认为出生时刻不是在 0～24h 内的均匀分布，夜间出生人数较多，这种倾向显著.

习 题 9

9.1 从已知标准差 $\sigma=2.5$ 的正态总体中，抽取容量为 $n=16$ 的子样，由它算得样本均值为 $\bar{x}=27.56$，试在显著水平 $\alpha=0.05$ 下，检验假设 $H_0:\mu=26$ 是否成立.

9.2 设某零件重量 X 服从 $N(15,0.05)$，技术革新后抽了 6 个样品，测得重量(单位：g)为

14.7，15.1，14.8，15.0，15.2，14.6

已知方差不变，问平均重量是否仍为 15(取 $\alpha=0.05$)？

9.3 正常人的脉搏平均为 72 次/min，现某医生测得 10 例慢性四乙基铅中毒患者的脉搏(单位：次/min)如下：

54，67，67，78，70，66，67，70，65，69

问四乙基铅中毒患者和正常人的脉搏有无显著差异(已知四乙基铅中毒患者的脉搏服从正态分布，取显著性水平 $\alpha=0.05$)？

9.4 某批矿砂的 5 个样品中的镍含量(%)经测定为

3.25，3.27，3.24，3.26，3.24

设测定值服从正态分布. 问在显著水平 $\alpha=0.01$ 下，能否认为这批矿砂的(平均)镍含量超过了 3.235%.

9.5 从某种试验物中取出 24 个样品，测量其发热量，计算得 $\bar{x}=11958$，样本标准差 $s=323$，问以 5%的显著水平是否可认为发热量的期望值小于 12100(假定发热量服从正态分布)？

9.6 某工厂采用新法处理废水，测量其中所含某种有毒物质的浓度，得到 10 个数据(单位：mg/L)：

22，14，17，13，21，16，15，16，19，18

而以往用老办法处理后，该种有毒物质的平均浓度为 19. 问新处理法是否比老处理办法效果好(设该种有毒物质的浓度服从正态分布，取显著性水平 $\alpha=0.05$)？

9.7 某纺织厂在正常的运转条件下，各台布机一 h 内经纱平均断头数为 0.973 根. 该厂进

行工艺改革,减少经纱上浆率.在 200 台布机上进行试验,结果每台一 h 内经纱平均断头数为 0.954 根,标准差为 0.162 根,问新工艺经纱断头数与旧工艺有无显著差异(取显著性水平 $\alpha=0.05$)?

9.8 某产品的次品率为 0.17.现对此产品进行新工艺试验,从中抽取 400 件检验,发现有次品 56 件.试检验采用新工艺后产品的质量有无显著地提高(取显著性水平 $\alpha=0.05$)?

9.9 通常维尼纶纤度服从正态分布,标准差为 0.048.从某天产品中抽取 5 根纤维,测得其纤度为

$$1.32,\ 1.55,\ 1.36,\ 1.40,\ 1.44$$

问这一天纤度的标准差与通常有无显著差异(取 $\alpha=0.05$)?

9.10 某电场器材厂生产一种保险丝.测量其熔化时间,正常情况的方差为 400.今从某天产品中抽取容量为 25 的子样,测量其熔化时间并计算得样本方差 $s^2=404.77$.要求保险丝熔化时间分散度(即方差)不超过 400,问该天生产的保险丝熔化时间是否符合这一要求(假定熔化时间服从正态分布,取显著性水平 $\alpha=0.01$)?

9.11 有甲乙两台机床加工同样产品,从这两台机床加工的产品中随意地抽取若干件,测得产品直径(单位:mm)为

机床甲:20.5,19.8,19.7,20.4,20.1,20.0,19.0,19.9;

机床乙:19.7,20.8,20.5,19.8,19.4,20.6,19.2.

试比较甲、乙两台机床加工产品直径有无显著差异(假定两台机床加工产品的直径都服从正态分布且方差相等,取显著性水平 $\alpha=0.05$)?

9.12 在十块试验田上同时试种甲、乙两种品种作物,根据产量计算得

$$\overline{x}=30.97,\quad s_x=26.7,\quad \overline{y}=21.79,\quad s_y=21.1$$

试问这两种品种产量有无显著差异(假定两种作物产量都服从正态分布且方差相等,取显著性水平 $\alpha=0.05$)?

9.13 为了比较两种枪弹的速度(单位:m/s),在相同条件下进行速度测定.算得样本均值和样本标准差

枪弹甲:$n_1=110$,$\overline{x}=2805$,$s_1=120.41$;

枪弹乙:$n_2=100$,$\overline{y}=2680$,$s_2=105.00$.

检验甲枪弹速度是否比乙枪弹速度显著地偏大(取显著性水平 $\alpha=0.05$)?

9.14 为确定肥料的效果,取 1000 株植物做试验.在没有肥料的 100 株植物中,有 53 株长势良好;在已施肥的 900 株中,则有 783 株长势良好.问施肥的效果是否显著(取 $\alpha=0.01$)?

9.15 机床厂某日从两台机器所加工的同一种零件中分别抽取若干个零件测试尺寸,得样本标准差如下:

从第一台机器加工的零件中抽取 11 个,$s_1^2=0.064$;

从第二台机器加工的零件中抽取 9 个,$s_2^2=0.030$.

假设零件尺寸均服从正态分布,问这两台机器的加工精度是否有显著差异(取 $\alpha=0.05$)?

9.16 灯泡厂在使用一项新工艺的前后,各取 10 个灯泡进行寿命试验,计算得到采用新工艺前灯泡寿命的样本均值为 2460h,标准差为 56h,采用新工艺后灯泡寿命的样本均值为 2550h,标准差为 48h.已知灯泡寿命服从正态分布,能否认为采用新工艺后灯泡的平均寿命有显著提

高($\alpha=0.01$)?

9.17 检查产品质量时,每次抽取 10 个产品.共取 100 次,得到每 10 个产品中次品数的分布如下:

次品数:0, 1, 2, 3, 4, 5, 6, 7, 8, 9, 10;

频数:35, 40, 18, 5, 1, 1, 0, 0, 0, 0, 0.

试用 χ^2 检验法检验生产过程中出现次品的概率是否可以认为是不变的,即次品是否服从二项分布(取显著性水平 $\alpha=0.05$).

9.18 在某细纱机上进行断头率测定,试验锭子总数为 440 个,测得各锭子的断头次数记录如下:

每锭断头数:0, 1, 2, 3, 4, 5, 6, 7, 8;

实测锭数:263, 112, 38, 19, 3, 1, 1, 0, 3.

试检验各锭子的断头数是否服从泊松分布(取显著性水平 $\alpha=0.05$).

9.19 有一正四面体,将此四面体分别涂为红、黄、蓝、白四色.现在任意地抛掷它直到白色面与地面相接触为止.记录其抛掷的次数,作为一盘试验.做 200 盘这样的试验,结果如下:

抛掷次数:1, 2, 3, 4, $\geqslant 5$;

频数:56, 48, 32, 28, 36.

问该四面体是否均匀(取显著性水平 $\alpha=0.05$)?

9.20 某车床生产滚珠,随机抽取 50 个,测得直径为(单位:mm):

15.0, 15.8, 15.2, 15.1, 15.4, 14.7, 14.8, 15.5, 15.6, 15.3
15.1, 15.3, 15.0, 15.6, 15.7, 14.8, 14.5, 14.4, 14.9, 14.9
15.2, 15.0, 15.3, 15.6, 15.1, 14.9, 14.2, 14.6, 15.8, 15.2
15.4, 15.2, 15.0, 14.9, 14.8, 14.5, 15.1, 15.5, 15.5, 15.1
15.1, 15.0, 15.3, 14.7, 14.5, 15.5, 15.0, 14.7, 14.6, 14.4

检验滚珠直径是否服从正态分布(取显著性水平 $\alpha=0.05$).

*第 10 章 回归分析

10.1 回归分析的基本概念

10.1.1 相关关系

在现实世界中，经常出现一些变量，它们相互联系，相互依存，因而它们之间存在着一定的关系. 一般来说，变量之间的关系大致可分为两类.

(1) 一类是**确定性关系**，即当自变量取确定值时因变量的值随之而定，也就是我们所熟知的函数关系.

(2) 另一类是**非确定性关系**. 例如，农作物的单位面积产量与施肥量之间有密切的关系，但是这两个变量之间的关系却不能用函数关系来表达. 又如，炼钢时钢水的含碳量与冶炼时间有一定的关系，同样也不能用函数关系来表达. 变量之间的这种非确定性的关系称为**相关关系**.

对于相关关系，虽然不能找出变量之间精确的函数表达式，但是通过大量的观测数据，可以发现它们之间存在一定的统计规律性.

设有两个变量 x 与 Y，其中 x 是可以精确测量或可以在某个范围内随意取指定值的非随机变量(这种变量称为**可控变量**)，而 Y 是随机变量，x 的变化会引起 Y 相应的变化，但它们之间的变化关系是不确定的. 如果当 x 取得任一可能值时，Y 相应地服从一定的概率分布，则称随机变量 Y 与变量 x 之间存在着**相关关系**. 数理统计中研究这种相关关系的一种有效方法就是**回归分析**.

例如，对变量 x 与 Y 进行 n 次试验观察，假定在 x 的各个值上对 Y 的观察是相互独立的，得到 n 对试验数据如下：

x	x_1	x_2	…	x_n
Y	y_1	y_2	…	y_n

通常把点集 $(x_i, y_i)(i=1,2,\cdots,n)$ 称为**样本**，画在平面直角坐标系中得到散点图，如图 10.1 所示.

我们的问题是，如何根据这些观测值用“最佳的”形式来表达变量 Y 与 x 之间的相关关系.

10.1.2 回归方程

由于 x 是可控的非随机变量，而 Y 是一个与 x 有关的随机变量，因此，直接研

究变量 Y 与 x 之间的相关关系是困难的. 如果注意到随机变量 Y 的数学期望反映了随机变量 Y 的平均取值,因此,可考虑研究 EY 与 x 之间的关系. 这时,EY 往往是 x 的某个函数,即

$$EY=\mu(x) \tag{10.1}$$

于是可以用一个确定的函数关系

$$y=\mu(x) \tag{10.2}$$

大致描述 Y 与 x 之间的变化规律. 其中,函数 $\mu(x)$ 称为 Y 关于 x 的**回归函数**,方程(10.2)称为 Y 关于 x 的**回归方程**. 回归方程反映了 Y 的数学期望 EY 随 x 变化而变化的规律性. 下面我们通过研究回归函数 $\mu(x)$ 来达到探讨 Y 与 x 之间相关关系的目的(图 10.1).

一般来说,从任意的 x 的函数中找出回归函数 $\mu(x)$ 是困难的,通常的做法是限制 $\mu(x)$ 为某一类型的函数. 函数 $\mu(x)$ 的类型可以由与被研究问题的本质有关的物理假设来确定. 如果没有任何理由可以确定 $\mu(x)$ 的类型,则只能根据在试验结果中得到的散点图来确定. 在确定了 $\mu(x)$ 的类型以后,就可设

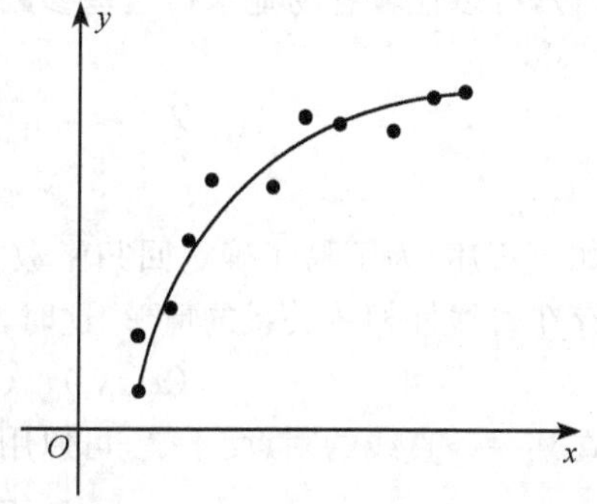

图 10.1 散点图

$$\mu(x)=\mu(x;a_1,a_2,\cdots,a_k)$$

其中 $a_1,a_2,\cdots,a_k$ 为未知参数,于是问题归结为:如何根据试验数据合理地选择参数 $a_1,a_2,\cdots,a_k$ 的值,使方程

$$y=\mu(x;a_1,a_2,\cdots,a_k) \tag{10.3}$$

在一定的意义下"最佳地"反映变量 Y 与 x 之间的相关关系. 解决这种问题的一种有效方法是最小二乘法.

10.1.3 最小二乘法

所谓的**最小二乘法**,就是要求选取 $\mu(x;a_1,a_2,\cdots,a_k)$ 中的参数,使得各观测值 y_i 与相应的函数值 $\mu(x_i;a_1,a_2,\cdots,a_k)(i=1,2,\cdots,n)$ 的离差平方和

$$s=\sum_{i=1}^{n}[y_i-\mu(x_i;a_1,a_2,\cdots,a_k)]^2 \tag{10.4}$$

最小. 为此,我们令 s 对 $a_1,a_2,\cdots,a_k$ 求偏导数,并让它们等于零,就得到

$$\begin{cases}\sum_{i=1}^{n}[y_i-\mu(x_i;a_1,a_2,\cdots,a_k)]\dfrac{\partial}{\partial a_1}\mu(x_i;a_1,a_2,\cdots,a_k)=0\\ \sum_{i=1}^{n}[y_i-\mu(x_i;a_1,a_2,\cdots,a_k)]\dfrac{\partial}{\partial a_2}\mu(x_i;a_1,a_2,\cdots,a_k)=0\\ \cdots\cdots\\ \sum_{i=1}^{n}[y_i-\mu(x_i;a_1,a_2,\cdots,a_k)]\dfrac{\partial}{\partial a_k}\mu(x_i;a_1,a_2,\cdots,a_k)=0\end{cases} \tag{10.5}$$

解方程组(10.5),可以求得参数 $a_1,a_2,\cdots,a_k$ 的估计值,代入方程(10.3),就得到回归方程.一般来说,解方程组(10.5)是困难的,仅当函数 $\mu(x_i;a_1,a_2\cdots,a_k)$ 是未知参数$a_1,a_2,\cdots,a_k$的线性函数时(这时,方程组(10.5)是关于 $a_1,a_2,\cdots,a_k$ 的线性方程组),可以比较容易地求得这些参数的估计值.

10.2 一元线性回归模型

如上所述,为了易于确定回归函数 $\mu(x)$ 中的未知参数,下面讨论变量 Y 与 x 之间存在着线性相关关系的情形.这时,假设试验数据构成的点集

$$(x_i,y_i)\quad(i=1,2,\cdots,n) \tag{10.6}$$

散布在某一条直线的附近.于是,可以用**线性回归方程**

$$y=a+bx \tag{10.7}$$

来描述 Y 与 x 之间的相关关系,并假设相应的误差(称为**随机误差**)

$$\varepsilon=Y-a-bx$$

服从正态分布 $N(0,\sigma^2)$,其中 a,b,σ^2 都是不依赖于 x 的未知参数,参数 b 称为**回归系数**.

对 Y 作这样的假设,相当于假设对于 x(在某个区间内)的每一个值,都有

$$Y=a+bx+\varepsilon,\quad \varepsilon\sim N(0,\sigma^2) \tag{10.8}$$

于是对 x 与 Y 的每一组独立试验(或样本)

$$(x_i,Y_i)\quad(i=1,2,\cdots,n) \tag{10.9}$$

也有

$$\begin{cases}Y_i=a+bx_i+\varepsilon_i,\quad i=1,2,\cdots,n\\ \varepsilon_i\sim N(0,\sigma^2)\text{且相互独立}\end{cases} \tag{10.10}$$

式(10.8)或式(10.10)称为**一元(正态)线性回归模型**.若将试验观测值(10.6)代入,则可获得随机误差 ε_i 的一组观测值

$$\varepsilon_i=y_i-a-bx_i,\quad i=1,2,\cdots,n \tag{10.11}$$

对于一元线性回归模型,需要研究下面几个问题:

(1) 根据样本(10.9)估计参数 a,b 和 σ^2,从而建立线性回归模型;

(2) 线性相关关系的显著性检验；

(3) 利用所获得的线性回归模型对变量 Y 的取值进行预测.

10.2.1　参数 a,b 的无偏估计及其分布

对于一元线性回归模型(10.10)，离差平方和(10.4)为

$$s=\sum_{i=1}^{n}(y_i-a-bx_i)^2 \tag{10.12}$$

为了使 s 取得最小值，按最小二乘法，分别求 s 对 a 及 b 的偏导，有

$$\frac{\partial s}{\partial a}=-2\sum_{i=1}^{n}(y_i-a-bx_i)$$

$$\frac{\partial s}{\partial b}=-2\sum_{i=1}^{n}(y_i-a-bx_i)x_i$$

令这两个偏导数为零，得

$$\begin{cases}\sum\limits_{i=1}^{n}(y_i-a-bx_i)=0\\ \sum\limits_{i=1}^{n}(y_i-a-bx_i)x_i=0\end{cases} \tag{10.13}$$

整理，得

$$\begin{cases}a+b\dfrac{1}{n}\sum\limits_{i=1}^{n}x_i=\dfrac{1}{n}\sum\limits_{i=1}^{n}y_i\\ a\dfrac{1}{n}\sum\limits_{i=1}^{n}x_i+b\dfrac{1}{n}\sum\limits_{i=1}^{n}x_i^2=\dfrac{1}{n}\sum\limits_{i=1}^{n}x_iy_i\end{cases}$$

或

$$\begin{cases}a+b\,\overline{x}=\overline{y}\\ a\,\overline{x}+b\,\overline{x^2}=\overline{xy}\end{cases} \tag{10.14}$$

其中

$$\begin{cases}\overline{x}=\dfrac{1}{n}\sum\limits_{i=1}^{n}x_i,\quad \overline{x^2}=\dfrac{1}{n}\sum\limits_{i=1}^{n}x_i^2\\ \overline{y}=\dfrac{1}{n}\sum\limits_{i=1}^{n}y_i,\quad \overline{xy}=\dfrac{1}{n}\sum\limits_{i=1}^{n}x_iy_i\end{cases} \tag{10.15}$$

分别为样本的各种矩，方程组(10.13)或方程组(10.14)称为**正规方程(组)**. 解此正规方程可得 a 与 b 的估计值(分别记作 $\hat{a}$ 和 $\hat{b}$)

$$\begin{cases}\hat{b}=\dfrac{\overline{xy}-\overline{x}\,\overline{y}}{\overline{x^2}-\overline{x}^2}=\dfrac{\overline{xy}-\overline{x}\,\overline{y}}{m_x^2}\\ \hat{a}=\overline{y}-\hat{b}\,\overline{x}\end{cases} \tag{10.16}$$

其中

$$m_x^2=\frac{1}{n}\sum_{i=1}^{n}(x_i-\overline{x})^2=\overline{x^2}-\overline{x}^2 \tag{10.17}$$

是 $x_1,x_2,\cdots,x_n$ 的二阶中心矩.

与式(10.16)相对应的估计量可表示为

$$\begin{cases}\hat{b}=\dfrac{\overline{xY}-\overline{x}\,\overline{Y}}{\overline{x^2}-\overline{x}^2}=\dfrac{\overline{xY}-\overline{x}\overline{Y}}{m_x^2}\\ \hat{a}=\overline{Y}-\hat{b}\,\overline{x}\end{cases} \tag{10.18}$$

作为正规方程的解,估计量 $\hat{a}$ 与 $\hat{b}$ 自然应满足正规方程(10.13)和方程组(10.14),即

$$\begin{cases}\sum\limits_{i=1}^{n}(Y_i-\hat{a}-\hat{b}x_i)=0\\ \sum\limits_{i=1}^{n}(Y_i-\hat{a}-\hat{b}x_i)x_i=0\end{cases} \tag{10.19}$$

或

$$\begin{cases}\hat{a}+\hat{b}\,\overline{x}=\overline{Y}\\ \hat{a}\,\overline{x}+\hat{b}\,\overline{x^2}=\overline{x}\,\overline{Y}\end{cases} \tag{10.20}$$

这时残差平方和(即 s 的最小值)可表示为

$$s_E=\min_{a,b}\sum_{i=1}^{n}(y_i-a-bx_i)^2=\sum_{i=1}^{n}(y_i-\hat{a}-\hat{b}x_i)^2 \tag{10.21}$$

将通过式(10.16)计算得到的 $\hat{a}$ 与 $\hat{b}$ 的值代入方程(10.7),就可得到 Y 对 x 的**(经验)线性回归方程**

$$\hat{y}=\hat{a}+\hat{b}x \tag{10.22}$$

和相应的**回归值(拟合值)**

$$\hat{y}_i=\hat{a}+\hat{b}x_i\quad(i=1,2,\cdots,n) \tag{10.23}$$

方程(10.22)的图形称为**(经验)线性回归直线**.

若将 $\hat{a}=\overline{y}-\hat{b}\,\overline{x}$ 代入方程(10.22),则有

$$\hat{y}-\overline{y}=\hat{b}(x-\overline{x}) \tag{10.24}$$

该式表明,经验回归直线过由点集(10.6)构成的散点图的**几何中心**$(\overline{x},\overline{y})$.

下面讨论估计量 $\hat{b}$ 的分布. 由估计量(10.18)的第一式知

$$\begin{aligned}\hat{b}&=\frac{\overline{xY}-\overline{x}\,\overline{Y}}{m_x^2}=\frac{1}{m_x^2}\left(\frac{1}{n}\sum_{i=1}^{n}x_iY_i-\frac{1}{n}\sum_{i=1}^{n}\overline{x}Y_i\right)\\&=\frac{1}{nm_x^2}\sum_{i=1}^{n}(x_i-\overline{x})Y_i\end{aligned} \tag{10.25}$$

所以 $\hat{b}$ 是随机变量 $Y_1,Y_2,\cdots,Y_n$ 的线性组合. 再注意到 $x_i(i=1,2,\cdots,n)$的非随机性及 $Y_1,Y_2,\cdots,Y_n$ 是独立的正态随机变量,且

$$Y_i\sim N(a+bx_i,\sigma^2),\quad i=1,2,\cdots,n$$

则可知 $\hat{b}$ 也服从正态分布,且有

$$
\begin{aligned}
E\hat{b} &= \frac{1}{nm_x^2}\sum_{i=1}^{n}(x_i-\overline{x})EY_i \\
&= \frac{1}{m_x^2}\frac{1}{n}\sum_{i=1}^{n}(x_i-\overline{x})(a+bx_i) \\
&= \frac{b}{m_x^2}\frac{1}{n}\sum_{i=1}^{n}(x_i-\overline{x})x_i \\
&= \frac{b}{m_x^2}\frac{1}{n}\sum_{i=1}^{n}(x_i-\overline{x})(x_i-\overline{x}) \\
&= b
\end{aligned}
$$

故 $\hat{b}$ 是 b 的无偏估计. 同样地,我们可算得

$$
\begin{aligned}
D\hat{b} &= \frac{1}{(nm_x^2)^2}\sum_{i=1}^{n}(x_i-\overline{x})^2 DY_i \\
&= \frac{1}{n(m_x^2)^2}\frac{1}{n}\sum_{i=1}^{n}(x_i-\overline{x})^2\sigma^2 \\
&= \frac{\sigma^2}{nm_x^2}
\end{aligned}
$$

这样,已经证明并获得了以下定理.

定理 10.2.1 在上述记号下,估计量 $\hat{b}$ 是 b 的无偏估计,且

$$
\hat{b}\sim N\left(b,\ \frac{1}{nm_x^2}\sigma^2\right) \tag{10.26}
$$

$$
\frac{\hat{b}-b}{\sigma/(\sqrt{n}\,m_x)}\sim N(0,\ 1) \tag{10.27}
$$

其中 $m_x=\sqrt{m_x^2}$.

同理可证

$$
\hat{a}=\overline{Y}-\hat{b}\,\overline{x}=\frac{\overline{Y}\,\overline{x^2}-\overline{x}\ \overline{xY}}{m_x^2} \tag{10.28}
$$

是 a 的无偏估计(见习题 10.3,由读者自己证明),其中 $\bar{\varepsilon}=\frac{1}{n}\sum_{i=1}^{n}\varepsilon_i$. 并且有下述定理.

定理 10.2.2 估计量 $\hat{a}$ 是 a 的无偏估计,且

$$
\hat{a}\sim N\left(a,\ \frac{\overline{x^2}}{nm_x^2}\sigma^2\right) \tag{10.29}
$$

$$
\frac{\hat{a}-a}{\sigma\sqrt{\overline{x^2}/(nm_x^2)}}\sim N(0,\ 1) \tag{10.30}
$$

10.2.2　参数 σ^2 的无偏估计及其分布

为了获得 σ^2 的无偏估计，考察 $\varepsilon_1^2+\varepsilon_2^2+\cdots+\varepsilon_n^2$，对其作分解，有

$$\sum_{i=1}^{n}\varepsilon_i^2=\sum_{i=1}^{n}(Y_i-a-bx_i)^2=\sum_{i=1}^{n}[(Y_i-\hat{a}-\hat{b}x_i)+(\hat{b}-b)x_i+\hat{a}-a]^2$$

将 $\hat{a}=\overline{Y}-\hat{b}\overline{x}=(a+b\overline{x}+\overline{\varepsilon})-\hat{b}\overline{x}=a+\overline{\varepsilon}-(\hat{b}-b)\overline{x}$ 代入得

$$\begin{aligned}\sum_{i=1}^{n}\varepsilon_i^2&=\sum_{i=1}^{n}[(Y_i-\hat{a}-\hat{b}x_i)+(\hat{b}-b)(x_i-\overline{x})+\overline{\varepsilon}]^2\\&=\sum_{i=1}^{n}[(Y_i-\hat{a}-\hat{b}x_i)^2+(\hat{b}-b)^2(x_i-\overline{x})^2+\overline{\varepsilon}^2]\\&\quad+2(\hat{b}-b)\sum_{i=1}^{n}(Y_i-\hat{a}-\hat{b}x_i)(x_i-\overline{x})\\&\quad+2\overline{\varepsilon}\sum_{i=1}^{n}[(Y_i-\hat{a}-\hat{b}x_i)+(\hat{b}-b)(x_i-\overline{x})]\end{aligned}$$

由式(10.19)知上式的最后两个和式均为 0，故有

$$\sum_{i=1}^{n}\varepsilon_i^2=\sum_{i=1}^{n}(Y_i-\hat{a}-\hat{b}x_i)^2+(\hat{b}-b)^2\sum_{i=1}^{n}(x_i-\overline{x})^2+n\overline{\varepsilon}^2$$

其中右端第一项正是式(10.21)定义的残差平方和

$$S_E=\sum_{i=1}^{n}(Y_i-\hat{a}-\hat{b}x_i)^2$$

于是得到

$$\sum_{i=1}^{n}\left(\frac{\varepsilon_i}{\sigma}\right)^2=\frac{S_E}{\sigma^2}+\frac{nm_x^2}{\sigma^2}(\hat{b}-b)^2+\frac{n}{\sigma^2}\overline{\varepsilon}^2 \tag{10.31}$$

注意到在上式中

$$\sum_{i=1}^{n}\left(\frac{\varepsilon_i}{\sigma}\right)^2\sim\chi^2(n)$$

$$\frac{nm_x^2}{\sigma^2}(\hat{b}-b)^2=\left(\frac{(\hat{b}-b)}{\sigma/(\sqrt{n}m_x)}\right)^2\sim\chi^2(1)$$

$$\frac{n}{\sigma^2}\overline{\varepsilon}^2=\left(\frac{\overline{\varepsilon}}{\sigma/\sqrt{n}}\right)^2\sim\chi^2(1)$$

由此可想到 $\frac{S_E}{\sigma^2}$ 亦服从 χ^2 分布，且自由度是 $n-2$，这正是下面的定理.

定理 10.2.3　在上述记号下，$S_E,\hat{b},\overline{\varepsilon}$ 或 $S_E,\hat{b},\overline{Y}$ 相互独立且

$$\frac{S_E}{\sigma^2}=\frac{1}{\sigma^2}\sum_{i=1}^{n}(Y_i-\hat{a}-\hat{b}x_i)^2\sim\chi^2(n-2) \tag{10.32}$$

由于 χ^2 分布的期望是它的自由度,故由式(10.32)知 $E\left(\frac{S_E}{\sigma^2}\right)=n-2$,从而

$$E\left(\frac{S_E}{n-2}\right)=\frac{\sigma^2}{n-2}E\left(\frac{S_E}{\sigma^2}\right)=\sigma^2$$

因此

$$\hat{\sigma}^2=\frac{S_E}{n-2}=\frac{1}{n-2}\sum_{i=1}^{n}(Y_i-\hat{a}-\hat{b}x_i)^2 \tag{10.33}$$

是 σ^2 的无偏估计. 在此记号下,定理 10.2.3 又可改写成如下形式.

定理 10.2.3′ 在上述记号下,$\hat{\sigma}^2$, $\bar{Y}$,$\hat{b}$ 相互独立且

$$\frac{(n-2)\hat{\sigma}^2}{\sigma^2}\sim\chi^2(n-2) \tag{10.34}$$

利用定理 10.2.1,定理 10.2.3′及 t 分布和 F 分布的定义,又可获得下面的定理.

定理 10.2.4 在上述记号下,$\hat{\sigma}^2$ 与 $\hat{b}$ 相互独立且

$$T=\frac{\hat{b}-b}{\hat{\sigma}/(\sqrt{n}\,m_x)}\sim t(n-2) \tag{10.35}$$

$$F=\frac{(\hat{b}-b)^2}{\hat{\sigma}^2/(nm_x^2)}\sim F(1,n-2) \tag{10.36}$$

10.2.3 一元线性回归参数的计算

为了计算无偏估计 $\hat{\sigma}^2$,将 $\hat{a}=\bar{y}-\hat{b}\,\bar{x}$代入式(10.33),得

$$\begin{aligned}\hat{\sigma}^2&=\frac{1}{n-2}\sum_{i=1}^{n}\left[y_i-\bar{y}-\hat{b}(x_i-\bar{x})\right]^2\\&=\frac{n}{n-2}\left[\frac{1}{n}\sum_{i=1}^{n}(y_i-\bar{y})^2-\frac{2\hat{b}}{n}\sum_{i=1}^{n}(y_i-\bar{y})(x_i-\bar{x})+\frac{\hat{b}^2}{n}\sum_{i=1}^{n}(x_i-\bar{x})^2\right]\\&=\frac{n}{n-2}\left[\frac{1}{n}\sum_{i=1}^{n}(y_i-\bar{y})^2-2\hat{b}(\overline{xy}-\bar{x}\,\bar{y})+\hat{b}^2m_x^2\right]\end{aligned}$$

再注意到式(10.18)的第一式,有

$$\overline{xy}-\bar{x}\,\bar{y}=\hat{b}(\overline{x^2}-\bar{x}^2)=\hat{b}m_x^2$$

并引进计算器容易获得其值的二阶中心矩的记号

$$m_y^2=\frac{1}{n}\sum_{i=1}^{n}(y_i-\bar{y})^2,\quad m_y=\sqrt{m_y^2} \tag{10.37}$$

则有

$$\hat{\sigma}^2=\frac{n}{n-2}\left(m_y^2-\hat{b}^2m_x^2\right) \tag{10.38}$$

式(10.38)中的 $\hat{\sigma}^2$ 与 $\hat{a},\hat{b}$ 也可利用表 10.1 及计算器的统计功能方便地获得.

表 10.1　回归参数计算表

i	x_i	y_i	x_iy_i
1	x_1	y_1	x_1y_1
2	x_2	y_2	x_2y_2
⋮	⋮	⋮	⋮
n	x_n	y_n	x_ny_n
计算器计算	$\overline{x}=\frac{1}{n}\sum_{i=1}^{n}x_i$	$\overline{y}=\frac{1}{n}\sum_{i=1}^{n}y_i$	$\overline{xy}=\frac{1}{n}\sum_{i=1}^{n}x_iy_i$
	$m_x^2=\frac{1}{n}\sum_{i=1}^{n}(x_i-\overline{x})^2$	$m_y^2=\frac{1}{n}\sum_{i=1}^{n}(y_i-\overline{y})^2$	
回归参数	$\hat{b}=\frac{\overline{xy}-\overline{x}\,\overline{y}}{m_x^2}$	$\hat{a}=\overline{y}-\hat{b}\,\overline{x}$	$\hat{\sigma}^2=\frac{n}{n-2}\left(m_y^2-\hat{b}^2m_x^2\right)$

例 10.2.1　用切削机床进行金属品加工时,为了适当地调整机床,应该测定刀具的磨损速度.在一定时间(如每隔一小时)测量刀具的厚度,测得结果如下:

时间 x_i/h	刀具厚度 y_i/cm	时间 x_i/h	刀具厚度 y_i/cm	时间 x_i/h	刀具厚度 y_i/cm
0	30.0	6	27.5	12	26.1
1	29.1	7	27.2	13	25.7
2	28.4	8	27.0	14	25.3
3	28.1	9	26.8	15	24.8
4	28.0	10	26.5	16	24.0
5	27.7	11	26.3		

试求刀具厚度 Y 关于切削时间 x 的线性回归方程,并计算 σ^2 的估计值.

解　填表并利用计算器计算得下表:

i	x_i	y_i	x_iy_i
1	0	30.0	0.0
2	1	29.1	29.1
3	2	28.4	56.8
4	3	28.1	84.3
5	4	28.0	112.0
6	5	27.7	138.5
7	6	27.5	165.0
8	7	27.2	190.4

续表

i	x_i	y_i	x_iy_i
9	8	27.0	216.0
10	9	26.8	241.2
11	10	26.5	265.0
12	11	26.3	289.3
13	12	26.1	313.2
14	13	25.7	334.1
15	14	25.3	354.2
16	15	24.8	372.0
17	16	24.0	384.0
计算器计算	$\overline{x}=8$	$\overline{y}=26.97$	$\overline{xy}=208.54$
	$m_x=4.899$	$m_y=1.502$	
回归参数	$\hat{b}=-0.301$	$\hat{a}=29.38$	$\hat{\sigma}^2=0.0924$

表中回归参数的计算如下：

$$\hat{b}=\frac{\overline{xy}-\overline{x}\,\overline{y}}{m_x^2}=\frac{208.54-8\times 26.97}{4.899^2}=-0.301$$

$$\hat{a}=\overline{y}-\hat{b}\,\overline{x}=26.97-(-0.301)\times 8=29.38$$

$$\hat{\sigma}^2=\frac{17}{17-2}(m_y^2-\hat{b}^2m_x^2)=\frac{17}{15}(1.502^2-0.301^2\times 4.899^2)=0.0924$$

故所求回归直线方程为

$$\hat{y}=29.38-0.301x$$

线性回归模型为

$$Y=29.38-0.301x+\varepsilon,\quad \varepsilon\sim N(0,0.0924)$$

其回归直线如图 10.2 所示.

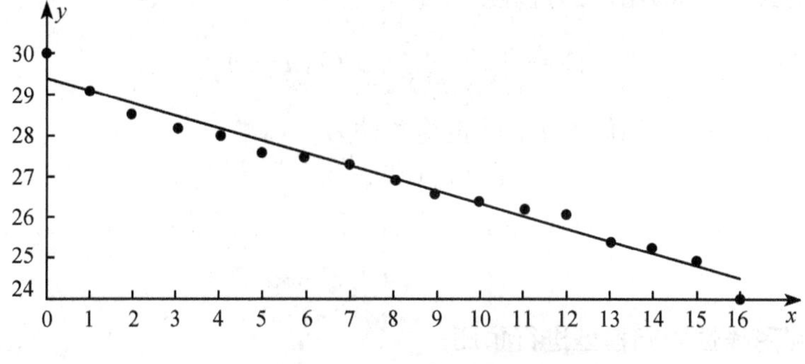

图 10.2 回归直线图

10.3　一元线性回归中的假设检验与预测

在 10.2 节,解决了一元线性回归模型的建立问题,即如何根据试验数据来确定一元线性回归模型.但是,实际上,对于任何两个变量 x 与 Y 的一组试验数据

$$(x_i, y_i) \quad (i=1,2,\cdots,n)$$

无论 Y 与 x 之间是否存在着线性相关关系,都可以按上述计算方法建立一个线性回归模型.那么,这样得到的一元线性回归模型是否符合实际,需要作进一步的统计检验.只有经过统计检验,证实这种线性相关的假设是显著的,应用回归模型作预测与控制才有实用价值.

10.3.1　线性相关关系的显著性检验

显然,当 $b\neq 0$ 时,Y 与 x 之间存在着线性相关关系,所以为了检验 Y 与 x 之间的线性相关关系是否显著,或检验假设(10.8)是否合适,可提出检验假设

$$H_0: b=0, \quad H_1: b\neq 0 \tag{10.39}$$

若拒绝 H_0,则意味着 Y 与 x 线性相关关系显著,这时可通过线性回归的结果来做预测等进一步研究,否则,若接受 H_0,则认为 Y 与 x 之间线性关系不显著,这时依赖线性回归模型作的进一步研究将失去意义.

由式(10.35)知,在原假设 H_0 成立时

$$T=\frac{\hat{b}}{\hat{\sigma}/(\sqrt{n}\,m_x)}\sim t(n-2) \tag{10.40}$$

对给定的显著性水平 α,有

$$P\{|T|\geqslant t_{\alpha/2}(n-2)\}=\alpha$$

故在显著性水平 α 下,原假设 H_0 的拒绝条件(或拒绝域)为

$$|T|\geqslant t_{\alpha/2}(n-2) \tag{10.41}$$

若取由式(10.36)给出的检验统计量

$$F=\frac{\hat{b}^2}{\hat{\sigma}^2/(nm_x^2)}\sim F(1,n-2) \tag{10.42}$$

则在显著性水平 α 下,原假设 H_0 的拒绝条件为

$$F\geqslant F_\alpha(1,n-2) \tag{10.43}$$

即在式(10.41)或式(10.43)成立时认为线性相关关系显著,否则,认为线性相关关系不显著.

10.3.2　利用线性回归模型进行预测

所谓**预测**其实就是对指定的 x,给出 Y 的区间估计.按照 10.2 节建立的一元

线性回归模型(10.8),对于指定的 x,随机变量 Y 应服从

$$Y=a+bx+\varepsilon,\quad \varepsilon\sim N(0,\sigma^2)$$

或

$$Y\sim N(a+bx,\sigma^2) \tag{10.44}$$

这里自然假定 Y 与 $Y_1,Y_2,\cdots,Y_n$ 相互独立. 但由于 a,b 未知,故不能用 $a+bx$ 预测 Y 的取值,只能用 10.2 节给出的估计 $\hat{a},\hat{b}$ 来代替,或用

$$\hat{Y}=\hat{a}+\hat{b}x \tag{10.45}$$

来预测 Y 的取值. 而且这种预测的误差

$$R=Y-\hat{Y}=Y-(\hat{a}+\hat{b}x)=Y-\overline{Y}-\hat{b}(x-\overline{x}) \tag{10.46}$$

服从正态分布,不难证明该误差满足下述定理[1].

定理 10.3.1 在上述记号下

$$R=Y-(\hat{a}+\hat{b}x)\sim N\left(0,\left[1+\frac{1}{n}+\frac{(x-\overline{x})^2}{nm_x^2}\right]\sigma^2\right) \tag{10.47}$$

由定理 10.3.1 知

$$U=\frac{Y-(\hat{a}+\hat{b}x)}{\sigma\sqrt{1+\dfrac{1}{n}+\dfrac{(x-\overline{x})^2}{nm_x^2}}}\sim N(0,1)$$

又由定理 10.2.3′知 $R=Y-\overline{Y}-\hat{b}(x-\overline{x})$ 与 $\hat{\sigma}^2$ 相互独立且

$$V=\frac{(n-2)\hat{\sigma}^2}{\sigma^2}\sim\chi^2(n-2)$$

故由 t 分布的定义,有

$$T=\frac{U}{\sqrt{\dfrac{V}{n-2}}}=\frac{Y-(\hat{a}+\hat{b}x)}{\hat{\sigma}\sqrt{1+\dfrac{1}{n}+\dfrac{(x-\overline{x})^2}{nm_x^2}}}\sim t(n-2) \tag{10.48}$$

于是对给定的置信度 $1-\alpha$,有

$$P\left\{\frac{|Y-(\hat{a}+\hat{b}x)|}{\hat{\sigma}\sqrt{1+\dfrac{1}{n}+\dfrac{(x-\overline{x})^2}{nm_x^2}}}<t_{\alpha/2}(n-2)\right\}=1-\alpha$$

故对于任意的 x,与 x 对应的 Y 满足

$$P\{Y\in(\hat{a}+\hat{b}x-\delta(x),\hat{a}+\hat{b}x+\delta(x))\}=1-\alpha$$

其中

$$\delta(x)=\hat{\sigma}\sqrt{1+\frac{1}{n}+\frac{(x-\overline{x})^2}{nm_x^2}}\;t_{\alpha/2}(n-2) \tag{10.49}$$

故对于任意的 x,Y 的置信区间(称为**预测区间**)为

$$(\hat{a}+\hat{b}x-\delta(x),\hat{a}+\hat{b}x+\delta(x)) \tag{10.50}$$

或

$$(\hat{a}+\hat{b}x\pm\delta(x)) \tag{10.51}$$

当 x 变化时，获得置信下限和置信上限两条曲线：

$$y=\hat{a}+\hat{b}x-\delta(x) \tag{10.52}$$

和

$$y=\hat{a}+\hat{b}x+\delta(x) \tag{10.53}$$

当 $x=\overline{x}$ 时置信区间长度最小，预测最精确. 而 x 离 $\overline{x}$ 越远，置信区间长度越长，预测的精确性越差(图 10.3).

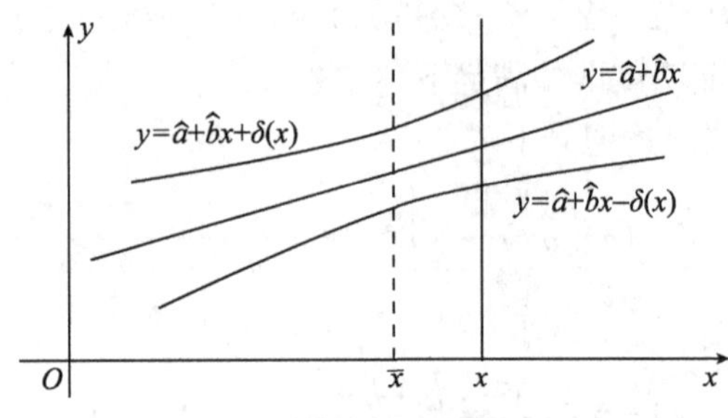

图 10.3　预测区域图

例 10.3.1　检验例 10.2.1 中的 Y 与 x 的线性相关关系是否显著(取显著性水平 $\alpha=0.05$). 若显著，请预测当切削时间为 14.5h 时，刀具厚度的变化区间(取置信度 $1-\alpha=0.95$).

解　在例 10.2.1 中，已经求得

$$\overline{x}=8,\qquad \overline{y}=26.97,\quad m_x=4.899$$

$$\hat{b}=-0.301,\quad \hat{a}=29.38,\quad \hat{\sigma}^2=0.0924$$

又因为 $n=17$，$\alpha=0.05$，查 t 分布表可知

$$t_{\alpha/2}(n-2)=t_{0.025}(17-2)=2.132$$

(1) 为了检验 Y 与 x 的线性相关关系，我们提出假设

$$H_0:b=0,\quad H_1:b\neq 0$$

将上述数据代入检验统计量(10.40)得

$$T=\frac{\hat{b}}{\hat{\sigma}/(\sqrt{n}\,m_x)}=\frac{-0.301}{\sqrt{0.0924}}\sqrt{17}\times 4.899=-20.00$$

由于

$$|T|=20.00>t_{\alpha/2}(n-2)=t_{0.025}(15)=2.132$$

所以应拒绝原假设 H_0，即认为例 10.2.1 中的线性相关关系显著.

(2) 为了预测刀具厚度的变化区间，将上述数据代入式(10.49)得

$$\delta(14.5)=\sqrt{0.0924}\times\sqrt{1+\frac{1}{17}+\frac{(14.5-8)^2}{17\times 4.899^2}}\times 2.132=0.70$$

于是根据 t 估计法,可以得到 Y 的预测值为

$$y=\hat{a}+\hat{b}x\pm\delta(x)=29.38-0.301\times14.5\pm0.70=25.02\pm0.70$$

或

$$P\{Y\in(24.32,25.72)\}=95\%$$

即当切削时间为 14.5h,刀具厚度应为

$$y=25.02\pm0.70$$

或变化区间为(24.32, 25.72).

*习　题　10

10.1　研究物体的横断面上渗透深度 h(单位:cm)与局部能量 E(每平方厘米面积上的能量)的关系,得到如下试验结果:

E_i	h_i	E_i	h_i	E_i	h_i
41	4	139	20	250	31
50	8	154	19	269	36
81	10	180	23	301	37
104	14	208	26		
120	16	241	30		

画出散点图.从经验知 h_i 与 E_i 之间有关系式

$$\begin{cases}h_i=a+bE_i+\varepsilon_i, & i=1,2,\cdots,n\\ \varepsilon_i\sim N(0,\sigma^2)\text{且相互独立}\end{cases}$$

试求系数 a,b 的最小二乘法估计,并求 σ^2 的无偏估计值.

10.2　为了研究纱的品质指标与支数之间的数量关系,进行有关试验,得 20 对数据如下:

支数 x_i	品质指标 y_i	支数 x_i	品质指标 y_i	支数 x_i	品质指标 y_i
19.83	2466	35.20	2203	29.28	2297
20.24	2501	35.74	2159	29.76	2285
21.10	2390	39.77	2137	33.93	2238
23.85	2450	41.30	2092	49.13	2040
24.47	2350	42.20	2082	56.46	1865
25.08	2396	45.87	2060	57.55	1857
28.47	2331	47.83	2025		

画出散点图.从经验知 Y_i 与 x_i 之间有关系式

$$\begin{cases}Y_i=a+bx_i+\varepsilon_i, & i=1,2,\cdots,n\\ \varepsilon_i\sim N(0,\sigma^2)\text{且相互独立}\end{cases}$$

试求系数 a,b 的最小二乘法估计,并求 σ^2 的无偏估计值.

10.3　证明线性回归方程中确定的统计量 $\hat{a}$(见式(10.28))是 a 的无偏估计.

10.4 合成纤维的强度 Y 与其拉伸倍数 x 有关，测得试验数据如下：

x_i	y_i	x_i	y_i	x_i	y_i
2.0	1.6	4.0	3.5	7.1	6.5
2.5	2.4	4.5	4.2	8.0	7.3
2.7	2.5	5.2	5.0	9.0	8.0
3.5	2.7	6.3	6.4	10.0	8.1

检验合成纤维的强度 Y 与其拉伸倍数 x 之间是否存在显著的线性相关关系（取 $\alpha=0.05$）. 如果存在，求 Y 关于 x 的线性回归方程.

10.5 对产品表面做腐蚀刻线试验，腐蚀深度 Y（单位：μm）与腐蚀时间 x（单位：s）有关，测得如下结果：

x_i	3	5	10	20	30	40	50	60	65	90	120
y_i	4	6	8	13	16	17	19	25	25	29	46

(1) 试求经验回归函数；

(2) 试求检验统计量 T 的值，并在显著性水平 $\alpha=0.05$ 下检验假设 $H_0:b=0$；

(3) 在 $x=80$ 时作出 Y 的预测区间（取置信度为 0.95）.

10.6 下表列出在不同质量下 6 根弹簧的长度：

质量 x	5	10	15	20	25	30
长度 y	7.25	8.12	8.95	9.90	10.9	11.8

(1) 试作出这六对观测值的散点图，直观上能否认为长度对于质量的回归函数是线性的；

(2) 写出经验回归直线方程；

(3) 检验长度 Y 与质量 x 之间是否存在显著的线性相关关系（取 $\alpha=0.05$）；

(4) 在 $x=16$ 时作出 Y 的预测区间（取置信度为 0.95）.

*第 11 章　概率统计的 MATLAB 命令实现

11.1　概率统计的基本命令

11.1.1　排列、组合与排序

在概率统计计算时，常常会用到排列、组合与排序命令.

计算 $n!$ 命令为

```
prod(1:n)
```

或

```
factorial(n)
```

当计算组合 C_n^k 时，可用命令

```
nchoosek(n,k)
```

或

```
prod((n-k+1):n)/prod(1:k)
```

例 11.1.1　计算 8! 和 C_8^4.

这时，在提示符≫下输入命令 N1=prod(1∶8)，则有如下结果(≫后为命令行，其他行为执行或显示结果)：

```
≫N1=prod(1:8)
N1=
    40320
```

同样地，在输入其他命令时，结果如下：

```
≫N1=factorial(8)
N1=
    40320
≫N2=nchoosek(8,4)
N2=
    70
≫N2=prod((8-4+1):8)/prod(1:4)
N2=
    70
```

排序函数为 sort，可对向量元素按升序或降序排列. 对应向量 x，调用格式为

```
[val pos1]=sort(x)
```

或

```
[val pos2]=sort(x, 'descend')
```

其中 pos1,pos2 为排序后的元素在原向量中的位置.

例 11.1.2　分别对 $b=[1.1\ 3\ 5\ 2]$按升序和降序排列.

输入命令如下：

```
≫b=[1.1 3 5 2];
≫[val pos1]= sort(b)     % 按升序排列
val=
   1.1000  2.0000  3.0000  5.0000
pos1=
   1  4  2  3
≫[val pos2]=sort(b,'descend')     % 按降序排列
val=
   5.0000  3.0000  2.0000  1.1000
pos2=
   3  2  4  1
```

11.1.2　常用统计量

下面介绍求和、均值、方差、标准差、最大值、最小值、中位数、极差、协方差和相关系数等常用的统计命令.

函数 sum 是求和命令,可对向量或矩阵求和.

例 11.1.3　求 $b=[1\ 2\ 3\ 5]$和 $A=[1\ 2\ 3\ 5;\ 2\ 0\ 1\ 1]$的总和.

输入命令如下：

```
≫b=[1 2 3 5]; s=sum(b)
s=
   11
≫A=[1 2 3 5; 2 0 1 1];
≫s1=sum(A)     % 各列求和
s1=
   3  2  4  6
≫s2=sum(A,2)     % 各行求和
s2=
   11
   4
≫s3=sum(A(:))     % 对所有元素求和
```

```
    s3=
    15
```

函数 mean 可用来求均值，调用格式为

```
m=mean(x)
```

其中 x 为向量或矩阵. 当 x 为矩阵时，函数 mean 可按列或行求均值.

例 11.1.4 计算 $b=[1\ 2\ 3\ 5]$和 $A=[1\ 2\ 3\ 5;\ 2\ 0\ 1\ 1]$的均值.

输入命令如下：

```
≫b=[1 2 3 5];m=mean(b)
m=
    2.7500
≫A=[1 2 3 5; 2 0 1 1];
≫m1=mean(A)      % 各列求均值
m1=
    1.5000   1.0000   2.0000   3.0000
≫m2=mean(A,2)      % 各行求均值
m2=
    2.7500
    1.0000
≫m3=mean(A(:))      % 所有元素求均值
m3=
    1.8750
```

函数 var，std 分别是求样本方差和标准差的命令.

例 11.1.5 计算 $b=[1\ 2\ 3\ 5]$的方差和标准差.

输入命令如下：

```
≫b=[1 2 3 5];
≫v=var(b)
v=
    2.9167
≫s=std(b)
s=
    1.7078
```

函数 max 和 min 分别为所求数据的最大值和最小值. 对于向量 x，其调用格式分别为

```
[vmax pos1]=max(x)
```

与

```
[vmin pos2]=min(x)
```

其中 vmax,vmin 分别表示最大值和最小值,pos1,pos2 为相应的位置. 对于矩阵 x,可以对矩阵元素逐列、逐行求最值.

例 11.1.6　求 b=[1 2 3 5]和 A=[1 2 3 5; 2 0 1 1]的最值.

输入命令如下:

```
≫b=[1 2 3 5];
≫[vmax pos1]=max(b)
vmax=
    5
pos1=
    4
≫[vmin pos2]=min(b)
vmin=
    1
pos2=
    1
≫A= [1 2 3 5; 2 0 1 1];
≫[vmax pos]=max(A)        % 逐列求最大值
vmax =
    2   2   3   5
pos=
    2   1   1   1
≫[vmin pos]=max(A')       % 逐行求最大值
vmin=
    5   2
pos=
    4   1
```

中位数命令为 median.

例 11.1.7　求 $b1$=[1.1 3 5 2]和 $b2$=[1.1 3 5 2 0]的中位数.

输入命令如下:

```
≫b1=[1.1 3 5 2];y1=median(b1)
y1=
    2.5000
≫b2=[1.1 3 5 2 0];y2=median(b2)
y2=
```

```
    2
```

此外，向量极差的计算函数为

```
max(x)-min(x)
```

或

```
range(x).
```

例 11.1.8 求 b=[1.1 3 5 2]的极差.

输入命令如下：

```
≫b=[1.1 3 5 2];R=max(b)-min(b)
R=
    3.9000
≫R=range(b)
R=
    3.9000
```

用 cov 函数可求协方差，corrcoef 函数可求相关系数. 当 x 为向量时，cov(x)返回 x 的方差；当 x 为矩阵时，cov(x)返回协方差矩阵，corrcoef(x)返回相关系数矩阵，其中将 x 的每列看成一个随机向量的样本观测值.

例 11.1.9 求 A=[7 26 6; 1 29 15; 11 56 8; 11 31 8; 7 52 6]的协方差矩阵.

输入命令如下：

```
≫A=[7 26 6; 1 29 15; 11 56 8; 11 31 8; 7 52 6];B=cov(A)
B=
       16.8000     24.1000    -10.8000
       24.1000    197.7000    -17.3500
      -10.8000    -17.3500     13.8000
```

例 11.1.10 求 A=[7 26 6; 1 29 15; 11 56 8; 11 31 8; 7 52 6]的相关系数矩阵.

输入命令如下：

```
≫A=[7 26 6; 1 29 15; 11 56 8; 11 31 8; 7 52 6];B=corrcoef(A)
B=
        1.0000    0.4182   -0.7093
        0.4182    1.0000   -0.3322
       -0.7093   -0.3322    1.0000
```

11.1.3 常用的随机生成数

常用随机数有(0,1)区间上的均匀随机数和标准正态随机数.

使用 rand 可生成(0,1)区间上服从均匀分布的随机数。

例 11.1.11　随机生成 5 维行向量和 3×5 维矩阵.

输入命令如下：

```
≫A=rand(1,5)
A=
    0.8147  0.9058  0.1270  0.9134  0.6324
≫A=rand(3,5)
A=
    0.0975  0.9575  0.9706  0.8003  0.9157
    0.2785  0.9649  0.9572  0.1419  0.7922
    0.5469  0.1576  0.4854  0.4218  0.9595
```

也可以生成任意有限区间(a,b)上的均匀分布，调用格式为

```
rand* (b-a)+ a
```

例 11.1.12　在区间(3,7)上随机生成 3×5 维矩阵.

输入命令如下：

```
≫A=rand(3,5)*4+3
A=
    5.6230  6.7360  5.9725  3.6847  4.1077
    3.1428  5.7149  4.5689  5.8242  3.1847
    6.3965  6.0310  5.6219  3.1273  3.3885
```

生成服从标准正态分布随机数的命令为 randn.

例 11.1.13　根据正态分布，随机生成 5 维行向量和 3×5 维矩阵.

输入命令如下：

```
≫A=randn(1,5)
A=
    1.4384  0.3252  -0.7549  1.3703  -1.7115
≫A=randn(3,5)
A=
    -0.1022   0.3129  -0.1649   1.1093  -1.2141
    -0.2414  -0.8649   0.6277  -0.8637  -1.1135
     0.3192  -0.0301   1.0933   0.0774  -0.0068
```

此外，函数 randperm 是对整数随机排序的命令，调用格式为

```
x=randperm(n)
```

例 11.1.14　对 1,2,…,10 随机排列.

输入命令如下：

```
≫b=randperm(10)
b=
    6  3  7  8  5  1  2  4  9  10
```

11.2 常用的随机分布

11.2.1 离散型随机变量的随机生成

binornd(N,p,m,n)表示参数为 N 和 p 的二项分布，m 和 n 分别表示生成随机矩阵的行数和列数. 当 $N=1$ 时，二项分布即为 0-1 分布.

例 11.2.1 随机生成 $N=5,p=0.3$ 的 2×10 维的二项分布矩阵.

输入命令如下：

```
≫X=binornd(5,0.3,2,10)
X=
    1  1  4  2  3  0  1  2  2  1
    2  3  0  1  1  0  1  1  1  3
```

例 11.2.2 随机生成 2×10 维的 0-1 分布矩阵.

输入命令如下：

```
≫X=binornd(1,0.5,2,10)
X=
    1  1  1  1  0  0  1  0  0  0
    1  1  1  0  0  0  1  1  0  1
```

geornd(p,m,n)表示参数为 p 的几何分布函数，m 和 n 分布表示生成随机矩阵的行数和列数.

例 11.2.3 随机生成 $p=0.2$ 的 2×10 维的几何分布矩阵.

输入命令如下：

```
≫X=geornd(0.2,2,10)
X=
    4  1  4  2  13  6  1  1  1   3
    1  2  8  5   1  3  4  4  1  17
```

poissrnd(lambda,m,n)表示参数为 lambda 的泊松分布.

例 11.2.4 随机生成 lambda=0.4 的 2×10 维的泊松分布矩阵.

输入命令如下：

```
≫X=poissrnd(0.4,2,10)
X=
    1  0  0  1  0  0  0  0  0  0
```

```
       0  0  0  0  0  0  3  1  0  0
```

unidrnd(N,m,n)表示离散型均匀分布的生成函数.

例 11.2.5　随机生成取值 1 到 8 的 2×10 维的矩阵.

输入命令如下：

```
≫X=unidrnd(8,2,10)
X=
    2  8  5  2  8  5  2  8  3  1
    3  6  2  1  6  3  5  2  4  6
```

11.2.2　连续型随机变量的随机生成

unifrnd(a,b,m,n)可生成区间(a,b)上的服从均匀分布的随机数矩阵.

例 11.2.6　在区间(−2,4)上随机生成 3×4 维矩阵.

输入命令如下：

```
≫X=unifrnd(- 2,4,3,4)
X=
      2.3375    1.7906   -1.4084   -0.8225
      1.1873   -1.2410   -1.1478   -0.0951
     -1.3471   -1.1942   -0.9905   -0.1014
```

函数 exprnd(lambda,m,n)可随机生成均值为 lambda 的指数分布的 $m\times n$ 维随机矩阵.

例 11.2.7　随机生成 lambda=0.5 的 2×6 维矩阵.

输入命令如下：

```
≫X=exprnd(0.5,2,6)
X=
    0.2914  0.4286  1.0402  0.6186  0.2126  0.0332
    0.1488  0.4227  1.8559  0.5736  0.0220  0.3906
```

均值为 μ、标准差为 σ 的正态分布的随机生成命令为 normrnd(mu,sigma).

例 11.2.8　随机生成 $N(2,4^2)$的随机数和 3×4 维随机矩阵.

输入命令如下：

```
≫X=normrnd(2,4)
X=
    6.1881
≫X=normrnd(2,4,3,4)
X=
    1.0923    4.2230   -2.3915    0.3550
```

```
    1.3500  -2.4810  -3.6631   0.5280
    4.7602  -4.1308   2.2383  -3.4439
```

chi2rnd(N,m,n)为自由度为 N 的χ^2分布.

例 11.2.9 根据χ^2分布,随机生成自由度为10的2×6维随机矩阵.

输入命令如下：

```
≫X=chi2rnd(10,2,6)
X=
    6.3759  12.7889  11.1759  21.9569   7.3356   7.8482
    5.2579  10.7662   3.9726   4.1334  11.2291   7.0107
```

trnd(N,m,n)可以随机生成自由度为 N 的 t 分布的 $m\times n$ 维随机矩阵.

例 11.2.10 根据 t 分布,随机生成自由度为10的2×6维随机矩阵.

输入命令如下：

```
≫X=trnd(10,2,6)
X=
    1.3528   0.1045   1.0749  -0.7329  -1.2037   0.6038
    1.7212  -1.1574  -0.6069   0.9308  -2.4351   0.2425
```

frnd($N1$,$N2$,m,n)可以随机生成第一自由度为 $N1$、第二自由度为 $N2$ 的 F 分布的 $m\times n$ 维随机矩阵.

例 11.2.11 根据 F 分布,随机生成第一自由度为5、第二自由度为10的2×6维随机矩阵.

输入命令如下：

```
≫X=frnd(5,10,2,6)
X=
    0.1427   3.4159   0.9148   0.2096   2.0091   2.8973
    0.6905   0.4669   3.7709   0.5219   1.0077   1.2639
```

11.2.3 连续型随机变量密度函数的计算

exp,norm,chi2,t,f 可以与 pdf 组合,来计算相应分布的密度函数值.

例 11.2.12 计算均值 lambda=0.5 的指数分布密度函数在 $x=2$ 处的值,并绘制密度函数曲线.

输入命令如下：

```
≫a=exppdf(2,0.5)
a=
    0.0366
≫x=0:0.1:3;
```

```
≫y=exppdf(x,0.5);
≫plot(x,y,'.- ')
≫xlabel('x');
≫ylabel('y');
≫title('e(0.5)');
```

显示的图形如图 11.1 所示.

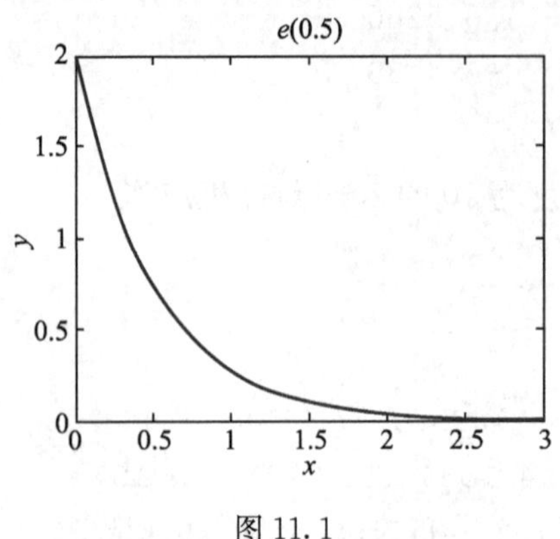

图 11.1

例 11.2.13　计算 $N(3,4)$分布的密度函数在 $x=2$ 处的值,并绘制密度函数曲线.

输入命令如下:

```
≫a=normpdf(2,3,2)
a=
     0.1760
≫x=-5:0.1:11;
≫y=normpdf(x,3,2);
≫plot(x,y,'.-');
≫xlabel('x');
≫ylabel('y');
≫title('N(2,3^2)');
```

显示的图形如图 11.2 所示.

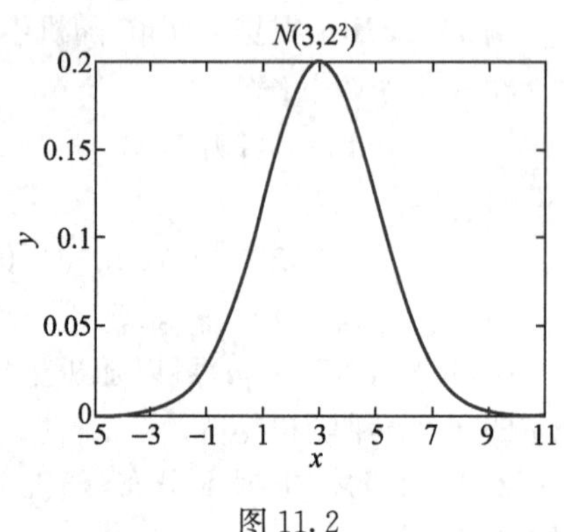

图 11.2

例 11.2.14　计算自由度为 10 的 χ^2 分布的密度函数在 $x=3$ 处的值,并绘制密度函数曲线.

输入命令如下:

```
≫a=chi2pdf(3,10)
a=
     0.0235
≫x=0:0.1:30;
≫y=chi2pdf(x,10);
≫plot(x,y,'.-');
≫xlabel('x'); ylabel('y');
≫title('\chi^2(10)');
```

显示的图形如图 11.3 所示.

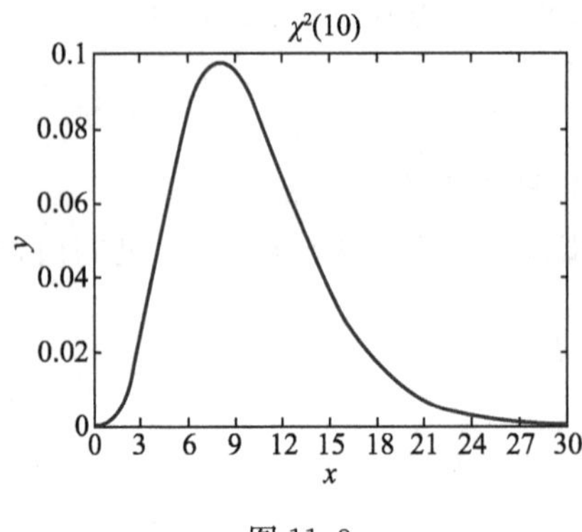

图 11.3

例 11.2.15　计算自由度为 10 的 t 分布的密度函数在 $x=1$ 处的值,并绘制密度函数曲线.

输入命令如下:

```
≫a=tpdf(1,10)
a=
   0.2304
≫x=-6:0.1:6;
≫y=tpdf(x,10);
≫plot(x,y,'.-');
≫xlabel('x');
≫ylabel('y');
≫title('t(10)');
```

显示的图形如图 11.4 所示.

例 11.2.16　计算第一自由度为 5,第二自由度为 10 的 F 分布的密度函数在 $x=1.5$ 处的值,并绘制密度函数曲线.

输入命令如下:

```
≫x=0:0.1:6;
≫y=fpdf(x,5,10);
≫plot(x,y,'.-');
≫xlabel('x');
≫ylabel('y');
≫title('F(5,10)');
```

显示的图形如图 11.5 所示.

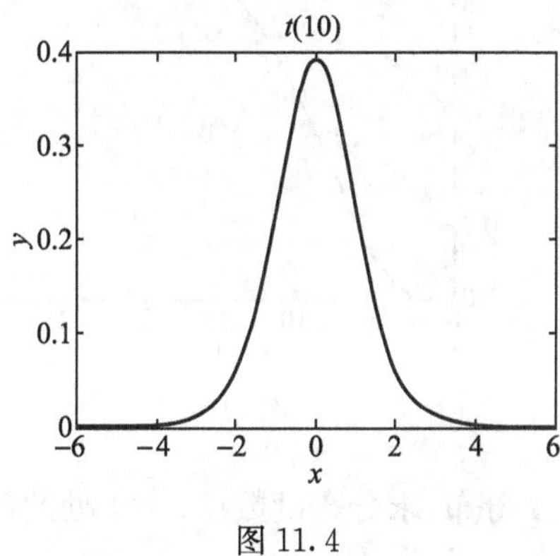

图 11.4

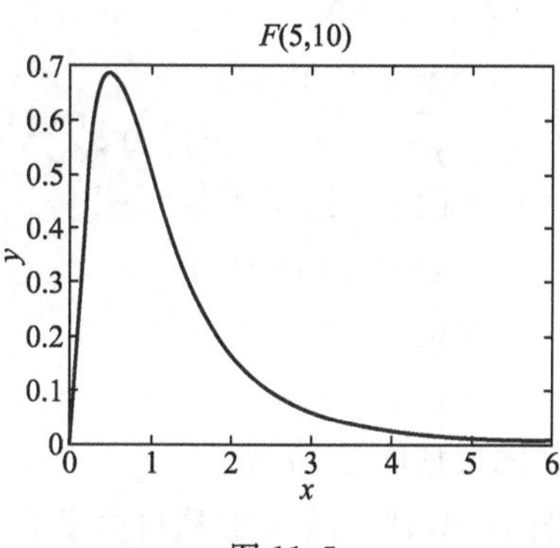

图 11.5

11.2.4 连续型随机变量分布函数值的计算

exp,norm,chi2,t,f 可以分别与 cdf 组合,来计算相应分布的分布函数值.

例 11.2.17 设 $X \sim N(3,4)$,求

$$P\{1.1<X<2.5\}$$

并绘制它的分布函数.

输入命令如下:

```
≫a=normcdf(2.5,3,2)
    -normcdf(1.1,3,2)
a=
   0.2302
≫x=-5:0.1:10;
≫y=normcdf(x,5,10);
≫plot(x,y,'.-');
≫xlabel('x');
≫ylabel('y');
≫title('N(3,2^2)');
```

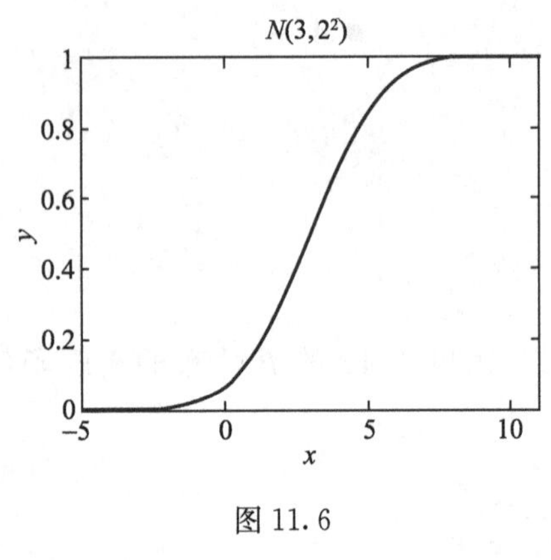

图 11.6

显示的图形如图 11.6 所示.

例 11.2.18 设 X 服从自由度为 10 的 χ^2 分布,求分布函数在 $x=15.5$ 处的值,并绘制它的分布函数.

输入命令如下:

```
≫a=chi2cdf(15.5,10)
a=
   0.8851
≫x=0:0.1:30;
≫y=chi2cdf(x,10);
≫plot(x,y,'.-');
≫xlabel('x');
≫ylabel('y');
≫title('\chi^2(10)');
```

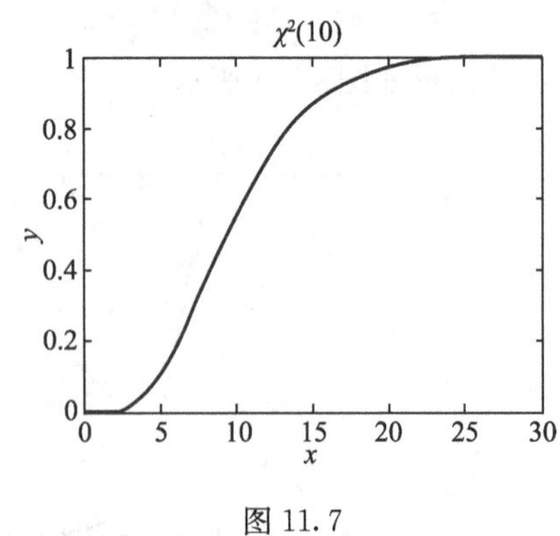

图 11.7

显示的图形如图 11.7 所示.

例 11.2.19 设 X 服从自由度为 10 的 t 分布,求分布函数在 $x=1$ 处的值,并绘制它的分布函数.

输入命令如下：

```
≫y=tcdf(1,10)
y=
    0.8296
≫x=-6:0.1:6;
≫y=tcdf(x,10);
≫plot(x,y,'.-');
≫xlabel('x');
≫ylabel('y');
≫title('t(10)');
```

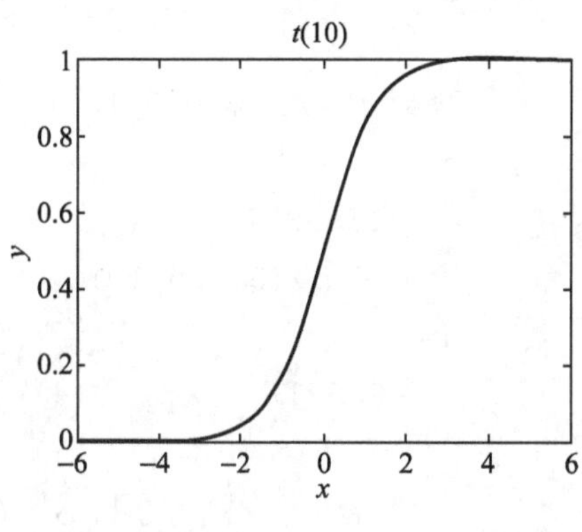

图 11.8

显示的图形如图 11.8 所示.

例 11.2.20 设 X 服从第一自由度为 5,第二自由度为 10 的 F 分布,求分布函数在 $x=3$ 处的值,并绘制它的分布函数.

输入命令如下：

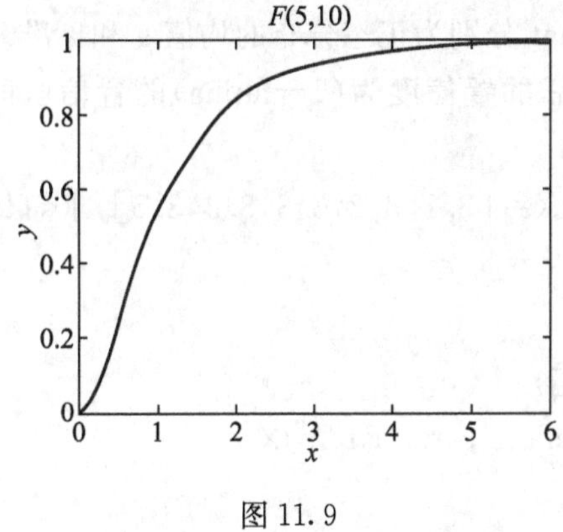

图 11.9

```
≫y=fcdf(3,5,10)
y=
    0.9344
≫x=0:0.1:6;
≫y=fcdf(x,5,10);
≫plot(x,y,'.-')
≫xlabel('x')
≫ylabel('y');
≫title('F(5,10)');
```

显示的图形如图 11.9 所示.

11.2.5 连续型随机变量分位数的计算

exp,norm,chi2,t,f 可以与 inv 组合来计算相应分布的分位数. 如

norminv(0.9,3,2)

例 11.2.21 求 $N(3,2)$,$t(10)$,$\chi^2(10)$和 $F(5,10)$的上侧 0.1 分位数(或下侧 0.9 分位数)的数值.

输入命令如下：

```
≫a=norminv(0.9,3,2)
a=
    5.5631
≫a=tinv(0.9,10)
```

```
a=
    1.3722
≫a=chi2inv(0.9,10)
a=
    15.9872
≫a=finv(0.9,5,10)
a=
    2.5216
```

11.3 参数估计

11.3.1 正态分布的均值 μ 和标准差 σ 的估计

正态总体参数的估计命令格式为

```
[muhat,sigmahat,muci,sigmaci]=normfit(X,alpha)
```

其中 X 为样本观测值向量,muhat 和 sigmahat 分别为正态分布的均值 μ 和标准差 σ 的点估计值,muci 和 sigmaci 分别为 μ 和 σ 的置信度为(1－alpha)的置信区间(alpha 默认为 0.05).

例 11.3.1　对正态总体的样本观测值 $X=[3.1,3.2,3.3,3.4,3.5]$,求总体均值和标准差的置信度为 95%的置信区间.

输入命令如下:

```
≫X=[3.1  3.2  3.3  3.4  3.5];
≫[muhat,sigmahat,muci,sigmaci]=normfit(X)
muhat=
    3.3000
sigmahat=
    0.1581
muci=
    3.1037
    3.4963
sigmaci=
    0.0947
    0.4543
```

例 11.3.2　分别使用金球和铂球测定引力常数.

(1) 用金球测定观察值为:6.683 6.681 6.676 6.678 6.679 6.672;

(2) 用铂球测定观察值为:6.661 6.661 6.667 6.667 6.664.

设测定值总体服从均值为 μ、标准差为 σ 的正态分布. 对上述两种情况分别求 μ 和 σ 的置信度为 0.9 的置信区间.

输入命令如下:

```
>>X1=[6.683 6.681 6.676 6.678 6.679 6.672];
>>X2=[6.661 6.661 6.667 6.667 6.664];
>>[mu1,sigma1,muci1,sigmaci1]=normfit(X1,0.1)      % 金球
mu1=
    6.6782
sigma1=
    0.0039
muci1=
    6.6750
    6.6813
sigmaci1=
    0.0026
    0.0081
>>[mu2,sigma2,muci2,sigmaci2]=normfit(X2,0.1) % 铂球
mu2=
    6.6640
sigma2=
    0.0030
muci2=
    6.6611
    6.6669
sigmaci2=
    0.0019
    0.0071
```

11.3.2 经验分布函数与概率图纸

经验分布函数反映总体的近似分布,其调用命令是

```
[h,stats]=cdfplot(X)
```

例 11.3.3 随机生成 100 维向量,求其经验分布函数

输入命令如下:

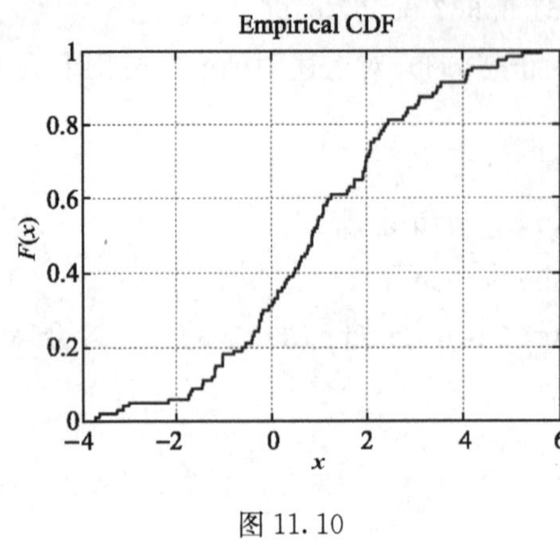

图 11.10

```
≫x=normrnd(1,2,100,1);
≫[h,stats]=cdfplot(x)
h=
    152.0182
stats=
    min: -3.7292
    max: 5.6186
    mean: 0.9510
    median: 0.8564
    std: 1.9942
```

显示的图形如图 11.10 所示.

概率图纸用来说明样本数据是否服从正态分布.在图中数据用“+”显示,若数据来自正态分布,则图形显示为直线,而其他分布可能在图中产生弯曲.

例 11.3.4　随机生成 100 维向量,求其概率图纸.

输入命令如下:

```
≫x=normrnd(1,2,100,1);
≫normplot(x)
```

显示的图形如图 11.11 所示.

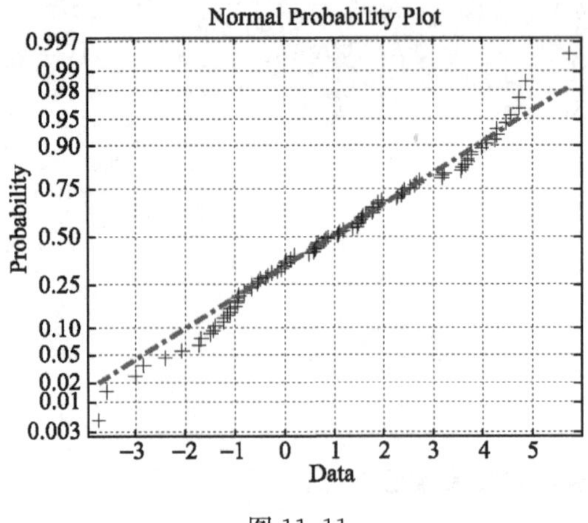

图 11.11

11.4 假设检验

11.4.1 一个正态总体均值的 U 检验法(方差已知时)

函数使用格式为

```
[h,sig,ci,zval]=ztest(x,m,sigma,alpha,tail)
```

其中 x 为正态总体的样本，m 为均值，sigma 为标准差，alpha 为显著性水平(默认值为 0.05).

若 tail=0(默认值)，检验假设"总体的均值等于 m"；

若 tail=1，检验假设"总体的均值大于 m"；

若 tail=−1，检验假设"总体的均值小于 m".

对于输出参数，若 $h=0$，表示在显著性水平 alpha 下，接受原假设；若 $h=1$，表示在显著性水平 alpha 下，拒绝原假设.

sig 为观察值的概率，若 sig 较小时，对原假设提出质疑. ci 为总体均值的置信度是 1−alpha的置信区间，zval 为统计量的值.

例 11.4.1 美国 1993 年 1 月份的汽油平均价格为

price1=[119,117,115,116,112,121,115,122,116,118,
109,112,119,112,117,113,114,109,109,118]

(单位:美分). 假设 1 月份油价的标准差是每加仑 4 分币($\sigma=4$)，试检验 1 月份油价的均值是否等于 115.

输入命令如下：

```
≫price1=[119,117,115,116,112,121,115,122,116,118,...
          109,112,119,112,117,113,114,109,109,118];
≫[h,sig,ci,zval]=ztest(price1,115,4)% 提出假设 H0:m=115.
h=
   0
sig=
   0.8668
ci=
   113.3970 116.9030
zval=
   0.1677
```

11.4.2　一个正态总体均值的 t 检验法(方差未知时)

函数使用格式为

```
[h,sig,ci,zval]=ttest(x,m,alpha,tail)
```

例 11.4.2　在例 11.4.1 中,假设总体标准差未知,试检验 1 月份油价的均值是否等于 115.

输入命令如下:

```
≫price1=[119,117,115,116,112,121,115,122,116,118,...
         109,112,119,112,117,113,114,109,109,118];
≫[h,sig,ci,zval]=ttest(price1,115)
h=
   0
sig=
   0.8642
ci=
   113.3388  116.9612
zval=
   tstat: 0.1733
   df: 19
   sd: 3.8699
```

11.4.3　两个正态总体均值差的 t 检验法(两标准差未知但相等)

函数使用格式为

```
[h,sig,ci]= ttest2(x,y,alpha,tail)
```

例 11.4.3　在例 11.4.1 中,假设美国 1993 年 2 月份的汽油平均价格为:

price2 =[118,115,115,122,118,121,120,122,120,113,
　　　　120,123,121,109,117,117,120,116,118,125]

(单位:美分),并设 1 月份与 2 月份油价的标准差未知但相等,试检验 1 月份与 2 月份油价的均值是否相等.

输入命令如下:

```
≫price1=[119,117,115,116,112,121,115,122,116,118,...
         109,112,119,112,117,113,114,109,109,118];
≫price2=[118,115,115,122,118,121,120,122,120,113,...
         120,123,121,109,117,117,120,116,118,125];
≫[h,sig,ci]=ttest2(price1,price2)
```

```
h=
    1
sig=
    0.0083
ci=
    -5.7845  -0.9155
```

11.5 回归分析

regress 为线性回归命令,调用格式为

```
[b,bint,r,rint,stats]=regress(y,X,alpha)
```

其中 y 为 n 维观测列向量,X 为 $n\times p$ 回归矩阵,b 为参数估计,bint 为 b 的区间估计,r 为残差,rint 为 r 的区间估计,置信度为 alpha(默认值为 0.05),stats 包含 R^2 统计.

例 11.5.1 线性回归模型为

$$y=a+bx+\varepsilon,\qquad \varepsilon\sim N(0,0.01)$$

其中

$$x=[1:10]^{\mathrm{T}}$$

$$y=[11.1165,\ 12.0627,\ 13.0075,\ 14.0352,\ 14.9303,\ 16.1696,\ 17.0059,18.1797,\ 19.0264,\ 20.0872]^{\mathrm{T}}$$

估计参数 a 和 b.

输入命令如下:

```
≫X=[ones(10,1),[1:10]'];
≫y=[11.1165 12.0627 13.0075 14.0352 14.9303 …
    16.1696 17.0059 18.1797 19.0264 20.0872]' ;
[b,bint]=regress(y,X,0.05)
b=
    10.0456
    1.0030
bint=
    9.9165   10.1747
    0.9822   1.0238
```

习题参考答案

习 题 1

1.1 (1) $\{\omega_1,\omega_2,\omega_3,\omega_4,\omega_5,\omega_6\}$；

(2) $\{\omega_2,\omega_4,\omega_6\}$；

(3) $\{\omega_1,\omega_2,\omega_4,\omega_5\}$.

1.2 (1) A,B 不都发生； (2) B 发生而 A 不发生；

(3) A,B 都不发生； (4) 不可能事件.

1.3 (1) ABC； (2) $\overline{A}\,\overline{B}\,\overline{C}$；

(3) $\overline{ABC}$； (4) $A\cup B\cup C$；

(5) $BC\cup CA\cup AB$； (6) $A\overline{B}\,\overline{C}+\overline{A}\,B\,\overline{C}+\overline{A}\,\overline{B}\,C$；

(7) $\overline{B}\,\overline{C}\cup\overline{A}\,\overline{C}\cup\overline{A}\,\overline{B}$； (8) $A\overline{B}\,\overline{C}$；

(9) $\overline{A}(B\cup C)$.

1.4 (1) √； (2) √； (3) ×； (4) √；

(5) ×； (6) ×； (7) √； (8) √.

1.5 (1) $B-A$； (2) A； (3) $B\cup AC$； (4) AB.

1.6 $A(B\cup C)$.

1.7 $P(AB)\leqslant P(A)\leqslant P(A\cup B)\leqslant P(A)+P(B)$.

1.8 $P(\overline{A}B)=0.2,P(A-B)=0$.

1.9 $P(AB)=0.2,P(\overline{A}B)=0.2,P(A-B)=0.1$.

1.10 0.625.

1.11 0.2.

1.12 $P(C)=0.4,P(C-A)=0.4$.

1.13 (1) $A\subset B$ 时取最大值 0.6； (2) $A\cup B=\Omega$ 时取最小值 0.3.

1.14 (1) $p=\dfrac{C_M^m C_{N-M}^{n-m}}{C_N^n}$； (2) $P(A)=1-\dfrac{C_{N-M}^n}{C_N^n}$.

1.15 0.0054. **1.16** 0.5.

1.17 0.0181. **1.18** 0.5263.

1.19 0.1811. **1.20** 0.0667.

1.21 0.74.

1.22 (1) 0.375； (2) 0.0625； (3) 0.5625.

1.23 0.8793. **1.24** 0.25.

1.25 0.2857. **1.26** 0.6.

1.27 0.2733. **1.28** 0.9733.

1.29 0.25.

1.30 (1) 0.9231； (2) 0.7500.

1.31 0.832.

1.32 0.902. **1.33** 0.458.

1.34 (1) $p_1=p^3(2-p^3)$； (2) $p_2=p^3(2-p)^3$.

由于 $p_1<p_2$，所以系统(2)较系统(1)可靠.

习 题 2

2.1 (1) $\{X=2k|k=1,2,\cdots,50\}$；

(2) $\{X=2k-1|k=1,2,\cdots,50\}$；

(3) $\{X=k|k=10,11,\cdots,99\}$.

2.2 X 的分布函数为 $F(x)=\begin{cases}0, & x<0,\\ 0.1, & 0\leqslant x<1,\\ 0.3, & 1\leqslant x<2,\\ 0.6, & 2\leqslant x<3,\\ 1, & x\geqslant 3.\end{cases}$

2.3 $P\{X\leqslant 1\}=0.9$； $P\{X=1\}=0.9-\sin 1$；

$P\{|X|<2\}=0.9$； $P\{|X-1|\geqslant 1\}=0.1$.

2.4 (1) 否. 原因是 $x>0$ 时 $F(x)$ 递减；

(2) 是；

(3) 否. 原因是 $F(x)$ 在 $x=0$ 点非右连续.

2.5 $X\sim\begin{bmatrix}0 & 1 & 2 & 3 & 4 & 5\\ 0.5838 & 0.3394 & 0.0702 & 0.0064 & 0.0002 & 0.0000\end{bmatrix}$.

2.6 概率分布为 $X\sim\begin{bmatrix}0 & 1 & 2 & 3\\ \dfrac{3}{4} & \dfrac{9}{44} & \dfrac{9}{220} & \dfrac{1}{220}\end{bmatrix}$.

2.7 X 的分布为 $P\{X=k\}=p(1-p)^{k-1}(k=1,2,\cdots)$.

2.8 击中 2 次的可能性最大：$P\{X=2\}=0.2965$.

2.9 $X\sim\begin{bmatrix}0 & 1 & 2 & 3 & 4 & k>4\\ 0.8187 & 0.1638 & 0.0164 & 0.0011 & 0.0001 & \approx 0\end{bmatrix}$.

在一页上印刷错误不多于 1 个的概率为：$P\{X\leqslant 1\}=0.9825$.

2.10 用二项分布计算的结果是 0.1689，用泊松分布计算的结果是 0.1680，相对误差为0.0053.

2.11 0.6.

2.12 (1) $A=\dfrac{1}{2}$， $B=\dfrac{1}{\pi}$；

(2) $P\{-1<X<1\}=F(1)-F(-1)=\dfrac{1}{2}$；

(3) $f(x)=\frac{1}{\pi}\cdot\frac{1}{1+x^2}(-\infty<x<+\infty)$.

2.13 (1) $A=\frac{1}{2}$； (2) $F(x)=\begin{cases}\frac{1}{2}e^x, & x<0,\\ 1-\frac{1}{2}e^{-x}, & x\geqslant 0.\end{cases}$

2.15 (1) $P\{X<2.2\}=0.7257$；

(2) $P\{|X-1|\leqslant 1\}=0.3830$；

(3) $P\{|X|>4.56\}=0.0402$.

2.16 $P\{\mu-k\sigma<X<\mu+k\sigma\}=2\Phi(k)-1\quad(k=1,2,\cdots)$.

也可列表如下：

k	1	2	3	4	5	$k>5$
$P\{\mu-k\sigma<X<\mu+k\sigma\}$	0.6926	0.9544	0.9973	0.9999	0.9999	≈ 1

习　题　3

3.1 (X,Y)的联合分布律与边缘分布律如下表：

X \ Y	0	1	$p_{i\cdot}$
0	$\frac{a(a-1)}{(a+b)(a+b-1)}$	$\frac{ab}{(a+b)(a+b-1)}$	$\frac{a}{a+b}$
1	$\frac{ab}{(a+b)(a+b-1)}$	$\frac{b(b-1)}{(a+b)(a+b-1)}$	$\frac{b}{a+b}$
$p_{\cdot j}$	$\frac{a}{a+b}$	$\frac{b}{a+b}$	1

3.2 (X,Y)的联合分布律与边缘分布律如下表：

X \ Y	0	1	2	3	$p_{i\cdot}$
0	$\frac{1}{27}$	$\frac{3}{27}$	$\frac{3}{27}$	$\frac{1}{27}$	$\frac{8}{27}$
1	$\frac{3}{27}$	$\frac{6}{27}$	$\frac{3}{27}$	0	$\frac{12}{27}$
2	$\frac{3}{27}$	$\frac{3}{27}$	0	0	$\frac{6}{27}$
3	$\frac{1}{27}$	0	0	0	$\frac{1}{27}$
$p_{\cdot j}$	$\frac{8}{27}$	$\frac{12}{27}$	$\frac{6}{27}$	$\frac{1}{27}$	1

3.3 $f(x,y)=\begin{cases}\dfrac{1}{\pi ab}, & (x,y)\in D,\\ 0, & \text{其他}.\end{cases}$

3.4 (1) $A=\dfrac{1}{\pi^2}, B=C=\dfrac{\pi}{2}$；

(2) $f(x,y)=\dfrac{6}{\pi^2(4+x^2)(9+y^2)}$；

(3) $P\{(X,Y)\in D\}=\dfrac{1}{4}$.

3.5 (1) $A=6$；

(2) $F(x,y)=\begin{cases}(1-\mathrm{e}^{-2x})(1-\mathrm{e}^{-3y}), & x>0, y>0,\\ 0, & \text{其他}；\end{cases}$

(3) 0.9826.

3.6 $f_X(x)=\dfrac{2}{\pi(4+x^2)}$，$f_Y(y)=\dfrac{3}{\pi(9+y^2)}$.

3.7 $f_X(x)=\begin{cases}2\mathrm{e}^{-2x}, & x>0,\\ 0, & x\leqslant 0,\end{cases}$ $f_Y(y)=\begin{cases}3\mathrm{e}^{-3y}, & y>0,\\ 0, & y\leqslant 0.\end{cases}$

3.8 $f_X(x)=\dfrac{1}{\sqrt{2\pi}}\mathrm{e}^{-\frac{x^2}{2}}$；$f_Y(y)=\dfrac{1}{\sqrt{2\pi}}\mathrm{e}^{-\frac{y^2}{2}}$.

3.9 在 $X=0$ 和 $X=1$ 的条件下 Y 的条件分布律分别为

$$\begin{bmatrix}0 & 1\\ \dfrac{a-1}{a+b-1} & \dfrac{b}{a+b-1}\end{bmatrix}, \quad \begin{bmatrix}0 & 1\\ \dfrac{a}{a+b-1} & \dfrac{b-1}{a+b-1}\end{bmatrix}.$$

3.10 在 $Y=0$ 的条件下 X 的条件分布律和在 $X=1$ 的条件下 Y 的条件分布律分别为

$$\begin{bmatrix}0 & 1 & 2 & 3\\ \dfrac{1}{8} & \dfrac{3}{8} & \dfrac{3}{8} & \dfrac{1}{8}\end{bmatrix}, \quad \begin{bmatrix}0 & 1 & 2\\ \dfrac{1}{4} & \dfrac{1}{2} & \dfrac{1}{4}\end{bmatrix}.$$

3.11 (1) 关于 X 与 Y 的两个边缘分布密度分别为

$$f_X(x)=\begin{cases}1-|x|, & |x|<1,\\ 0, & \text{其他},\end{cases} \quad f_Y(y)=\begin{cases}1, & 0<y<1,\\ 0, & \text{其他}；\end{cases}$$

(2) $f_{X|Y}(x|y)=\begin{cases}1, & -y<x<1-y,\\ 0, & \text{其他},\end{cases}$ $(0<y<1)$,

$$f_{Y|X}(y|x)=\begin{cases}\dfrac{1}{1+x}, & -x<y<1,\\ 0, & \text{其他}\end{cases} \quad (-1<x<0),$$

$$f_{Y|X}(y|x)=\begin{cases}\dfrac{1}{1-x}, & 0<y<1-x,\\ 0, & \text{其他}\end{cases} \quad (0\leqslant x<1).$$

3.12 在习题 3.1 中的 X 与 Y 不是独立的；若将抽样方式改为放回抽样，则 X 与 Y 独立.

3.13 (X,Y)的密度为 $f(x,y)=\begin{cases} e^{-2y}, & 0<x<2, y>0, \\ 0, & \text{其他}. \end{cases}$

3.14 填入后的表如下：

X \ Y	1	2	3	4	$P\{X=i\}$
1	$\frac{1}{9}$	$\frac{1}{12}$	$\frac{1}{18}$	$\frac{1}{12}$	$\frac{1}{3}$
2	$\frac{1}{6}$	$\frac{1}{8}$	$\frac{1}{12}$	$\frac{1}{8}$	$\frac{1}{2}$
3	$\frac{1}{18}$	$\frac{1}{24}$	$\frac{1}{36}$	$\frac{1}{24}$	$\frac{1}{6}$
$P\{Y=j\}$	$\frac{1}{3}$	$\frac{1}{4}$	$\frac{1}{6}$	$\frac{1}{4}$	1

3.15 X 与 Y 相互独立，所求概率为

$$P\{X>0.1, Y>0.1\}=0.9048.$$

习　题　4

4.1 所求函数的分布律为

$$X^2 \sim \begin{bmatrix} 0 & 1 & 4 & 9 \\ 0.216 & 0.432 & 0.288 & 0.064 \end{bmatrix},$$

$$X(X-2) \sim \begin{bmatrix} -1 & 0 & 3 \\ 0.432 & 0.504 & 0.064 \end{bmatrix},$$

$$X(3-X) \sim \begin{bmatrix} 0 & 2 \\ 0.280 & 0.720 \end{bmatrix}.$$

4.2 $f_Y(y)=\begin{cases} \frac{1}{2}e^{-\frac{y}{2}}, & y>0, \\ 0, & y\leqslant 0. \end{cases}$

4.3 $f_X(x)=\frac{1}{\pi(1+x^2)}\ (|x|<+\infty).$

4.4 $f_X(x)=\begin{cases} \frac{1}{\pi\sqrt{R^2-x^2}}, & |x|<R, \\ 0, & |x|\geqslant R. \end{cases}$

4.5 (1) $P\{X<2.2\}=0.7257$；

(2) $P\{|X-1|\leqslant 1\}=0.3830$；

(3) $P\{|X|>4.56\}=0.0402$.

4.6 $X+Y \sim \begin{bmatrix} -2 & 0 & 1 & 3 & 4 \\ 0.25 & 0.1 & 0.45 & 0.15 & 0.05 \end{bmatrix},$

$$X-Y \sim \begin{bmatrix} -3 & -2 & 0 & 1 & 3 \\ 0.3 & 0.1 & 0.3 & 0.15 & 0.15 \end{bmatrix},$$

$$\max(X,Y)\sim\begin{bmatrix}-1 & 1 & 2\\ 0.25 & 0.1 & 0.65\end{bmatrix},$$

$$\min(X,Y)\sim\begin{bmatrix}-1 & 1 & 2\\ 0.65 & 0.3 & 0.05\end{bmatrix}.$$

4.8 $f_Z(z)=\begin{cases}e^{1-z}-e^{-z}, & z\geqslant 1,\\ 1-e^{-z}, & 0<z<1,\\ 0, & z\leqslant 0.\end{cases}$

4.9 $f_Y(x)=\begin{cases}6\lambda e^{-3\lambda x}(2-e^{-\lambda x})^2(1-e^{-\lambda x}), & x>0,\\ 0, & x\leqslant 0.\end{cases}$

习　题　5

5.1 $EX=1.2$，　$EX^2=2.16$，
$E[X(X-2)]=-0.24$，　$DX=0.72$.

5.2 (1) $3\mu+2$，$9\sigma^2$；　(2) 5，3；
(3) 40，24；　(4) 21，20；
(5) 7，-4；　(6) $C+5$，0.

5.3 30.　**5.4** 36.　**5.5** 8.

5.6 $\frac{7}{6}$.　**5.7** $\frac{3}{8}$.

5.9 (1) ×；　(2) √；　(3) ×.

5.10 $\mathrm{Cov}(X,Z)=1,\rho_{XZ}=\frac{1}{3}$.

5.11 (1) -3；(2) 36；(3) 63.

5.14 (A).

5.15 (1) $EX=0,DX=2$；
(2) $\mathrm{Cov}(X,|X|)=0,\rho_{X|Y|}=0$，$X$ 与 $|X|$ 不相关；
(3) X 与 $|X|$ 不独立，因为

$$P\{X<1\}P\{|X|<1\}\neq P\{X<1,|X|<1\}.$$

5.16 λ.　**5.17** $\frac{k!}{\lambda^k}\ (k=1,2,\cdots)$.

习　题　6

6.1 所求概率为 $1-p(1-p)\geqslant 0.75$.

6.2 $P\{|X-EX|\geqslant 3\sqrt{DX}\}\leqslant\frac{1}{9}$.

6.3 (1) 利用切比雪夫不等式估计：需要 $n\geqslant 18750$.
(2) 利用中心极限定理估计：需要 $n\geqslant 5074$.

6.4 0.9015.

6.5 至少需要 14 条外线.

习　题　7

7.1　$\overline{x}=100, s^2=42.5$.

7.2　$\overline{x}=4, s^2=18.983, s=4.357$.

7.4　0.05；　0.01；　2.

7.5　$u_{0.005}=2.575$；　$u_{0.975}=-1.96$；

$\chi^2_{0.05}(9)=16.92$；　$\chi^2_{0.975}(10)=3.25$；

$t_{0.05}(14)=1.761$；　$t_{0.025}(8)=2.306$；

$F_{0.05}(10,9)=3.14$；　$F_{0.975}(10,9)=0.265$.

7.6　F；　$(10,5)$.

7.7　$Y\sim t(m)$.

7.8　$Y\sim t(m+n-2)$.

7.9　$\chi^2_{0.01}(90)=121.26$.

7.10　0.8293.

7.11　0.1336.

7.12　0.1.

7.13　0.6744.

习　题　8

8.1　$\hat{\lambda}=\overline{X}$

8.2　$\hat{a}=\overline{X}-\sqrt{3}M, \hat{b}=\overline{X}+\sqrt{3}M$，其中 M 为样本二阶中心矩 M^2 开方.

8.3　λ 的矩估计量和极大似然估计量均为 $\hat{\lambda}=\dfrac{1}{\overline{X}}$.

8.4　$\hat{\theta}=-\dfrac{n}{\ln(x_1x_2\cdots x_n)}$.

8.5　$\hat{p}=\overline{x}$.

8.6　p 的矩估计量和似然估计量均为 $\hat{p}=\dfrac{1}{\overline{X}}$.

8.7　θ 的极大似然估计值为 $\hat{\theta}=\min(x_1,x_2,\cdots,x_n)$.

8.8　三个估计量都是 μ 的无偏估计，其中 $\hat{\mu}_3$ 的方差最小.

8.10　(1) $\overline{x}=14.91$；

(2) 置信区间为(14.81,15.01).

8.11　双侧置信区间为(6562.6，6877.4)；单侧置信下限为 6592.5kg/cm^2.

8.12　(1) (2.1209,2.1291)；

(2) (2.1175，2.1325).

8.13　(992.16,1007.84).

8.14　(0.1404,0.3596).

8.15　0.0991.

8.16 $n=2$,即飞机上至少应装 2 台这样的仪器.

8.17 (1) $\mu\in(12.03,12.13)$;

(2) $\sigma\in(0.0397,0.1221)$.

8.18 74.035

8.19 $(-6.04,-5.96)$.

8.20 $(-6.424,17.424)$.

8.21 $(-3.377,-1.443)$.

8.22 $(0.0299,0.0501)$.

8.23 $(0.222,3.601)$.

8.24 经验分布函数为 $F_n(x)=\begin{cases}0, & x<1,\\ 0.15, & 1\leqslant x<2,\\ 0.36, & 2\leqslant x<3,\\ 0.61, & 3\leqslant x<4,\\ 0.81, & 4\leqslant x<5,\\ 0.93, & 5\leqslant x<6,\\ 1, & x\geqslant 6.\end{cases}$

8.25 子样均值 $\bar{x}=166$;子样方差 $s^2=33.78$.

习 题 9

9.1 认为 $\mu\neq 26$.

9.2 技术革新后,平均重量仍为 15.

9.3 四乙基铅中毒患者和正常人的脉搏有显著差异.

9.4 认为矿砂的镍含量没有超过 3.235%.

9.5 可以认为发热量的期望值小于 12100.

9.6 认为新方法比老方法效果好.

9.7 新工艺与旧工艺无显著差异.

9.8 新工艺未显著地提高产品质量.

9.9 认为这一天纤度的标准差与通常有显著差异.

9.10 认为这天生产的保险丝熔化时间分散度符合“不超过 400”的要求.

9.11 认为甲、乙两台机床加工产品直径无显著差异.

9.12 两个品种产量无显著差异.

9.13 认为甲枪弹的速度比乙枪显著偏大.

9.14 认为施肥的效果是显著的.

9.15 两台机器的加工精度无显著差异.

9.16 采用新工艺后灯泡的平均寿命有显著提高.

9.17 生产过程中出现的次品数服从二项分布.

9.18 认为各锭子的断头数不服从泊松分布.

9.19 抛掷次数 X 不服从几何分布,这说明四面体是不均匀的.

9.20 该车床生产的滚珠直径服从正态分布.

*习 题 10

10.1 $\hat{a} = 0.684$, $\hat{b} = 0.124$, $\hat{\sigma}^2 = 0.175$.

10.2 $\hat{a} = 2776$; $\hat{b} = -15.976$; $\hat{\sigma}^2 = 892.84$.

10.4 存在显著的线性相关关系, $\hat{y} = 0.168 + 0.867x$.

10.5 (1) $\hat{y} = 4.523 + 0.321x$;

(2) 16.54, 拒绝 H_0;

(3) (24.12, 36.28).

10.6 (1) 直观上可以认为长度对于质量的回归是线性的;

(2) $\hat{y} = 6.305 + 0.182x$;

(3) 长度 Y 与质量 x 之间存在显著的线性相关关系;

(4) (8.957, 9.477).

附　　录

附表1　常用分布及其数学期望与方差表

分布名称	分布律或分布密度	数学期望	方　差
0-1分布	$P\{X=k\}=\begin{cases}1-p, & k=0\\ p, & k=1\end{cases}$	p	$p(1-p)$
二项分布 $B(n,p)$	$P\{X=k\}=C_n^k p^k(1-p)^{n-k}$ $k=0,1,2,\cdots,n$	np	$np(1-p)$
泊松分布 $P(\lambda)$	$P\{X=k\}=\dfrac{\lambda^k}{k!}e^{-\lambda}$ $k=0,1,2,\cdots$	λ	λ
几何分布 $G(p)$	$P\{X=k\}=p(1-p)^{k-1}$ $k=1,2,\cdots$	$\dfrac{1}{p}$	$\dfrac{1-p}{p^2}$
超几何分布	$P\{X=k\}=\dfrac{C_M^k C_{N-M}^{n-k}}{C_N^n}$ $n\leqslant N,M\leqslant N,k,n,M,N$ 为正整数 $\max(0,n-N+M)\leqslant k\leqslant\min(n,M)$	$\dfrac{nM}{N}$	$\dfrac{nM(N-n)}{N(N-1)}\left(1-\dfrac{M}{N}\right)$
均匀分布 $U(a,b)$	$f(x)=\begin{cases}\dfrac{1}{b-a}, & a<x<b\\ 0, & \text{其他}\end{cases}$	$\dfrac{a+b}{2}$	$\dfrac{(b-a)^2}{12}$
指数分布 $e(\lambda)$	$f(x)=\begin{cases}\lambda e^{-\lambda x}, & x>0\\ 0, & x\leqslant 0\end{cases}$	$\dfrac{1}{\lambda}$	$\dfrac{1}{\lambda^2}$
正态分布 $N(\mu,\sigma^2)$	$f(x)=\dfrac{1}{\sqrt{2\pi}\sigma}e^{-\frac{(x-\mu)^2}{2\sigma^2}}$ $-\infty<x<+\infty$	μ	σ^2
χ^2分布 $\chi^2(n)$	$f(x)=\begin{cases}\dfrac{1}{2^{\frac{n}{2}}\Gamma(n/2)}x^{\frac{n}{2}-1}e^{-\frac{x}{2}}, & x>0\\ 0, & x\leqslant 0\end{cases}$	n	$2n$
t分布 $t(n)$	$f(x)=\dfrac{\Gamma\left(\frac{n+1}{2}\right)}{\sqrt{n\pi}\Gamma(n/2)}\left(1+\dfrac{x^2}{n}\right)^{-\frac{n+1}{2}}$ $-\infty<x<+\infty$	0 $(n>1)$	$\dfrac{n}{n-2}$ $(n>2)$
F分布 $F(n_1,n_2)$	$f=\begin{cases}\dfrac{\Gamma\left(\frac{n_1+n_2}{2}\right)\left(\frac{n_1}{n_2}\right)^{\frac{n_1}{2}}x^{\frac{n_1}{2}-1}}{\Gamma\left(\frac{n_1}{2}\right)\Gamma\left(\frac{n_2}{2}\right)\left(1+\frac{n_1}{n_2}x\right)^{\frac{n_1+n_2}{2}}}, & x>0\\ 0, & x\leqslant 0\end{cases}$	$\dfrac{n_2}{n_2-2}$ $(n_2>2)$	$\dfrac{2n_2^2(n_1+n_2-2)}{n_1(n_2-2)^2(n_2-4)}$ $(n_2>4)$

附表 2　泊松分布表

分布律：$p_\lambda(k)=\dfrac{\lambda^k}{k!}e^{-\lambda}$ $(k=0,1,2,\cdots)$（表中未写数值均近似为 0）

λ	k	0	1	2	3	4	5	6	7	8	9
0.1	0	0.9048	0905	0045	0002						
0.2	0	8187	1638	0164	0011	0001					
0.3	0	7408	2222	0333	0033	0003					
0.4	0	6703	2681	0536	0072	0007	0001				
0.5	0	6065	3033	0758	0126	0016	0002				
0.6	0	5488	3293	0988	0918	0030	0004				
0.7	0	4966	3476	1217	0284	0050	0007	0001			
0.8	0	4493	3595	1438	0383	0077	0012	0002			
0.9	0	4066	3659	1647	0494	0111	0020	0003			
1.0	0	3679	3679	1839	0631	0153	0031	0005	0001		
1.5	0	2231	3347	2510	1255	0471	0141	0035	0008	0001	
2.0	0	1353	2707	2707	1804	0902	0361	0120	0034	0009	0002
2.5	0	0821	2052	2565	2138	1336	0668	0278	0099	0031	0009
	10	0002	0001								
3.0	0	0498	1494	2240	2240	1680	1008	0504	0216	0081	0027
	10	0008	0002	0001							
3.5	0	0302	1057	1850	2158	1888	1322	0771	0386	0169	0066
	10	0023	0007	0002	0001						
4.0	0	0183	0733	1465	1954	1954	1563	1042	0595	0298	0132
	10	0053	0019	0006	0002	0001					
4.5	0	0111	0500	1125	1687	1898	1708	1281	0824	0463	0232
	10	0104	0043	0016	0006	0002	0001				
5.0	0	0067	0337	0842	1404	1755	1755	1462	1045	0653	0363
	10	0181	0082	0034	0013	0005	0002	0001			
6.0	0	0025	0149	0446	0892	1339	1606	1606	1377	1033	0688
	10	0413	0225	0113	0052	0022	0009	0003	0001		

续表

λ	k	0	1	2	3	4	5	6	7	8	9
7.0	0	0.0009	0064	0223	0521	0912	1277	1490	1490	1304	1014
	10	0710	0452	0264	0142	0071	0033	0015	0006	0002	0001
8.0	0	0003	0027	0107	0286	0573	0916	1221	1396	1396	1241
	10	0993	0722	0481	0296	0169	0090	0045	0021	0009	0004
	20	0002	0001								
9.0	0	0001	0011	0050	0150	0337	0607	0911	1171	1318	1318
	10	1186	0970	0728	0504	0324	0194	0109	0058	0029	0014
	20	0006	0003	0001							
10	0		0005	0023	0076	0189	0378	0631	0901	1126	1251
	10	1251	1137	0948	0729	0521	0347	0217	0128	0071	0037
	20	0019	0009	0004	0002	0001					
20	0						0001	0002	0005	0013	0029
	10	0058	0106	0176	0271	0382	0517	0646	0760	0844	0888
	20	0888	0846	0769	0669	0557	0446	0343	0254	0182	0125
	30	0083	0054	0034	0020	0012	0007	0004	0002	0001	0001
30	10			0001	0002	0005	0010	0019	0034	0057	0089
	20	0134	0192	0261	0341	0426	0511	0590	0655	0702	0726
	30	0726	0703	0659	0599	0529	0453	0378	0306	0242	0186
	40	0139	0102	0073	0051	0035	0023	0015	0010	0006	0004
	50	0002	0001	0001							
40	10									0001	0001
	20	0002	0004	0007	0012	0019	0031	0047	0070	0100	0139
	30	0185	0238	0298	0361	0425	0485	0539	0583	0614	0630
	40	0630	0614	0585	0544	0495	0440	0382	0325	0271	0221
	50	0177	0139	0107	0081	0060	0043	0031	0022	0015	0010
	60	0007	0005	0003	0002	0001	0001				
50	20							0001	0001	0002	0004
	30	0007	0011	0017	0026	0038	0054	0075	0102	0134	0172
	40	0215	0262	0312	0363	0412	0458	0498	0530	0552	0563
	50	0563	0552	0531	0501	0464	0422	0377	0330	0285	0241
	60	0201	0165	0133	0106	0082	0063	0048	0036	0026	0019
	70	0014	0010	0007	0005	0003	0002	0001	0001	0001	

附表 3　标准正态分布表

分布函数：$\Phi(x)=\frac{1}{\sqrt{2\pi}}\int_{-\infty}^{x}e^{-\frac{t^2}{2}}dt$

x	0.00	0.01	0.02	0.03	0.04	0.05	0.06	0.07	0.08	0.09
0.0	0.5000	5040	5080	5120	5160	5199	5239	5279	5319	5359
0.1	5398	5438	5478	5517	5557	5596	5636	5675	5714	5753
0.2	5793	5832	5871	5910	5948	5987	6026	6064	6103	6141
0.3	6179	6217	6255	6293	6331	6368	6406	6443	6480	6517
0.4	6554	6591	6628	6664	6700	6736	6772	6808	6844	6879
0.5	6915	6950	6985	7019	7054	7088	7123	7157	7190	7224
0.6	7257	7291	7324	7357	7389	7422	7454	7486	7517	7549
0.7	7580	7611	7642	7673	7703	7734	7764	7794	7823	7852
0.8	7881	7910	7939	7967	7995	8023	8051	8078	8106	8133
0.9	8159	8186	8212	8238	8264	8289	8315	8340	8365	8389
1.0	8413	8438	8461	8485	8508	8531	8554	8577	8599	8621
1.1	8643	8665	8686	8708	8729	8749	8770	8790	8810	8830
1.2	8849	8869	8888	8907	8925	8944	8962	8980	8997	9015
1.3	9032	9049	9066	9082	9099	9115	9131	9147	9162	9177
1.4	9192	9207	9222	9236	9251	9265	9279	9292	9306	9319
1.5	9332	9345	9357	9370	9382	9394	9406	9418	9429	9441
1.6	9452	9463	9474	9484	9495	9505	9515	9525	9535	9545
1.7	9554	9564	9573	9582	9591	9599	9608	9616	9625	9633
1.8	9641	9649	9656	9664	9671	9678	9686	9693	9699	9706
1.9	9713	9719	9726	9732	9738	9744	9750	9756	9761	9767
2.0	9772	9778	9783	9788	9793	9798	9803	9808	9812	9817
2.1	9821	9826	9830	9834	9838	9842	9846	9850	9854	9857
2.2	9861	9865	9868	9871	9875	9878	9881	9884	9887	9890
2.3	9893	9896	9898	9901	9904	9906	9909	9911	9913	9916
2.4	9918	9920	9922	9925	9927	9929	9931	9932	9934	9936
2.5	9938	9940	9941	9943	9945	9946	9948	9949	9951	9952
2.6	9953	9955	9956	9957	9959	9960	9961	9962	9963	9964
2.7	9965	9966	9967	9968	9969	9970	9971	9972	9973	9974
2.8	9974	9975	9976	9977	9977	9978	9979	9979	9980	9981
2.9	9981	9982	9982	9983	9984	9984	9985	9985	9986	9986

x	$\Phi(x)$	x	$\Phi(x)$	x	$\Phi(x)$	x	$\Phi(x)$	x	$\Phi(x)$
3.0	0.998650	3.5	0.999767	4.0	0.999968	4.5	0.9999966	3.72	0.9999
3.1	0.999032	3.6	0.999841	4.1	0.999979	4.6	0.9999979	3.89	0.99995
3.2	0.999313	3.7	0.999892	4.2	0.999987	4.7	0.9999987	4.27	0.99999
3.3	0.999517	3.8	0.999928	4.3	0.999991	4.8	0.9999992	4.42	0.999995
3.4	0.999663	3.9	0.999952	4.4	0.999995	4.9	0.9999995	4.76	0.999999

附表 4　t 分布的上侧分位数 $t_\alpha(n)$ 表

概率关系：$P\{T \geqslant t_\alpha(n)\}=\alpha$

n \ α	0.40	0.30	0.25	0.20	0.15	0.10	0.05	0.025	0.01	0.005
1	0.325	0.727	1.000	1.376	1.963	3.078	6.313	12.71	31.82	63.66
2	0.289	0.617	0.816	1.061	1.386	1.886	2.920	4.303	6.964	9.925
3	0.277	0.584	0.765	0.978	1.250	1.638	2.353	3.182	4.540	5.840
4	0.271	0.569	0.741	0.941	1.190	1.533	2.132	2.776	3.746	4.604
5	0.267	0.559	0.727	0.920	1.156	1.476	2.015	2.570	3.364	4.032
6	0.265	0.553	0.718	0.906	1.134	1.440	1.943	2.446	3.142	3.707
7	0.263	0.549	0.711	0.896	1.119	1.415	1.894	2.364	2.998	3.499
8	0.262	0.546	0.706	0.889	1.108	1.397	1.859	2.306	2.896	3.355
9	0.261	0.543	0.703	0.883	1.100	1.383	1.833	2.262	2.821	3.249
10	0.260	0.542	0.700	0.879	1.093	1.372	1.812	2.228	2.763	3.169
11	0.260	0.540	0.697	0.876	1.088	1.363	1.795	2.201	2.718	3.105
12	0.259	0.539	0.695	0.873	1.083	1.356	1.782	2.178	2.681	3.054
13	0.259	0.538	0.694	0.870	1.079	1.350	1.770	2.160	2.650	3.012
14	0.258	0.537	0.692	0.868	1.076	1.345	1.761	2.144	2.624	2.976
15	0.258	0.536	0.691	0.866	1.074	1.341	1.753	2.132	2.602	2.946
16	0.258	0.535	0.690	0.865	1.071	1.337	1.745	2.119	2.583	2.920
17	0.257	0.534	0.689	0.863	1.069	1.333	1.739	2.109	2.566	2.898
18	0.257	0.534	0.688	0.862	1.067	1.330	1.734	2.100	2.552	2.878
19	0.257	0.533	0.688	0.861	1.066	1.328	1.729	2.093	2.539	2.860
20	0.257	0.533	0.687	0.860	1.064	1.325	1.724	2.086	2.528	2.845
21	0.257	0.532	0.686	0.859	1.063	1.323	1.720	2.079	2.517	2.831
22	0.256	0.532	0.686	0.858	1.061	1.321	1.717	2.073	2.508	2.818
23	0.256	0.532	0.685	0.858	1.060	1.319	1.713	2.068	2.499	2.807
24	0.256	0.531	0.685	0.857	1.059	1.318	1.710	2.063	2.492	2.796
25	0.256	0.531	0.684	0.856	1.058	1.316	1.708	2.059	2.485	2.787
26	0.256	0.531	0.684	0.856	1.058	1.315	1.705	2.055	2.478	2.778
27	0.256	0.531	0.684	0.855	1.057	1.314	1.703	2.051	2.472	2.770
28	0.256	0.530	0.683	0.855	1.056	1.313	1.701	2.048	2.467	2.763
29	0.256	0.530	0.683	0.854	1.055	1.311	1.699	2.045	2.462	2.756
30	0.256	0.530	0.683	0.854	1.055	1.310	1.697	2.042	2.457	2.750
40	0.255	0.529	0.681	0.851	1.050	1.303	1.684	2.021	2.423	2.704
60	0.254	0.527	0.679	0.848	1.046	1.296	1.671	2.000	2.390	2.660
120	0.254	0.526	0.677	0.845	1.041	1.289	1.658	1.980	2.360	2.620
∞	0.253	0.524	0.674	0.842	1.036	1.282	1.645	1.960	2.330	2.580

附表 5　χ^2分布的上侧分位数 $\chi_\alpha^2(n)$表

概率关系：$P\{\chi^2 \geq \chi_\alpha^2(n)\} = \alpha$

n \ α	0.995	0.990	0.975	0.950	0.900	0.750	0.500	0.250	0.100	0.050	0.025	0.010	0.005
1					0.02	0.10	0.46	1.32	2.71	3.84	5.02	6.64	7.88
2	0.01	0.02	0.05	0.10	0.21	0.58	1.39	2.77	4.61	5.99	7.38	9.21	10.60
3	0.07	0.12	0.22	0.35	0.58	1.21	2.37	4.11	6.25	7.82	9.35	11.35	12.84
4	0.21	0.30	0.48	0.71	1.06	1.92	3.36	5.39	7.78	9.49	11.14	13.28	14.86
5	0.41	0.55	0.83	1.15	1.61	2.68	4.35	6.63	9.24	11.07	12.83	15.09	16.75
6	0.68	0.87	1.24	1.64	2.20	3.46	5.35	7.84	10.65	12.59	14.45	16.81	18.55
7	0.99	1.24	1.69	2.17	2.83	4.26	6.35	9.04	12.02	14.07	16.02	18.48	20.28
8	1.34	1.65	2.18	2.73	3.49	5.07	7.34	10.22	13.36	15.51	17.54	20.09	21.96
9	1.73	2.09	2.70	3.33	4.17	5.90	8.34	11.39	14.68	16.92	19.02	21.67	23.59
10	2.16	2.56	3.25	3.94	4.87	6.74	9.34	12.55	15.99	18.31	20.48	23.21	25.19
11	2.60	3.05	3.82	4.58	5.58	7.58	10.34	13.70	17.28	19.68	21.92	24.73	26.76
12	3.07	3.57	4.40	5.23	6.30	8.44	11.34	14.85	18.55	21.03	23.34	26.22	28.30
13	3.57	4.11	5.01	5.89	7.04	9.30	12.34	15.98	19.81	22.36	24.74	27.69	29.82
14	4.07	4.66	5.63	6.57	7.79	10.17	13.34	17.12	21.06	23.69	26.12	29.14	31.32
15	4.60	5.23	6.26	7.26	8.55	11.04	14.34	18.25	22.31	25.00	27.49	30.58	32.80

续表

n \ α	0.995	0.990	0.975	0.950	0.900	0.750	0.500	0.250	0.100	0.050	0.025	0.010	0.005
16	5.14	5.81	6.91	7.96	9.31	11.91	15.34	19.37	23.54	26.30	28.85	32.00	34.27
17	5.70	6.41	7.56	8.67	10.09	12.79	16.34	20.49	24.77	27.59	30.19	33.41	35.72
18	6.27	7.02	8.23	9.39	10.87	13.68	17.34	21.61	25.99	28.87	31.53	34.81	37.16
19	6.84	7.63	8.91	10.12	11.65	14.56	18.34	22.72	27.20	30.14	32.85	36.19	38.58
20	7.43	8.26	9.59	10.85	12.44	15.45	19.34	23.83	28.41	31.41	34.17	37.57	40.00
21	8.03	8.90	10.28	11.59	13.24	16.34	20.34	24.94	29.62	32.67	35.48	38.93	41.40
22	8.64	9.54	10.98	12.34	14.04	17.24	21.34	26.04	30.81	33.92	36.78	40.29	42.80
23	9.26	10.20	11.69	13.09	14.85	18.14	22.34	27.14	32.01	35.17	38.08	41.64	44.18
24	9.89	10.86	12.40	13.85	15.66	19.04	23.34	28.24	33.20	36.42	39.36	42.98	45.56
25	10.52	11.52	13.12	14.61	16.47	19.94	24.34	29.34	34.38	37.65	40.65	44.31	46.93
26	11.16	12.20	13.84	15.38	17.29	20.84	25.34	30.44	35.56	38.89	41.92	45.64	48.29
27	11.81	12.88	14.57	16.15	18.11	21.75	26.34	31.53	36.74	40.11	43.19	46.96	49.65
28	12.46	13.57	15.31	16.93	18.94	22.66	27.34	32.62	37.92	41.34	44.46	48.28	50.99
29	13.12	14.26	16.05	17.71	19.77	23.57	28.34	33.71	39.09	42.56	45.72	49.59	52.34
30	13.79	14.95	16.79	18.49	20.60	24.48	29.34	34.80	40.26	43.77	46.98	50.89	53.67
40	20.71	22.16	24.43	26.51	29.05	33.66	39.30	45.62	51.81	55.76	59.34	63.69	66.77
50	28.00	29.70	32.40	34.80	37.70	42.90	49.30	56.30	63.20	67.50	71.40	76.20	79.50
60	35.50	37.50	40.50	43.20	46.50	52.30	59.30	67.00	74.40	79.10	83.30	88.40	92.00

注：表中数字为上侧分位数 $\chi_\alpha^2(n)$的取值.

附表 6　F 分布的上侧分位数 $F_\alpha(n_1, n_2)$ 表

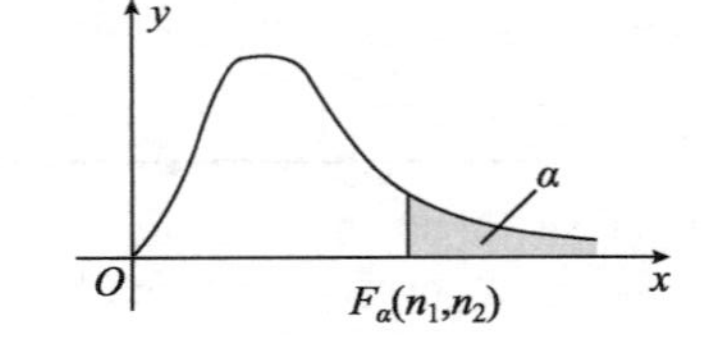

概率关系：$P\{F \geqslant F_\alpha(n_1, n_2)\} = \alpha$

α	n_1 / n_2	1	2	3	4	5	6	7	8	9	10	12	15	20	30	60	120	∞	α
0.05	1	161.4	199.5	215.7	224.6	230.2	234.0	236.8	238.9	240.5	241.9	243.9	245.9	248.0	250.1	252.2	253.3	254.3	0.05
0.025		647.8	799.5	864.2	899.6	921.8	937.1	948.2	956.7	963.3	368.6	976.7	984.9	993.1	1001	1010	1014	1018	0.025
0.01		4052	4999	5403	5625	5764	5859	5928	5982	6022	6056	6106	6157	6209	6261	6313	6339	6366	0.01
0.005		16211	20000	21615	22500	23056	23437	23715	23925	24091	24224	24426	24630	24836	25044	25253	25359	25465	0.005
0.05	2	18.51	19.00	19.16	19.25	19.30	19.33	19.35	19.37	19.38	19.40	19.41	19.43	19.45	19.46	19.48	19.49	19.50	0.05
0.025		38.51	39.00	39.17	39.25	39.30	39.33	39.36	39.37	39.39	39.40	39.41	39.43	39.45	39.46	39.48	39.49	39.50	0.025
0.01		98.50	99.00	99.17	99.25	99.30	99.33	99.36	99.37	99.39	99.40	99.42	99.43	99.45	99.47	99.48	99.49	99.50	0.01
0.005		198.5	199.0	199.2	199.2	199.3	199.3	199.4	199.4	199.4	199.4	199.4	199.4	199.4	199.5	199.5	199.5	199.5	0.005
0.05	3	10.13	9.55	9.28	9.12	9.01	8.94	8.89	8.85	8.81	8.79	8.74	8.70	8.66	8.62	8.57	8.55	8.53	0.05
0.025		17.44	16.04	15.44	15.10	14.88	14.73	14.62	14.54	14.47	14.42	14.34	14.25	14.17	14.08	13.99	13.95	13.90	0.025
0.01		34.12	30.82	29.46	27.71	28.24	27.91	27.67	27.49	27.35	27.23	27.05	26.87	26.69	26.50	26.32	26.22	26.13	0.01
0.005		55.55	49.80	47.47	46.19	45.39	44.84	44.43	44.13	43.88	43.69	43.39	43.08	42.78	42.47	42.15	41.99	41.83	0.005
0.05	4	7.71	6.94	6.59	6.39	6.26	6.16	6.09	6.04	6.00	5.96	5.91	5.86	5.80	5.75	5.69	5.66	5.63	0.05
0.025		12.22	10.65	9.98	9.60	9.36	9.20	9.07	8.98	8.90	8.84	8.75	8.66	8.56	8.46	8.36	8.31	8.26	0.025
0.01		21.20	18.00	16.69	15.98	15.52	15.21	14.98	14.80	14.66	14.55	14.37	14.20	14.02	13.84	13.65	13.56	13.46	0.01
0.005		31.33	26.28	24.26	23.15	22.46	21.97	21.62	21.35	21.14	20.97	20.70	20.44	20.17	19.89	19.61	19.47	19.32	0.005

续表

α	n_2 \ n_1	1	2	3	4	5	6	7	8	9	10	12	15	20	30	60	120	∞	α
0.05	5	6.61	5.79	5.41	5.19	5.05	4.95	4.88	4.82	4.77	4.74	4.68	4.62	4.56	4.50	4.43	4.40	4.36	0.05
0.025		10.01	8.43	7.76	7.39	7.15	6.98	6.85	6.76	6.68	6.62	6.52	6.43	6.33	6.23	6.12	6.07	6.02	0.025
0.01		16.26	13.27	12.06	11.39	10.97	10.67	10.46	10.29	10.16	10.05	9.89	9.72	9.55	9.38	9.20	9.11	9.02	0.01
0.005		22.78	18.31	16.53	15.56	14.94	14.51	14.20	13.96	13.77	13.62	13.38	13.15	12.90	12.66	12.40	12.27	12.14	0.005
0.05	6	5.99	5.14	4.76	4.53	4.39	4.28	4.21	4.15	4.10	4.06	4.00	3.94	3.87	3.81	3.74	3.70	3.67	0.05
0.025		8.81	7.26	6.60	6.23	5.99	5.82	5.70	5.60	5.52	5.46	5.37	5.27	5.17	5.07	4.96	4.90	4.85	0.025
0.01		13.75	10.92	9.78	9.15	8.75	8.47	8.26	8.10	7.98	7.87	7.72	7.56	7.40	7.23	7.06	6.97	6.88	0.01
0.005		18.63	14.54	12.92	12.03	11.46	11.07	10.79	10.57	10.39	10.25	10.03	9.81	9.59	9.36	9.12	9.00	8.88	0.005
0.05	7	5.59	4.74	4.35	4.12	3.97	3.87	3.79	3.73	3.68	3.64	3.57	3.51	3.44	3.38	3.30	3.27	3.23	0.05
0.025		8.07	6.54	5.89	5.52	5.29	5.12	4.99	4.90	4.82	4.76	4.67	4.57	4.47	4.36	4.25	4.20	4.14	0.025
0.01		12.25	9.55	8.45	7.85	7.46	7.19	6.99	6.84	6.72	6.62	6.47	6.31	6.16	5.99	5.82	5.74	5.65	0.01
0.005		16.24	12.40	10.88	10.05	9.52	9.16	8.89	8.68	8.51	8.38	8.18	7.97	7.75	7.53	7.31	7.19	7.08	0.005
0.05	8	5.32	4.46	4.07	3.84	3.69	3.58	3.50	3.44	3.39	3.35	3.28	3.22	3.15	3.08	3.01	2.97	2.93	0.05
0.025		7.57	6.06	5.42	5.05	4.82	4.65	4.53	4.43	4.36	4.30	4.20	4.10	4.00	3.89	3.78	3.73	3.67	0.025
0.01		11.26	8.65	7.59	7.01	6.63	6.37	6.18	6.03	5.91	5.81	5.67	5.52	5.36	5.20	5.03	4.95	4.86	0.01
0.005		14.69	11.04	9.60	8.81	8.30	7.95	7.69	7.50	7.34	7.21	7.01	6.81	6.61	6.40	6.18	6.06	5.95	0.005
0.05	9	5.12	4.26	3.86	3.63	3.48	3.37	3.29	3.23	3.18	3.14	3.07	3.01	2.94	2.86	2.79	2.75	2.71	0.05
0.025		7.21	5.71	5.08	4.72	4.48	4.23	4.20	4.10	4.03	3.96	3.87	3.77	3.67	3.56	3.45	3.39	3.33	0.025
0.01		10.56	8.02	6.99	6.42	6.06	5.80	5.61	5.47	5.35	5.26	5.11	4.96	4.81	4.65	4.48	4.40	4.31	0.01
0.005		13.61	10.11	8.72	7.96	7.47	7.13	6.88	6.69	6.54	6.42	6.23	6.03	5.83	5.62	5.41	5.30	5.19	0.005

续表

α	n_2 \ n_1	1	2	3	4	5	6	7	8	9	10	12	15	20	30	60	120	∞	α
0.05	10	4.96	4.10	3.71	3.48	3.33	3.22	3.14	3.07	3.02	2.98	2.91	2.85	2.77	2.70	2.62	2.58	2.54	0.05
0.025		6.94	5.46	4.83	4.47	4.24	4.07	3.95	3.85	3.78	3.72	3.62	3.52	3.42	3.31	3.20	3.14	3.08	0.025
0.01		10.04	7.56	6.55	5.99	5.64	5.39	5.20	5.06	4.94	4.85	4.71	4.56	4.41	4.25	4.08	4.00	3.91	0.01
0.005		12.83	9.43	8.08	7.34	6.87	6.54	6.30	6.12	5.97	5.85	5.66	5.47	5.27	5.07	4.86	4.75	4.64	0.005
0.05	12	4.75	3.89	3.49	3.26	3.11	3.00	2.91	2.85	2.80	2.75	2.69	2.62	2.54	2.47	2.38	2.34	2.30	0.05
0.025		6.55	5.10	4.47	4.12	3.89	3.73	3.61	3.51	3.44	3.37	3.28	3.18	3.07	2.96	2.85	2.79	2.72	0.025
0.01		9.33	6.93	5.95	5.41	5.06	4.82	4.64	4.50	4.39	4.30	4.16	4.01	3.86	3.70	3.54	3.45	3.36	0.01
0.005		11.75	8.51	7.23	6.52	6.07	5.76	5.52	5.35	5.20	5.09	4.91	4.72	4.53	4.33	4.12	4.01	3.90	0.005
0.05	15	4.54	3.68	3.29	3.06	2.90	2.79	2.71	2.64	2.59	2.54	2.48	2.40	2.33	2.25	2.16	2.11	2.07	0.05
0.025		6.20	4.77	4.15	3.80	3.58	3.41	3.29	3.20	3.12	3.06	2.96	2.86	2.76	2.64	2.52	2.46	2.40	0.025
0.01		8.68	6.36	5.42	4.89	4.56	4.32	4.14	4.00	3.89	3.80	3.67	3.52	3.37	3.21	3.05	2.96	2.87	0.01
0.005		10.80	7.70	6.48	5.80	5.37	5.07	4.85	4.67	4.54	4.42	4.25	4.07	3.88	3.69	3.48	3.37	3.26	0.005
0.05	16	4.49	3.63	3.24	3.01	2.85	2.74	2.66	2.59	2.54	2.49	2.42	2.35	2.28	2.19	2.11	2.06	2.01	0.05
0.025		6.12	4.69	4.08	3.73	3.50	3.34	3.22	3.12	3.05	2.99	2.89	2.79	2.68	2.57	2.45	2.38	2.32	0.025
0.01		8.53	6.23	5.29	4.77	4.44	4.20	4.03	3.89	3.78	3.69	3.55	3.41	3.26	3.10	2.93	2.84	2.75	0.01
0.005		10.58	7.51	6.30	5.64	5.21	4.91	4.69	4.52	4.38	4.27	4.10	3.92	3.73	3.54	3.33	3.22	3.11	0.005
0.05	20	4.35	3.49	3.10	2.87	2.71	2.60	2.51	2.45	2.39	2.35	2.28	2.20	2.12	2.04	1.95	1.90	1.84	0.05
0.025		5.87	4.46	3.86	3.51	3.29	3.13	3.01	2.91	2.84	2.77	2.68	2.57	2.46	2.35	2.22	2.16	2.09	0.025
0.01		8.10	5.85	4.94	4.43	4.10	3.87	3.70	3.56	3.46	3.37	3.23	3.09	2.94	2.78	2.61	2.52	2.42	0.01
0.005		9.94	6.99	5.82	5.17	4.76	4.47	4.26	4.09	3.96	3.85	3.68	3.50	3.32	3.12	2.92	2.81	2.69	0.005

续表

α	n_2 \ n_1	1	2	3	4	5	6	7	8	9	10	12	15	20	30	60	120	∞	α
0.05	24	4.26	3.40	3.01	2.78	2.62	2.51	2.42	2.36	2.30	2.25	2.18	2.11	2.03	1.94	1.84	1.79	1.73	0.05
0.025		5.72	4.32	3.72	3.38	3.15	2.99	2.87	2.78	2.70	2.64	2.54	2.44	2.33	2.21	2.08	2.01	1.94	0.025
0.01		7.82	5.61	4.72	4.22	3.90	3.67	3.50	3.36	3.26	3.17	3.03	2.89	2.74	2.58	2.40	2.31	2.21	0.01
0.005		9.55	6.66	5.52	4.89	4.49	4.20	3.99	3.83	3.69	3.59	3.42	3.25	3.06	2.87	2.66	2.55	2.43	0.005
0.05	30	4.17	3.32	2.92	2.69	2.53	2.42	2.33	2.27	2.21	2.16	2.09	2.01	1.93	1.84	1.74	1.68	1.62	0.05
0.025		5.57	4.18	3.59	3.25	3.03	2.87	2.75	2.65	2.57	2.51	2.41	2.31	2.20	2.07	1.94	1.87	1.79	0.025
0.01		7.56	5.39	4.51	4.02	3.70	3.47	3.30	3.17	3.07	2.98	2.84	2.70	2.55	2.39	2.21	2.11	2.01	0.01
0.005		9.18	6.35	5.24	4.62	4.23	3.95	3.74	3.58	3.45	3.34	3.18	3.01	2.82	2.63	2.42	2.30	2.18	0.005
0.05	60	4.00	3.15	2.76	2.53	2.37	2.25	2.17	2.10	2.04	1.99	1.92	1.84	1.75	1.65	1.53	1.47	1.39	0.05
0.025		5.29	3.93	3.34	3.01	2.79	2.63	2.51	2.41	2.33	2.27	2.17	2.06	1.94	1.82	1.67	1.58	1.48	0.025
0.01		7.08	4.98	4.13	3.65	3.34	3.12	2.95	2.82	2.72	2.63	2.50	2.35	2.20	2.03	1.84	1.73	1.60	0.01
0.005		8.49	5.79	4.73	4.14	3.76	3.49	3.29	3.13	3.01	2.90	2.74	2.57	2.39	2.19	1.96	1.83	1.69	0.005
0.05	120	3.92	3.07	2.68	2.45	2.29	2.17	2.09	2.02	1.96	1.91	1.83	1.75	1.66	1.55	1.43	1.35	1.25	0.05
0.025		5.15	3.80	3.23	2.89	2.67	2.52	2.39	2.30	2.22	2.16	2.05	1.94	1.82	1.69	1.53	1.43	1.31	0.025
0.01		6.85	4.79	3.95	3.48	3.17	2.96	2.79	2.66	2.56	2.47	2.34	2.19	2.03	1.86	1.66	1.53	1.38	0.01
0.005		8.18	5.54	4.50	3.92	3.55	3.28	3.09	2.93	2.81	2.71	2.54	2.37	2.19	1.98	1.75	1.61	1.43	0.005
0.05	∞	3.84	3.00	2.60	2.37	2.21	2.10	2.01	1.94	1.88	1.83	1.75	1.67	1.57	1.46	1.32	1.22	1.00	0.05
0.025		5.02	3.69	3.12	2.79	2.57	2.41	2.29	2.19	2.11	2.05	1.94	1.83	1.71	1.57	1.39	1.27	1.00	0.025
0.01		6.63	4.61	3.78	3.32	3.02	2.80	2.64	2.51	2.41	2.32	2.18	2.04	1.88	1.70	1.47	1.32	1.00	0.01
0.005		7.88	5.30	4.28	3.72	3.35	3.09	2.90	2.74	2.62	2.52	2.36	2.19	2.00	1.79	1.53	1.36	1.00	0.005

附表 7　正态总体均值和方差的区间估计表

1. 单个正态总体 $X \sim N(\mu,\sigma^2)$ 均值和方差的区间估计表(置信度为 $1-\alpha$)

估计法(条件)	待估参数	估计函数及分布	置信区间(置信下限,置信上限)
U 估计法 (σ^2 已知)	μ (双侧)	$U=\dfrac{\overline{X}-\mu}{\sigma/\sqrt{n}} \sim N(0,1)$	$(\overline{X} \pm u_{\alpha/2}\sigma/\sqrt{n})$
	μ (单侧)		$(-\infty, \overline{X}+u_{\alpha}\sigma/\sqrt{n})$
	μ (单侧)		$(\overline{X}-u_{\alpha}\sigma/\sqrt{n}, +\infty)$
T 估计法 (σ^2 未知)	μ (双侧)	$T=\dfrac{\overline{X}-\mu}{S/\sqrt{n}} \sim t(n-1)$ 其中 $S^2=\dfrac{1}{n-1}\sum_{i=1}^{n}(X_i-\overline{X})^2$	$(\overline{X} \pm t_{\alpha/2}S/\sqrt{n})$
	μ (单侧)		$(-\infty, \overline{X}+t_{\alpha}S/\sqrt{n})$
	μ (单侧)		$(\overline{X}-t_{\alpha}S/\sqrt{n}, +\infty)$
χ^2估计法	σ^2(双侧)	$\chi^2=\dfrac{(n-1)S^2}{\sigma^2} \sim \chi^2(n-1)$ 其中 $S^2=\dfrac{1}{n-1}\sum_{i=1}^{n}(X_i-\overline{X})^2$	$((n-1)S^2/\chi^2_{\alpha/2}, (n-1)S^2/\chi^2_{1-\alpha/2})$
	σ^2(单侧)		$(0, (n-1)S^2/\chi^2_{1-\alpha})$
	σ^2(单侧)		$((n-1)S^2/\chi^2_{\alpha}, +\infty)$

注：表中 $n,\overline{X},S^2$ 和 S 分别为总体 X 的样本容量,样本均值,样本方差和样本标准差；

表中 χ^2分布和 t 分布的上侧分位数均省去了自由度,其自由度均与相应的抽样分布一致；

对于大样本非正态总体均值的估计,仍采用单个正态总体均值的 U 估计法,只是遇到总体方差时要用样本方差(S^2)或二阶中心矩 M^2 代替.

2. 两个正态总体 $X\sim N(\mu_1,\sigma_1^2)$，$Y\sim N(\mu_2,\sigma_2^2)$ 均值和方差的区间估计表(置信度为 $1-\alpha$)

估计法(条件)	待估参数	估计函数及分布	置信区间(置信下限,置信上限)
U 估计法 (σ_1^2,σ_2^2 已知)	$\mu_1-\mu_2$(双侧)	$U=\dfrac{(\overline{X}-\overline{Y})-(\mu_1-\mu_2)}{\sqrt{\sigma_1^2/n_1+\sigma_2^2/n_2}}\sim N(0,1)$	$(\overline{X}-\overline{Y}\pm u_{\alpha/2}\sqrt{\sigma_1^2/n_1+\sigma_2^2/n_2})$
	$\mu_1-\mu_2$(单侧)		$(-\infty,\overline{X}-\overline{Y}+u_\alpha\sqrt{\sigma_1^2/n_1+\sigma_2^2/n_2})$
	$\mu_1-\mu_2$(单侧)		$(\overline{X}-\overline{Y}-u_\alpha\sqrt{\sigma_1^2/n_1+\sigma_2^2/n_2},+\infty)$
T 估计法 ($\sigma_1^2=\sigma_2^2$,但未知)	$\mu_1-\mu_2$(双侧)	$T=\dfrac{(\overline{X}-\overline{Y})-(\mu_1-\mu_2)}{S_w\sqrt{1/n_1+1/n_2}}\sim t(n_1+n_2-2)$ 其中 $S_w=\sqrt{\dfrac{(n_1-1)S_1^2+(n_2-1)S_2^2}{n_1+n_2-2}}$	$\left(\overline{X}-\overline{Y}\pm t_{\alpha/2}S_w/\sqrt{\dfrac{1}{n_1}+\dfrac{1}{n_2}}\right)$
	$\mu_1-\mu_2$(单侧)		$(-\infty,\overline{X}-\overline{Y}+t_\alpha S_w\sqrt{1/n_1+1/n_2})$
	$\mu_1-\mu_2$(单侧)		$(\overline{X}-\overline{Y}-t_\alpha S_w\sqrt{1/n_1+1/n_2},+\infty)$
F 估计法	σ_1^2/σ_2^2(双侧)	$F=\dfrac{S_1^2\sigma_2^2}{S_2^2\sigma_1^2}\sim F(n_1-1,n_2-1)$，其中 $S_1^2=\dfrac{1}{n_1-1}\sum\limits_{i=1}^{n_1}(X_i-\overline{X})^2,S_2^2=\dfrac{1}{n_2-1}\sum\limits_{j=1}^{n_2}(Y_j-\overline{Y})^2$	$(S_1^2/(S_2^2F_{\alpha/2}),S_1^2/(S_2^2F_{1-\alpha/2}))$
	σ_1^2/σ_2^2(单侧)		$(0,S_1^2/(S_2^2F_{1-\alpha}))$
	σ_1^2/σ_2^2(单侧)		$(S_1^2/(S_2^2F_\alpha),+\infty)$

注：表中 $n_1,\overline{X},S_1^2$ 和 S_1 分别为总体 X 的样本容量，样本均值，样本方差和样本标准差；

表中，$n_2,\overline{Y},S_2^2$ 和 S_2 分别为总体 Y 的样本容量，样本均值，样本方差和样本标准差；

表中 t 分布和 F 分布的上侧分位数均省去了自由度，其自由度均为相样的抽样分布一致；

对大样本两个非正态总体均值差的估计，仍采用两正态总体均值差的 U 估计法，但遇到总体方差时要用相应的样本方差或二阶中心矩代替.

附表 8　正态总体均值和方差的假设检验表

1. 单个正态总体 $X\sim N(\mu,\sigma^2)$ 均值和方差的假设检验表(显著性水平为 α)

检验法(条件)	假设 H_0	假设 H_1	检验统计量	抽样分布	拒绝条件
U 检验法 (σ^2 已知)	$\mu=\mu_0$	$\mu\neq\mu_0$	$U=\dfrac{\overline{X}-\mu_0}{\sigma/\sqrt{n}}$	$N(0,1)$	$\lvert U\rvert\geqslant u_{\alpha/2}$
	$\mu\leqslant\mu_0$	$\mu>\mu_0$			$U\geqslant u_\alpha$
	$\mu\geqslant\mu_0$	$\mu<\mu_0$			$U\leqslant -u_\alpha$
T 检验法 (σ^2 未知)	$\mu=\mu_0$	$\mu\neq\mu_0$	$T=\dfrac{\overline{X}-\mu_0}{S/\sqrt{n}}$ 其中 $S^2=\dfrac{1}{n-1}\sum_{i=1}^{n}(X_i-\overline{X})^2$	$t(n-1)$	$\lvert T\rvert\geqslant t_{\alpha/2}$
	$\mu\leqslant\mu_0$	$\mu>\mu_0$			$T\geqslant t_\alpha$
	$\mu\geqslant\mu_0$	$\mu<\mu_0$			$T\leqslant -t_\alpha$
χ^2 检验法	$\sigma^2=\sigma_0^2$	$\sigma^2\neq\sigma_0^2$	$\chi^2=\dfrac{(n-1)S^2}{\sigma_0^2}$ 其中 $S^2=\dfrac{1}{n-1}\sum_{i=1}^{n}(X_i-\overline{X})^2$	$\chi^2(n-1)$	$\chi^2\leqslant\chi^2_{1-\alpha/2}$ 或 $\chi^2\geqslant\chi^2_{\alpha/2}$
	$\sigma^2\leqslant\sigma_0^2$	$\sigma^2>\sigma_0^2$			$\chi^2\geqslant\chi^2_\alpha$
	$\sigma^2\geqslant\sigma_0^2$	$\sigma^2<\sigma_0^2$			$\chi^2\leqslant\chi^2_{1-\alpha}$

注：表中 $n,\overline{X},S^2$ 和 S 分别为总体 X 的样本容量，样本均值，样本方差和样本标准差；

表中 χ^2 分布和 t 分布的上侧分位数均省去了自由度，其自由度均与相应的抽样分布一致；

对于大样本非正态总体均值的检验，仍采用单个正态总体均值的 U 检验法，只是遇到总体方差时要用样本方差(S^2)或二阶中心矩 M^2 代替.

2. 两个正态总体 $X \sim N(\mu_1, \sigma_1^2)$，$Y \sim N(\mu_2, \sigma_2^2)$ 均值和方差的假设检验表（显著性水平为 α）

检验法(条件)	假设 H_0	假设 H_1	检验统计量	抽样分布	拒绝条件
U 检验法 (σ_1^2 与 σ_2^2 已知)	$\mu_1=\mu_2$	$\mu_1\neq\mu_2$	$U=\dfrac{\overline{X}-\overline{Y}}{\sqrt{\sigma_1^2/n_1+\sigma_2^2/n_2}}$	$N(0,1)$	$\|U\|\geqslant u_{\alpha/2}$
	$\mu_1\leqslant\mu_2$	$\mu_1>\mu_2$			$U\geqslant u_\alpha$
	$\mu_1\geqslant\mu_2$	$\mu_1<\mu_2$			$U\leqslant -u_\alpha$
T 检验法 ($\sigma_1^2=\sigma_2^2$，但未知)	$\mu_1=\mu_2$	$\mu_1\neq\mu_2$	$T=\dfrac{\overline{X}-\overline{Y}}{S_w\sqrt{1/n_1+1/n_2}}$ 其中 $S_w=\sqrt{\dfrac{(n_1-1)S_1^2+(n_2-1)S_2^2}{n_1+n_2-2}}$	$t(n_1+n_2-2)$	$\|T\|\geqslant t_{\alpha/2}$
	$\mu_1\leqslant\mu_2$	$\mu_1>\mu_2$			$T\geqslant t_\alpha$
	$\mu_1\geqslant\mu_2$	$\mu_1<\mu_2$			$T\leqslant -t_\alpha$
F 检验法	$\sigma_1^2=\sigma_2^2$	$\sigma_1^2\neq\sigma_2^2$	$F=S_{大}^2/S_{小}^2$	$F(n_{大}-1,n_{小}-1)$	$F_{大}\geqslant F_{\alpha/2}$
	$\sigma_1^2\leqslant\sigma_2^2$	$\sigma_1^2>\sigma_2^2$	$F=S_1^2/S_2^2$	$F(n_1-1,n_2-1)$	$F\geqslant F_\alpha$

注：表中 n_1，$\overline{X}$，S_1^2 分别为总体 X 的样本容量，样本均值和样本方差；n_2，$\overline{Y}$ 和 S_2^2 分别为总体 Y 的样本容量，样本均值和样本方差；

表中 t 分布和 F 分布的上侧分位数均省去了自由度，其自由度均与相应的抽样分布一致；

表中 $S_{大}^2=\max\{S_1^2,S_2^2\}$，$S_{小}^2=\min\{S_1^2,S_2^2\}$，$n_{大}$ 是与 $S^2{}_{大}$ 相应的样本容量，$n_{小}$ 是与 $S_{小}^2$ 相应的样本容量；

对大样本两个非正态总体均值的检验，仍采用两个正态总体均值的 U 检验法，只是遇到总体方差时要用相应的样本方差或二阶中心矩代替.

参 考 文 献

沈恒范.1995.概率论与数理统计教程.3版.北京:高等教育出版社.

盛骤.1989.概率论与数理统计.2版.北京:高等教育出版社.

同济大学概率统计教研组. 2004. 概率统计. 2版. 上海:同济大学出版社.

汪荣鑫.1986.数理统计.西安:西安交通大学出版社.

王梓坤.1976. 概率论基础及其应用. 北京:科学出版社.

魏宗舒等. 2008. 概率论与数理统计教程. 2版. 北京:高等教育出版社.

赵彦晖,杨泮池,崔荣泉.2004.概率论与数理统计重点内容重点题.西安:西安交通大学出版社.

赵彦晖.2013.数理统计.北京:科学出版社.